Cahiers de Logique et d'Épistémologie
Volume 20

Entre l'orature et l'écriture
Relations croisées

Volume 13
La Périodisation en Histoire des Sciences et de la Philosophie. La Fin d'un Mythe. Edition et introduction par Hassan Tahiri

Volume 14
Langage C++ et calcul scientifique
Pierre Saramito

Volume 15
Logique de l'argumentation dans les traditions orales africaines
Gildas Nzokou

Volume 16
Approche dialogique de la dynamique épistémique et de la condition juridique
Sébastien Magnier

Volume 17
Argumentation et engagement ontologique. Être, c'est être choisi
Matthieu Fontaine

Volume 18
L'arbre du *Tractatus*
Luciano Bazzocchi. Traduit de l'Italien par Jean-Michael Luccioni

Volume 19
L'émergence de la Presse Mathématique en Europe au 19ème Siècle. Formes éditoriales et études de cas (France, Espagne, Italie, et Portugal)
Christian Gerini and Norbert Verdier, eds.

Volume 20
Entre l'orature et l'écriture. Relations croisées
Charles Zacharie Bowao et Shahid Rahman, eds. Préface de Christian Berner et Marcel Nguimbi

Cahiers de Logique et d'Épistémologie Series Editors
Dov Gabbay   dov.gabbay@kcl.ac.uk
Shahid Rahman   shahid.rahman@univ-lille3.fr

Assistance Technique
Juan Redmond   juanredmond@yahoo.fr

Comité Scientifique: Daniel Andler (Paris – ENS); Diderik Baetens (Gent); Jean Paul van Bendegem (Vrije Universiteit Brussel); Johan van Benthem (Amsterdam/Stanford); Walter Carnielli (Campinas-Brésil); Pierre Cassou-Nogues (Lille 3 – UMR 8163-CNRS); Jacques Dubucs (Paris 1); Jean Gayon (Paris 1); François De Gandt (Lille 3 – UMR 8163-CNRS); Paul Gochet (Liège); Gerhard Heinzmann (Nancy 2); Andreas Herzig (Université de Toulouse – IRIT: UMR 5505-NRS); Bernard Joly (Lille 3 – UMR 8163-CNRS); Claudio Majolino (Lille 3 – UMR 8163-CNRS); David Makinson (London School of Economics); Tero Tulenheimo (Helsinki); Hassan Tahiri (Lille 3 – UMR 8163-CNRS).

Préface
CHRISTIAN BERNER & MARCEL NGUIMBI

Voilà deux ans que le Réseau LACTO (« Langage, argumentation et cognition dans les traditions orales ») a été mis en place à l'initiative conjointe des Universités CDG-Lille 3 et MNG-Brazzaville. Des rencontres à caractère scientifique et organisationnel se sont tenues alternativement au Congo (du 19 au 21 janvier 2013) et en France (du 7 au 9 novembre 2013), avec l'implication d'autres universités, en vue de circonscrire la complexité épistémologique du rapport entre l'oralité et la scripturalité, ou plutôt entre l'orature et l'écriture. Le présent ouvrage est, pour l'essentiel, le résultat des discussions issues de ces rencontres, en guise de tentative de réponse à la question principalement soulevée.

Ainsi, contre l'exclusion de l'une ou l'autre instance dans la définition des deux paradigmes du discours philosophique ou scientifique — le paradigme oral et le paradigme écrit — les contributions des uns et des autres s'accordent sur la vision que l'une ne saurait aller sans l'autre. Autrement dit, aucun paradigme ne saurait être pensé en totale exclusion de l'autre, si tant est qu'ils obligent le discours à s'implémenter dans l'espace et à travers le temps. Les catégories de l'espace et du temps constituent de ce fait tout à la fois une trame empirique et un cadre sémantique de déploiement du discours aussi bien oral qu'écrit, dans une optique qui se veut clairement et fondamentalement dialogique.

Il est par ailleurs une certaine lecture de la présente réflexion qui laisse entrevoir une triple articulation d'essence logique et herméneutique. Car c'est bien d'une quête de la connaissance et du sens qu'il s'agit : d'abord concernant les rapports épistémologiques de l'orature à l'écriture et de l'écriture à l'orature dans leur histoire, en ouvrant sur la dimension dialogique (Charles Zacharie Bowao, Marcel Nguimbi) ; ensuite relativement à la mise en situation de l'oralité, qu'il s'agisse du philosopher en langue orale africaine (Mahamadé Savadogo), de la parole proverbiale prise, dans sa dimension logique, mais aussi sociale et politique, tant dans son être que dans son expression sentencielle en contexte d'oralité et de néo-oralité (Mamadou Kabirou Gano, Gildas Nzokou), ou encore relativement à la temporalité propre à la prise de décision et à l'action aujourd'hui (Oumar Dia) ; enfin, relativement à la forme et au contenu du dialogue dans des perspectives herméneutique (Christian Berner), logique (Bernadette Dango Adjoua, Shahid Rahman) et psychanalytique (Dieu-donné Limikou).

1 De l'orature a l'écriture et de l'écriture à l'orature : pour une épistémologie

Charles Zacharie Bowao ouvre la réflexion en scrutant les liens qui unissent logiquement, épistémologiquement et historiquement l'orature à l'écriture au point d'être conduit à la question : « *Et si l'écriture n'était pas l'avenir de l'orature ?* ». L'orature s'exprime-t-elle exclusivement dans l'écriture ? N'aurait-elle pas une expression qui interagit avec plutôt qu'elle n'exclut l'écriture ? Voilà pourquoi, pour Bowao, autant la pérennisation d'une telle relation d'exclusion mutuelle entre l'orature et l'écriture est une impasse épistémologique, autant commencer par assumer l'orature et l'écriture comme deux perspectives plus complémentaires que conflictuelles de la raison humaine, chacune s'éclairant des limites cognitives de l'autre, et toutes les deux de la lucidité de la raison dialogique, est un viatique épistémologique pour les sociétés d'avenir.

C'est ce que Marcel Nguimbi conçoit dans le sens d'une épistémologie non classique de l'oralité, à partir de la conception du dialogue chez Popper. En effet, « *De la conception du dialogue chez Popper à l'épistémologie non classique de l'oralité* », tel est le chemin argumentatif que se fraye la raison dialogique mise en œuvre par Nguimbi qui pense le « dialogue chez Popper » (qui n'est pas du reste un « dialogue poppérien », du simple fait que Popper ne l'a pas pensé), un dialogue imaginaire, surprenant et même ironique qui s'installe entre celui qui croit savoir et celui qui sait ne pas savoir, dans son rapport avec l'épistémologie non classique de l'oralité. Ce projet d'épistémologie non classique de l'oralité sur la base d'une épistémè qui n'est pas *aprioriquement* constituée, pour parler du « dialogue chez Popper », trouve sa raison d'être dans la conception poppérienne de l'émergence de la science qui, dans son interaction avec les mythes, se constitue en une critique de ceux-ci et qui, considérée comme structurée par un dialogue de forme essentiellement critique, constitue un cadre théorique où les interlocuteurs sont disposés à changer leur point de vue en permanence.

2 L'oralité en situation : la langue de la philosophie, les proverbes et la temporalité

Mahamadé Savadogo inscrit immédiatement l'oralité en situation en se demandant « *Comment philosopher en langue nationale ?* ». En matière de philosophie en Afrique noire, il suggère de conduire l'action philosophique en langue nationale, sans ignorer la somme de difficultés qui y sont inhérentes. Un travail très complexe d'érudition linguistique, logique et philosophique, qui augure non pas une traduction mécanique des concepts, mais l'évolution systématique d'une langue "orale" vers une langue "écrite", donc "vivante", autant de voies qu'il ouvre et dont la portée, sociale et politique, est considérable... En effet, le constat est, comme le montrent plus bas les contributions de Kabirou Gano ou Oumar Dia, que l'abime se creuse davantage entre le décideur et le bénéficiaire des différentes délibérations socio-politiques, si tant est que celui-ci n'accèdera toujours pas au discours de l'agent délibérant.

Mamadou Kabirou Gano analyse, quant à lui, la parole proverbiale en contexte de néo-oralité. Cela va sans dire : la « néo-oralité » rime avec le paradigme « néo-technologique » qui caractérise notre temps comme « post-modernité rationaliste ». Il en est ainsi du fait même de la « néo-identité » de nos sociétés qui assument performativement aussi bien la préservation, la restauration que la diffusion d'un patrimoine surtout culturel dont regorge la sagesse universelle dans les différentes communautés humaines. Dans sa réflexion autour « *De la parole proverbiale dans un contexte de néo-oralité* », Kabirou Gano convie donc à une reconsidération de la parole proverbiale dans les différents processus de mobilisation sociale qui requièrent par ailleurs davantage de sens du discours aussi bien oral qu'écrit, et où l'action prend davantage de sens. L'action détermine donc le sens !

Gildas Nzokou, dans une approche plus logicienne, met en œuvre à nouveaux frais la théorie wittgensteinienne des jeux de langage dans « *De l'interprétation/signification des sentences proverbiales dans un processus d'argumentation en contexte. Un cas typique de jeux de langage* ». La nouvelle donne de l'interprétation de la signification de tels jeux porte sur le fait que ces formes de jeux de langage sont à entendre comme des cadres délimités de signification et d'interprétation des signes linguistiques, si ce n'est des discours. C'est pourquoi, en les appliquant aux sentences proverbiales dans un processus d'argumentation en contexte d'oralité, Nzokou estime « *wittgensteiniennement* » que la détermination de la signification permet d'expliciter ici l'usage du langage proverbial.

Oumar Dia revient quant à lui à l'action sociale, qui se présente comme un processus ternaire où délibérer, décider et exécuter s'imbriquent, et voit dans la phase de la décision une instance focale. Des sociétés d'Afrique traditionnelle à celles de l'Afrique d'aujourd'hui, le mode de la prise de décision a évolué d'une emprise très forte de l'oralité à une emprise aussi forte fondée non plus sur l'exclusion de l'oralité et de la scripturalité, mais sur l'imbrication complexe entre ces deux modes d'expression du discours. C'est pourquoi, dans sa réflexion sur « *Décider et agir aujourd'hui en Afrique* », Oumar Dia invite à résoudre la question de la temporalité dans le processus de prise de décision en Afrique, au vu de l'urgence des défis qui minent nos sociétés actuelles, et qu'elles doivent affronter impérativement. Sa réflexion culmine avec la nécessité d'adopter un nouveau mode de délibération dans l'action socio-politique en Afrique qui permettrait de mieux répondre aux exigences contemporaines.

3 De la forme au contenu du dialogue : perspectives herméneutique, logique et psychanalytique

Les dernières contributions portent plus spécifiquement sur le dialogue. Christian Berner étudie ce qu'il présente comme « *Le paradigme herméneutique du dialogue, entre l'oral et l'écrit* », estimant que le dialogue permet en grande partie un partage d'options fondamentales sur le statut du sens et de la compréhension, le dialogue en contexte d'oralité ouvrant davantage sur le souci social de l'accord, alors que l'interprétation du dialogue sous le régime de l'écrit renvoie davantage au souci de soi et à la différence.

C'est plus précisément l'analyse du passage complexe de l'oralité à la scripturalité dans le contexte de révision de croyances inspirée par Bonnano qui est l'objet de l'attention de Bernadette Dango Adjoua. La réflexion portant sur « *Des dialogues aux tableaux dans le contexte de révision de croyances : de l'oralité à l'écriture* » ouvre une perspective de recherche en logique dialogique fondée d'une part, sur le défi d'exprimer, au moyen des tableaux dialogiques, les aspects interactifs indispensables pour la théorie dialogique de la signification et, d'autre part, sur les difficultés aussi bien logiques qu'épistémologiques de signifier le rapport complexe entre l'orature et l'écriture.

La théorie dialogique de la signification est aussi le souci logico-argumentatif qu'éprouve Shahid Rahman dans une structure dialogique où il établit le rapport d'immanence entre celle-ci et les conversations. En effet, dans une réflexion intitulée « *Conversations and The Dialogical Theory of Meaning* », Rahman insiste sur le lien logique entre deux défis autour de la théorie dialogique de la signification au moyen d'une approche dialogique de la théorie constructive des types entrevue dans la considération des « conversations » en tant qu'ensemble de dialogues au quotidien. Ces défis sont respectivement le fait que la signification se constitue au cours de l'interaction conversationnelle (approche sémantique standard) puis le fait que la signification relève d'un processus dynamique au cours duquel se déploient des phénomènes tels que les questions de clarification et/ou des éléments non sémantiques (mais significatifs) à l'instar de la gestualité. Ce qui, pour Rahman, se comprend assez aisément concernant la signification de type théorétique liée aux mouvements des coups dans un dialogue où la thèse du proposant est testée par l'opposant qui cherchera toujours à contester ce que le proposant voudra à tous prix défendre. Ainsi la signification peut-elle aussi s'entendre dans un rapport complexe entre orature et écriture.

Enfin, dans « *Dire ou vouloir dire les rêves* », Dieu-donné Limikou reprend une question essentielle dans une perspective psychanalytique : "Peut-on raconter ses rêves sans les modifier ?" Cette question fut l'objet d'un intense débat à la fin du XIXe siècle, et a vu s'opposer Alfred Maury, érudit autodidacte, et Jacques le Lorrain, soutenu par des philosophes français, dont Victor Egger. A propos de ce débat, Limikou se demande comment émergent à la conscience les mots qui permettent les récits des scénarios oniriques, tout en montrant comment Freud réévalue la question au regard du statut du langage. Car si d'un côté Freud soutient avec Maury l'authenticité des récits de ce qui nous vient en rêve, Freud est en même temps proche du côté de ceux qui, avec Egger, affirment que les récits oniriques, soumis à la censure, subissent des modifications dans leur version linguistique.

Lille,
Mai 2014

Christian Berner
Marcel Nguimbi

LISTE DES CONTRIBUTEURS

- Christian Berner, Professeur de Philosophie.
Université Charles-de-Gaulle Lille 3 (France).
- Charles Zacharie Bowao, Professeur de Philosophie.
Université Marien Ngouabi de Brazzaville (Congo).
- Bernadette Dango, doctorante en Philosophie.
Université Charles-de-Gaulle Lille 3 (France).
- Oumar Dia, Maître assistant en Philosophie.
Université Cheikh Anta Diop, Dakar (Sénégal).
- Mamadou Kabirou Gano, Maître assistant en Philosophie.
Université Cheikh Anta Diop, Dakar (Sénégal).
- Dieu-donné Limikou Bikiela, doctorant en Philosophie.
Université Charles-de-Gaulle Lille 3 (France).
- Marcel Nguimbi, Maître de Conférences de Philosophie.
Université Marien Ngouabi de Brazzaville (Congo).
- Gildas Nzokou, Docteur en Philosophie.
Université Omar Bongo/Libreville (Gabon).
- Shahid Rahman, Professeur de Philosophie.
Université Charles-de-Gaulle Lille 3 (France).
- Mahamadé Savadogo, Professeur de Philosophie.
Université de Ouagadougou (Burkina-Faso).

Table des matières

Préface
Christian Berner & Marcel Nguimbi i
1 De l'orature a l'écriture et de l'écriture à l'orature : pour une épistémologie ii
2 L'oralité en situation : la langue de la philosophie, les proverbes et la temporalité iii
3 De la forme au contenu du dialogue : perspectives herméneutique, logique et psychanalytique iv

Liste des Contributeurs vii

Part I De l'orature a l'écriture et de l'écriture à l'orature : Pour une épistémologie 1

Et si l'écriture n'était pas l'avenir de l'orature ?
Charles Zacharie Bowao 3
Bibliographie 15

De la conception du dialogue chez Popper à l'épistémologie non classique de l'oralité
Marcel Nguimbi 17
    Introduction 17
1 Le dialogue chez Popper : définition, sources théoriques et structure 23
1.1 Définition 23
1.2 Sources théoriques du dialogue chez Popper 25
1.3 Structure du dialogue chez Popper 25
1.4 Popper et l'oralité 29
1.5 Illustration de dialogues chez Popper : Cas de *L'avenir est ouvert* 31
1.6 Commentaire 34
2 L'épistémologie non classique de l'oralité 39

3 Conclusion	46
Annexes	47
Bibliographie	56

Part II L'oralité en situation : La langue de la Philosophie, les proverbes et la temporalité   61

De la parole proverbiale dans un contexte de néo-oralité
Mamadou Kabirou Gano   63

1 La parole proverbiale dans un éthos en mutation	64
2 L'éthos de la nouvelle oralité	69
Bibliographie	76

Décider et agir en Afrique aujourd'hui
Oumar Dia   79

Introduction	79
1 Rôle et importance de la délibération et de la décision dans le processus de l'action	81
2 La nécessité de changer de mode de délibération en Afrique : le cas de l'Union Africaine	85
3 Conclusion	89
Bibliographie	90

Comment philosopher dans une langue nationale ?
Mahamadé Savadogo   93

Bibliographie	105

Des sentences proverbiales comme jeux de langage
Gildas Nzokou   107

1 Jeux de langage : cadres de signification des discours et formes de vie.	107
2 Langage proverbial et schéma d'interprétation : explicitation générique et analogie contextualisante.	111
2.1 Le proverbe : Généricité de l'image, diversité des contextes et pluralité de la signification.	113
2.2 De la phase herméneutique dans l'usage du proverbe. Interprétation et signification.	113
3 En termes de conclusion : une perspective de sémantique pragmatique.	115
Bibliographie	115

Part III De la forme au contenu du dialogue : Perspectives herméneutique, logique et psychanalytique 117

Le paradigme herméneutique du dialogue, entre l'écrit et l'oral
Christian Berner   119
Bibliographie 133

From Dialogue to Dialogue : Conversations and the Dialogical Theory of Meaning
Shahid Rahman   135
    Introduction 135
1   Some study cases 137
2   Dialogical Logic and the interface between syntax, semantics
        and pragmatics 138
2.1   The Formation of Propositions 140
2.2   Play objects 145
2.3   From play-objects to strategies 148
2.4   From Dialogical Logic to Dialogues 152
        Appendix I : Standard Dialogical Logic 156
        Appendix II 161
Bibliographie 171

Des dialogues aux tableaux dans le contexte de révision de croyances : De l'oralité à l'écriture
Bernadette Dango   175
    Introduction 175
1   Approche multimodale et temporelle de la révision de croyances
        chez Bonanno 176
1.1   La syntaxe 176
1.2   La sémantique de Bonanno 177
1.3   Axiomatique 178
2   Approche dialogique de la révision de croyances 179
2.1   Les règles de particule 180
2.2   Les règles structurelles 182
2.3   Un exemple de dialogue : No Drop 184
3   Des dialogues aux tableaux 186
3.1   Les conditions des règles structurelles du dialogue No Drop 187
3.2   Des règles structurelles aux règles de tableaux 188
3.3   De l'orature du dialogue à l'écriture des tableaux 189
Bibliographie 190

Dire ou vouloir dire les rêves ? Réflexion sur la narration du rêve chez Sigmund Freud.
Dieu-donné Limikou Bikiela 193
 Introduction 193
1 Maury et les auteurs de la *Revue philosophique* 198
1.1 La conception de Maury 198
1.2 Critiques des auteurs de la *Revue philosophique* 201
1.3 Pourquoi la rédaction de cet article ? 204
2 La réappropriation freudienne 207
2.1 De la narration du souvenir à la narration du rêve 207
2.2 De la diabolisation du rêve 210
 Conclusion 220
Bibliographie 221

PART I

DE L'ORATURE A L'ÉCRITURE ET DE L'ÉCRITURE À L'ORATURE : POUR UNE ÉPISTÉMOLOGIE

Et si l'écriture n'était pas l'avenir de l'orature ? *

Charles Zacharie Bowao †

RÉSUMÉ. Une certaine conception ethnologique de la raison humaine ne cesse d'instruire la modernité comme dépassement historique et épistémologique de la « tradition ». Sur fond de cette dichotomie plus idéologique que scientifique, péjorative que généreuse, s'entretient bon an mal an l'idée que l'« écriture » libère la créativité, et porte donc le développement, tandis que l'« orature » confine subjectivement dans une temporalité improductive. Déconstruire cette impasse épistémologique, c'est commencer par assumer l'« orature » et l'« écriture » comme deux perspectives plus complémentaires que conflictuelles de la raison humaine, chacune s'éclairant, autant que faire se peut, des limites cognitives de l'autre. Les sociétés d'avenir sont celles qui auront su capitaliser cet horizon éthique de l'argumentation ou de la discussion rationnelle.

Je ne sais si c'est un mérite ou pas, mais avant toute chose, et en associant les autres intervenants à ma voix (on est bien dans l'oralité comme exercice discursif), je voudrais profiter du privilège d'être le premier à communiquer en cette circonstance merveilleuse de coopération interuniversitaire, pour dire nos sincères remerciements aux autorités administratives et académiques de Lille 3 et de la Maison européenne des sciences de l'homme et de la société, ainsi qu'à leurs collaboratrices et collaborateurs, pour l'initiative des présentes journées d'étude, ainsi que pour l'hospitalité et la bienveillance.

Notre reconnaissance à notre ami et collègue, le Professeur Shahid Rahman, pour son efficacité et sa perspicacité dans la mise en route d'une démarche transdisciplinaire qu'il nous appartient, individuellement et collectivement, institutionnellement surtout puisqu'il est question de

---

∗. Communication aux Journées d'étude LACTO-ADA, 7-8 novembre 2013, Lille, France

†. Université Marien Ngouabi de Brazzaville

travail en réseau, de fructifier en systématisant progressivement sa problématique et ses incidences théorétiques, méthodologiques et praxéologiques.

Dans cette optique d'approfondissement de nos discussions initiales de Brazzaville en juin 2012, puis en janvier 2013, j'offre de questionner l'« écriture » et l'« orature », non dans une rupture historico-épistémique obsolète, entre actualité de l'écrit et inactualité de l'oral, mais à l'aune d'une mondialité qui, mettant en exergue la notion d'espace public, fait de l'éthique de l'argumentation et/ou de la discussion rationnelle une exigence de construction démocratique, de stabilité sociétale et de progrès technoscientifique.

Oui, l'espace public, ce lieu dynamique où se façonne la société ouverte, une société où s'affrontent pacifiquement, mais contradictoirement, intérêt général, intérêt spécifique, intérêt spécialisé, en décloisonnant utilement le privé et le public, le politique et le civil, la recherche et le développement, avec à la clé la prise chaque fois que de besoin de décisions plus ou moins conformes à l'opinion majoritaire, mais sans aliénation de l'opinion minoritaire. Une société non pas unanimiste, mais de consensus et d'alternance. Un lieu dynamique où le « consensus » porte sur les règles du jeu public, alors que les solutions sont pragmatiquement et programmatiquement alternatives.

On est bien au cœur de l'argumentation, de la décision et de l'action, participant de ce que Chaïm Perelman[1] thématise sur le champ du raisonnable, de l'informel, par opposition au raisonnement strictement formalisé. C'est toute la perspective d'une raison dialogique (ou dialectique) qui est ici remise en chantier. On s'en doute bien, il s'agit là d'une posture épistémologique, pour ainsi dire, ou pour l'écrire ainsi, qui fait de la raison humaine, qu'elle soit symbolique, scientifique, technique, politique, économique, culturelle, sociale ou autre figure que nul ne sait encore, un instrument critique par excellence ; autrement dit un instrument de remise en cause des certitudes et des incertitudes, patiemment et humblement négociée à l'antipode du dogmatisme, du positivisme et du nihilisme, de toute chose qui, d'une manière ou d'une autre, laisse prospérer l'intolérance à la limite de la dignité humaine.

On ne le dira jamais assez, les crises profondes de toute sorte, c'est-à-dire celles qui parviennent sans autre forme de procès historique à la déshumanisation de la société, ne sont ni plus ni moins que l'expression systématisée d'une perte du sens, du rejet de l'autre, pour dire autrement

---

1. Cf. Perelman (1970).

le refus inavoué, ou presque, du débat réputé contradictoire, pour dire l'incapacité du genre humain à s'approprier l'éthique de l'argumentation. C'est dire de toute crise profonde qu'elle est, qu'on le reconnaisse ou pas, une crise de conscience, c'est-à-dire une crise de confiance en soi et en l'autre. De sorte que lorsqu'une guerre éclate, c'est qu'aucun des protagonistes n'a été capable de l'éviter. Toute guerre est inhumaine. Personne n'a raison parce que tout devient déraison. Tout devient délire. L'argument de la force prend le dessus sur la force de l'argument.

En fait, dans un tel contexte de généralisation de l'insignifiance, on peut dire que la « force » n'argumente pas, et l'argumentation n'est pas « force ». Dès lors, la raison du plus fort n'est jamais la meilleure, quoi que l'on dise, puisqu'elle est le refus de l'éthique tout court. L'argument du plus faible non plus n'est jamais le mauvais, parce qu'il est tout autant refus de l'éthique. Des humains qui s'entretuent à l'arme lourde comme à l'arme blanche, on s'exclame : ils sont devenus fous ! Ils ont perdu la raison. Chaque belligérant pense avoir raison de se battre jusqu'à l'extermination de l'autre. L'autre n'est pas moi. Il ne mérite pas de vivre.

Puis l'indignation monte en puissance grâce aux médias, et grâce donc à l'infrastructure de liberté de conscience, et de conscience de liberté que constituent les nouvelles technologies de l'information et de la communication. D'où, l'appel à la raison et/ou à la sagesse aux différents protagonistes, comme condition sublimée d'un retour à l'humanité. Il est clair qu'un tel retour sublimé à la raison et/ou à l'humanité signifie que les protagonistes au conflit meurtrier acceptent de se remettre en cause *pour pouvoir se parler, donc pour discuter*, chaque partie au conflit disposant sa prétention à la bonne foi.

Parler devient ainsi pouvoir. Discuter devient aptitude d'user de sa raison, peut-être même d'en abuser quand la protection d'humanité l'impose. C'est le pas décisif, le plus difficile à faire, pour arrêter les hostilités, et faire signe vers une paix définitive. Une fois engagée, *la discussion* peut se conclure par la signature d'un *support écrit* qui vaut *Traité de paix* ou *Convention de réconciliation*. Ce processus complexe de négociation politique implique des médiateurs nationaux ou internationaux aussi bien dans la gestion des conflits entre Etats qu'en cas d'affrontement fratricide entre communautés, ou autres acteurs civiles au sein d'un Etat. C'est dire ô combien la culture de la mondialité subsume l'argumentation éthique à travers des mécanismes logiques et extra logiques (rhétoriques, juridiques ou autres) devant faciliter la prévention et/ou la résolution des conflits.

Comment repenser l'« écriture » et l'« orature » dans cette optique en devenir de la civilisation humaine ou des cultures humaines ?
Qu'est ce donc que l'« écriture » ? Et qu'est ce donc que l'« orature » ?

L'« écriture » devrait se donner à penser en quelque sorte comme intelligence logique du signe (ou du *symbole*) dès lors que ce *signe* (ou ce *symbole*) nous révèle quelque chose sur quelque chose, concrètement ou abstraitement. Venons à une réalité abstraite. Par exemple : le signe « **a** ». Ce signe nous est connu pour être une lettre, la première lettre de l'alphabet de la langue française. En plus, la lettre « **a** » est la première des six voyelles de cette même langue. Quand nous lisons ce signe graphique « **a** » qui participe d'une certaine écriture, française notamment, nous émettons nécessairement un son vocal dont chacun sait pertinemment à quel objet il renvoie. Du coup, à chaque lettre d'un alphabet correspond un son vocal, même si dans certaines langues on parle exceptionnellement de lettres muettes, comme la lettre « *h* » en français. Valable pour chaque lettre de n'importe quel alphabet de n'importe quelle langue donnée, ce *principe de correspondance* à un son vocal, l'est aussi pour les assemblages à plusieurs lettres, dont les mots. Un mot est un assemblage de lettres ayant un sens (ou un non-sens) dans une langue quelconque. Le mot « *assemblage* » ainsi composé des sept lettres **a**, **s**, **e**, **m**, **b**, **l** et **g**, a un sens précis dans la langue française, tandis que l'assemblage « *egalbmessa* » peut être considéré comme un mot de la langue française qui n'a pas de sens, du moins jusqu'à ce que les structures compétentes de l'Académie Française et de la Francophonie en décide autrement.

On voit aussi clairement que c'est bien écrit, l'assemblage « *agealbmessa* » est un non-sens, autrement dit il ne signifie rien dans cette mise en contexte langagier. On peut ainsi logiquement s'accorder, au stade actuel de l'analyse, pour dire que l'assemblage « *assemblage* » est une expression bien construite de la langue française, tandis que l'assemblage « *egalbmessa* » ne l'est pas. Elle sera dite expression mal construite. Les approches combinées de la sémantique et de la syntaxique logiques peuvent dès lors appliquer le « rasoir de Guillaume d'Ockham » jusqu'à la mise en exergue dans chaque langue naturelle des phrases grammaticalement correctes et celles qui ne le sont pas. Elle peut aider, à travers ses techniques éprouvées de manipulation des signes (ou symboles) à révéler à la langue naturelle sa capacité à produire non seulement des possibilités infinies de correspondance de la pensée à la réalité, mais aussi à exalter la beauté de la cohérence de la pensée avec elle-même, dont participe, par exemple la monstration logico-syntaxique de l'équivalence logique entre les assemblages « *assemblage* » et « *egalbmessa* », tous deux étant composés à partir des sept lettres **a**,**s**, **e**, **m**, **b**, **l** et **g**. Encore qu'à partir de ces sept lettres, d'autres assemblages sont possibles en un nombre infini dénombrable, en prenant, par exemple, chaque lettre une fois, deux fois, trois fois, quatre fois, etc... Comme quoi le non-sens peut avoir à produire du sens. Oui, le non-sens peut instruire notre raison, par exemple, on montrant que derrière les assemblages, l'on peut (re)trouver un ordre ou un désordre participant d'un degré supérieur de langage, de telle manière que la langue naturelle devient pour une épistémologie non classique, à la fois ce que nous en savons, mais aussi ce que nous n'en savons pas, exactement à l'image des constructions formelles issues de l'analyse logique des nombres premiers.

Nous voici en quelque sorte en face d'une objurgation intérieure : l'*ignorance savante*. Ce que nous ignorons est plus grand que ce que nous savons. Nous ne saurons jamais tout sur la langue, comme sur l'univers et sur l'homme, mais ce n'est pas une raison suffisante pour boucler la boucle de la cognition. La recherche doit se poursuivre de façon soutenue, y compris méta linguistiquement autour de la *pensée de la pensée*. Le peu que nous découvrons au détour du sens et du non-sens, est un pas précieux dans cette immensité qui se dérobe magnifiquement, en stimulant notre audace intellectuelle à la croisée ontologique du temps et de l'espace. Les apories logiques, tout comme les situations de perplexité ontologiques ne doivent nullement décourager le chercheur. On parvient à ce seuil critique de technicité logico-mathématique subjuguant une infinité d'axiomatiques ou d'algèbres, rien que pour la beauté du signe, ou pour l'honneur du penser, y compris lorsque l'on tente de cerner un sens derrière ce qui se donnait à première vue comme un non-sens. Cela faisant, la logique symbolique en tant que science du raisonnement, devient la structure fondamentale du penser, et ne fait qu'exercer sa compétence épistémologiquement et méthodologiquement éprouvée de « grammaire universelle » de la pensée, humblement, sans prétention positiviste aucune, ni scientifique, ni philosophique, surtout depuis qu'elle a su faire, à son corps défendant, la preuve formelle de l'inconsistance, l'incomplétude et de l'indécidabilité des théories scientifiques, notamment mathématiques. L'inconsistance logique d'une théorie se mesure à sa capacité à mettre en évidence qu'une formule y est à la fois démontrable et réfutable (i.e. démontrer sa négation). L'incomplétude logique, à l'inverse, suppose la mise en évidence de l'existence d'une formule quelconque qui, *pour être pourtant vraie*, n'est ni démontrable, ni réfutable dans une théorie consistante donnée. L'indécidabilité logique signifie le fait que, d'un énoncé quelconque on ne peut dire qu'il est démontrable ou réfutable dans une théorie donnée, ne disposant pas d'un algorithme uniforme. Plus précisément, une théorie de la preuve logique est indécidable si une formule arbitraire exprime une proposition valide et qu'il n'y a pas d'algorithme effectif uniforme pour trouver la preuve de ladite formule.[2]

En se libérant du positivisme, la science de la logique s'est livrée à la souveraineté éthique de l'*ignorance savante*, et à la dignité épistémologique de l'erreur instructive. L'erreur est humaine. Elle n'est pas moins, loin s'en faut, logique. Débarrassée du mythe des fondements inébranlables et de la finitude gnoséologique, sensible à la *serendipity* qui nous apprend que ce que nous trouvons de façon imprévisible (au détour du hasard) est ce que nous cherchions, la science logique redéploye son magistère en cette éthique de la discussion rationnelle qui, avec le *principe d'universalité* (**principe U**) de Jürgen Habermas,[3] retravaille l'impératif catégorique, en passant d'une subjectivité logocentrique au dessus de tout soupçon d'infaillibilité, parce que conquérante (prétention libératoire), à une intersubjectivité dialogique faillible. C'est parce qu'elle peut se tromper que la raison humaine ne doit pas cesser d'apprendre la vie, d'apprendre de la vie, qu'elle doit s'instruire sans relâche du monde vécu. De manière générale, il est désormais admis que les théorèmes d'incomplétude de Kurt Godël (1931) ont consacré, méthodologiquement et philosophiquement les limitations de la logique comme science formelle fondamentale. En prenant aussi en compte, les travaux (1935, 1936) d'Alan Mathison Turing relatifs au traitement analytique de l'information, nous savons que la logique standard des propositions et des prédicats est consistante, complète et semi-décidable.[4] Ainsi, dans la mesure où la logique classique est consistante et complète, les limites de la logique n'impliquent pas son expressivité dans la relation avec la séman-

---

2. De façon globale, par algorithme effectif, nous voulons dire une liste finie d'instructions, et par uniforme nous voulons signifier que la liste des instructions doit être la même pour toute formule. Ainsi donc, si la théorie de la preuve logique est indécidable, il y aura au moins une formule pour laquelle nous ne serons pas en mesure de fournir une méthode finie pour prouver qu'elle ou non un théorème.

3. Cf. Habermas (1992).

4. Si une proposition de logique classique est logiquement valide dès lors qu'un algorithme effectif et uniforme peut en dérouler la preuve, et que si elle n'est pas valide le langage logique sous-jacent induit l'égalité et les prédicats d'une extension supérieure à 1, alors l'algorithme uniforme peut être fourni.

tique qui lui est inhérente. Même la la semi-décidabilité ne renvoie pas à ses limites, mais plutôt à la limite des humains faisant usage d'un système de preuve donné. Certainement, comme démontré par Gödel, l'arithmétique de Dedekin-Peano ne peut pas être complètement axiomatisée par une logique de premier ordre. En effet, les théorèmes d'incomplétude de Gödel concernent l'usage de la logique de premier ordre pour poser les fondements des mathématiques. En général, les mathématiques ne peuvent être réduites aux axiomes logiques de la logique de premier ordre. C'est dans ce sens que nous pouvons parler des limites de la logique, bien que d'importants fragments des mathématiques puissent certainement et complètement être axiomatisés. Les systèmes formels élémentaires qui ne peuvent être complètement axiomatisés, peuvent toutefois laisser entrevoir leur limitation. Une autre réaction plus radicale consiste à voir le résultat de l'incomplétude comme une conséquence d'une notion de vérité non déterminée par la capacité épistémique humaine inhérente à la logique classique et exprimée par la validité traditionnelle du *principe du tiers-exclu*. Cette manière d'affronter la limitation de la logique fut développée par Luitzen Egbertus Jan Brouwer à travers la logique dite intuitionniste. Se basant sur la philosophie de l'Esprit inspirée par Kant et Schopenhauer, Brouwer caractérise les mathématiques fondamentalement comme libre activité créatrice de la pensée exacte, fondée sur la pure intention du temps intérieur. Aucun domaine indépendant d'objets et de vérité ne présente d'intérêt cognitif. Pour Brouwer, la forme générale de la *loi du tiers-exclu* est équivalente à l'assomption a priori que chaque problème mathématique a une solution, ce qui semble renvoyer l'incomplétude à sa propre limite. C'est là qu'intervient la notion de temps dans les mathématiques, où les nombres procèdent d'une succession telle que toute construction peut se réduire à un ensemble fini d'axiomes logiques. Pourtant, la *limitation* « intuitionniste » de l'incomplétude ne ruine pas, loin s'en faut, le principe pour la logique de questionner ses propres fondements conceptuels et méthodologiques, ainsi que ceux des autres savoirs en général.

Ainsi, la *limitation* des formalismes qui déroute le monologisme épistémologique, devient, par une sorte de ruse de la raison, la conscience anticipative de l'indéterminisme historique. La raison devient consciente des limites du temps. La raison délimite sa propre limite. Sans déraisonner pourtant, elle libère sa raison de ne plus être éternelle. La raison de la ruse cette fois-ci, va jusqu'à se gausser en glosant sur la fin des fins : fin de l'histoire, fin des certitudes, fin de la modernité, fin du hasard, fin de la mondialisation, fin du déterminisme... en attendant éperdument la fin de la fin, la *fin ultime*. Une fin ironiquement poétique, qui a du mal à se frayer un cheminement conséquent au travers des notions fortement prisées comme la posthistoire ou la postmodernité. La voie poppérienne de la noblesse argumentative [5] est ainsi tracée. Il faut savoir écouter l'autre. Personne n'a le monopole de la vérité dans la connaissance comme dans l'action. La vérité devient une idée régulatrice de la recherche et de l'action. La vérité se construit intersubjectivement. Dès à présent, ce qui est apparu, longtemps, en nécessité logiquement silencieuse de l'« écriture », s'insère désormais, par le jeu épistémologique de l'inversion, dans une nouvelle dynamique, celle l'interlocution. C'est la dédramatisation du logique, donc du pouvoir symbolique du signe. Le signe nous interpelle. A plusieurs nous avons la chance de ne pas tous nous tromper. Pourtant cela peut arriver. A tout le moins, on peut discuter raisonnablement. Personne ne veut avoir raison ou tort individuellement. La logique s'écrit autant qu'elle se dit. Elle peut donc aussi se vivre oralement.

L'« écriture » croise dialogiquement (ou dialectiquement) l'« orature ». L'« orature », par conséquence... Un néologisme en souffrance ? On peut le constater. Peut-être pas. Plutôt, est-il question d'un *assemblage* dont ne peut pour l'instant dire qu'il est une expression bien formée de la langue française. Cela viendra bien un jour. En attendant, le terme est absent des différents dictionnaires qui imposent universellement la langue française. Quoique des spécialistes nombreux de la littérature orale se privent de moins en moins de ce néologisme. On devrait pourtant - et pour autant - entendre par « orature » l'intelligence non moins logiquement construite, parce qu'écrite pour l'essentiel, et critique aussi, de ce qui « est dit », par comparaison épistémique à ce qui « est écrit ». D'autant mieux que l'« orature » ne caractérise pas un son naturel spécifique, mais entreprend silencieusement, disons sournoisement. L' « orature » devient la trame restituée par écrit de l'oralité. C'est là tout le problème. Le « test scriptural » de l'oralité ne consacre-t-il pas, par ce fait même, la préséance de l'« écriture » sur l'« orature » ? On serait tenter de répondre par l'affirmative, si l'on ne se souvient qu'au commencement était le *verbe* qui s'est, par la suite, fait *chair*... La voix de Dieu se fît entendre, précédée de grondements de tonnerre. Et la *parole divine* s'est faite *signe de tous les temps*, se fixant pour l'éternité à travers la main de l'apôtre ou du prophète en « écriture sainte ». Et quelque part,

---

5. Cf. Popper (1985).

la psychologie par étapes affirme péremptoirement que, en grandissant, l'enfant en grandissant, apprend d'abord à *parler* avant d'apprendre à *écrire*. Autrement dit, il apprend d'abord à crier en émettant des signaux qui finissent par se décomposer progressivement, pour s'articuler ensuite en langage humain, avant de pouvoir, par la magie de l'école, apprendre à accoucher des *signes*.

Et comme la parole s'envole, alors que l'écrit reste, le tour est joué. La parole précède l'écriture qui, elle, conserve *aeternam* l'histoire de l'humanité. C'est dire subtilement que l'écriture est l'avenir de l'« orature ». C'est elle qui préserve le sens de ce que la culture n'est plus, et conditionne ce qu'elle devient. Les peuples qui ne savent pas écrire, n'ont pas d'avenir. Ceux qui n'ont pas su inventer l'« écriture » ont raté le chemin royal du développement, l'informatique étant le parangon de cette sagesse moderne qui délivre l'humanité des illusions ancestrales. Une sagesse qui, en privilégiant le secret de l'intelligence artificielle, exclut de la prospective mondiale et de la compétition universelle ceux qui s'en excluent faute de brevet d'invention technique ou d'innovation technologique, mais aussi faute d'infrastructures appropriées de réception. Or, par-delà la miniaturisation électrotechnique qui est au cœur de l'intelligence artificielle, l'humanité n'est-elle pas au diapason recherché de la performativité épistémologique, quand ce qui « est écrit » peut « être dit », et quand ce qui « est dit » peut « s'écrire » ? Autre chose est de savoir si nous pouvons tout « écrire », ou si nous pouvons tout « dire ». Je ne le pense pas. Et *l'ignorance savante* met en garde contre toute prétention néo-positiviste. Autre chose encore est de savoir s'il peut encore exister des sociétés tournées exclusivement pour les unes vers l'« orature », et pour les autres exclusivement vers l'« écriture ». Je ne le pense pas non plus, la mondialité éthique, antidote de la mondialisation économico-financière, exigeant qu'aucune culture ne puisse dominer sur les autres, qu'aucun continent ne puisse dominer sur les autres.

On voit bien comment aujourd'hui les cultures traditionnelles (ou traditions orales) orales africaines sortent de l'oubli grâce à l'histoire, à la philosophie et à la littérature écrites dans les langues occidentales, par les spécialistes africains eux-mêmes, et par les spécialistes européens qui ont plutôt librement choisi l'Afrique comme objet d'investigation. Que ces travaux philosophiques, littéraires ou autres savoirs « endogènes » fassent l'objet de vives controverses interprétatives, ce n'est que normal, parce qu'il s'agit de fonder en raison ce qui « est écrit », ou ce qui « est dit ». Ces « textes » restent ouverts à l'éthique de l'argumentation et/ou de la discussion rationnelle, en vue de séparer le bon grain de l'ivraie. Dès lors quelle culture échapperait à la nécessité d'un tel défrichage scientifique ou critique ?

N'est-ce pas là le sens du travail de recherche fondamentale récemment publié par Mamoussé Diagne,[6] consacrée essentiellement aux sociétés africaines traditionnelles. L'étude documentée à souhait et argumentée comme il se doit, demeure, tout compte fait, tributaire d'une démarcation principielle, conceptuelle et méthodologique entre « civilisation de l'oralité » et « civilisation de l'écriture ». Pour l'auteur, je cite :

> « *L'oralité en général, et dans les sociétés d'Afrique noire en particulier, qualifie, outre l'inexistence ou la marginalisation de l'écriture, des systèmes de représentations et de comportements liés au contexte, irréductibles à ce que l'on retrouve dans les civilisations de l'écrit. Lorsqu'on s'en tient à la sphère des faits de discours, elle engendre un mode particulier d'agencement de la pensée, commandé par le recours à des procédures découlant des contraintes du fait oral lui-même* ».[7]

Même s'il en reconnait au plus haut point l'intérêt, Mamoussé Diagne s'est volontairement abstenu de ne tirer aucune conséquence de quelque nature que se soit sur le destin des « codes symboliques traditionnels », au regard de

> « *la révolution informatique qui est arrivée entre-temps, alors que beaucoup de pays du continent ont encore la majorité de leur population analphabète* ».[8]

Pas plus qu'il n'aura voulu, « *pour comprendre le rapport que les sociétés africaines contemporaines entretiennent avec leur passé, (...) étudier comment opèrent les nouveaux processus de déstructuration et de restructuration de leurs systèmes de représentations. Notamment, les mécanismes à partir desquels les codes symboliques s'adaptent, cèdent la place ou consentent des compromis, de façon à déboucher sur des schèmes mentaux articulés à d'autres contextes* ».[9]

Prenons simplement acte de la préférence historico-épistémologique de Mamoussé Diagne, que l'on peut ou ne partager forcément. Je ne puis

---

6. Diagne (2005).
7. *Idem* p. 17
8. *Ibidem* p. 573
9. *Idem*

toutefois m'empêcher de constater qu'il a réussi son étude magistrale, à travers une lecture, non pas traditionnelle, mais contemporaine, de l'oralité africaine, à la charnière des perspectives d'enseignement et/ou de recherche, où peuvent bien, pour la cause universelle, puiser philosophie de la culture et histoire de la philosophie, en Afrique ou ailleurs.

La « Critique de la raison orale » se donne bien à lire et à entendre comme une reconstruction métathéorique, méticuleusement entreprise, des faits culturels spécifiques à une civilisation sans écriture, et qui ne demeure pas moins une riche expérience de l'humanité. En se critiquant historiquement et philosophiquement, une certaine raison orale s'est faite *écriture*, et dans une langue dite encore étrangère. La matière première est incontestablement africaine, puisqu'il y est question, bel et bien, de pratiques discursives en Afrique noire. Nous y sommes. C'est bien d'un « discours écrit » dont nous disposons aujourd'hui, et dont la postérité disposera à toute fin épistémologique voulue. Nous tenons entre les mains un « texte » illustrant parfaitement à quel point l'« écriture » devient la texture de l'oralité. Cette « Critique de la raison orale » est, non pas un discours oral, mais écrit, c'est à dire une référence bibliographique de la recherche « africaniste », pour ne pas dire, tout simplement, de la philosophie. Il est indispensable d'intérioriser sans aucun complexe d'aucune sorte, ce renversement épistémologique de l'« orature » à l'« écriture », comme une évolution normale des cultures humaines en quête perpétuelle de mieux-être.

Une intrigue demeure après cette remise en perspective épistémologique de l'approche de Mamoussé Diagne. Quelle est cette langue encore « étrangère » que l'on peut si bien écrire, que l'on peut parler si aisément... Quelle est cette langue encore « étrangère » dans laquelle on s'exprime aussi librement, et aussi critiquement, jusqu'à supputer son étrangeté émotionnellement ? Une langue qui habite votre pensée jusqu'à l'expression de vos prouesses traditionnelles et de vos colères contemporaines, y compris les plus illégitimes, ne vous est plus étrangère du tout. Les langues naturelles sont différentes les unes des autres. Chacune d'elles porte l'humanité, peut importe la culture ou la civilisation dont elle est le produit et le support communicationnelle.

Il reste aussi que Mamoussé Diagne ne nous aura pas aidé à comprendre à travers la pertinence de son discours écrit « **sur les pratiques discursives en Afrique** », si le vécu de l'oralité en son foisonnement ou en sa pérégrination, fut (ou ne fut pas) un choix délibéré des « sages » de l'époque, en Afrique, voire ailleurs. Mamoussé Diagne ne le dit pas. J'avoue que je le soupçonne, mais à tort certainement. Je ne pense pas que ces « sages » considéreraient l'« écriture » comme un lieu de (dé)perdition culturelle ou intellectuelle au point d'en empêcher tout travail sérieux d'élaboration. Vraisemblablement, les tentatives inabouties d'invention de l'« écriture » dans certaines cultures africaines, laissent penser, au contraire, de la difficulté d'une entreprise qui nécessitait beaucoup de génie.

L'absence d'« écriture » est plutôt un obstacle épistémologique énorme à la connaissance de ce passé « africain » d'une humanité une et plurielle à la fois. C'est ce qu'avait compris en son temps le Roi NJOYA 17è de la dynastie des Bamoun au Nord de l'actuelle République Unie du Cameroun. En rupture avec l'esprit conservateur de ses prédécesseurs NJOYA 17è avait décidé, en 1896,[10] de créer un alphabet appelé « *a ka u ku* », correspondant à une langue appelée « *shümom* », afin non seulement de conserver durablement la *culture* et *l'histoire* de son peuple, mais aussi et surtout de stimuler le génie créateur de ses sujets dans tous les domaines de l'activité humaine. Cette écriture existe au sens moderne de cette expression, tout comme la langue dont elle est le support symbolique, avec des remarquables similitudes avec l'idéographie hiéroglyphique de l'Égypte ancienne. On dispose actuellement dans le Palais Royal des Bamoun à Foumban des milliers de manuscrits et autres archives qui n'attendent qu'à être exhumer et diffuser. Y compris dans les domaines exigeant d'intelligence comme la médecine. Affaire à suivre... certainement. L'écho du passé, comme le rêve d'avenir ne s'estomperont jamais en l'être humain.

Revenons au *son* et au *signe*, pour la fin de la présente réflexion.

On l'a bien vu. On l'a bien entendu. Le *son* n'est pas absent de l'intellection du *signe*. De même, le *signe* n'est pas intelligible sans *son*. Le *son* enjolive le *signe*, même s'il est des sons désagréables à l'oreille. A son tour, *le signe* matérialise *le son*, depuis *l'énoncé* jusqu'à *l'énonciation*. Même si là aussi on peut avoir à des signes qui déplaisent à l'œil. Nul ne saura pourquoi tel *signe* correspond à tel *son* et non à tel autre. Simplement, il y a de l'arbitraire dans ce processus qui est au cœur du connaître. La tentation épistémologique est grande, de l'inférence subjective (monologique) à la préférence intersubjective (dialogique), de sortir non de la confrontation des universaux qui fondent subrepticement les langues naturelles, mais de la querelle improductive de préséance entre ce qui « est écrit » et ce qui « est dit ». Parce que nul ne peut répondre

---

10. Cf. Dugast et Jeffreys (1950).

avec certitude de la tyrannie historique des origines. Il y a toujours une part irrésolue d'indécidabilité dans ce questionnement complexe sur l'impulsion initiale de tel ou tel fait historique ou symbolique.

On a pu parler longtemps de « société sans écriture », par opposition à la « société de l'écriture ». Tout comme on a pu parler longtemps de « société avec histoire » par opposition à la « société sans histoire ». Aujourd'hui, grâce aux « rencontres », tragiques pour les unes, plus ou moins pacifiques pour d'autres, entre cultures, entre civilisations, ce n'est plus le cas. Heureusement. Bien qu'encore chaotiquement, la mondialité subsume la coopération tous azimuts. Une véritable épreuve éthique et épistémologique. Et pour cause ? N'importe quelle langue écrite peut servir de métalangue pour codifier scripturalement une autre langue. Derrière cette disponibilité épistémologique se joue aussi, mondialement, le destin controversée d'une humanité qui n'aurait jamais du cessé d'être ce qu'elle devrait toujours devenir, une conquête patiente de la raison sur elle-même, désormais conditionnée par l'interférence soutenue entre « orature » et « écriture ». La mondialité ouvre de plus en plus la compétence universelle aux nouvelles techniques de l'information et de la communication. Cette même mondialité met au goût du jour le dialogue entre l'homme et la machine. N'est-ce pas là une nouvelle dimension de l'« orature » à conquérir avec le temps ? Tout ceci n'impose-t-il pas l'éthique de l'argumentation et/ou de la discussion rationnelle comme horizon indépassable de la liberté, de la convivialité et de la vérité, et par conséquent, du vouloir-vivre-ensemble dans la compréhension mutuelle ?

Alors, discutons rationnellement !

C'est un apprentissage difficile, certes mais c'est le passage universel de l'animalité à l'humanité. Un beau projet à mettre en culture. Un projet de liberté d'écrire ou de dire ce que l'on pense, finalement. Cette liberté-là, qui augure l'avenir de l'humanité, n'a pas de seuil, parce que, comme cette dernière, elle n'a pas de fin. J'ai écrit ce que j'ai dit. J'ai dit ce que j'ai écrit. Discutons-en. Merci de votre aimable attention.

Bibliographie

Diagne, M. 2005, *Critique de la raison orale (Les pratiques discursives en Afrique noire)*, Paris : Karthala.

Dugast, I. et M. Jeffreys. 1950, *L'écriture des Bamum : sa naissance, son évolution, sa valeur phonétique, son utilistation*, Populations, Mémoires de l'Institut Français d'Afrique Noire, Centre du Cameroun.

Habermas, J. 1992, *De l'éthique de la discussion*, Paris : Cerf.

Perelman, C. 1970, *Le champ de l'argumentation*, Bruxelles : PUB.

Popper, K.-R. 1985, *Conjectures et Réfutations*, Paris : Payot.

De la conception du dialogue chez Popper à l'épistémologie non classique de l'oralité

Marcel Nguimbi*

RÉSUMÉ. Penser le dialogue chez Popper, le concevoir selon qu'il se déroule dans le penser poppérien, c'est dire cela même qui fonde le « dialoguer » chez Popper. Popper ne l'a pas produit. Nous le concevons à partir des textes dans lesquels sont consignées des « conversations » qui sont, de ce fait, des types de dialogues qui pourraient, du reste, ne pas être des « dialogues poppériens », c'est-à-dire des « dialogues critiques », quoi que l'auteur soit lui-même reconnu comme un philosophe critique. Ce qui justifie l'emploi de l'expression « dialogue chez Popper » plutôt que « dialogue poppérien ». L'article se propose ainsi de clarifier un ensemble de questionnements autour du « dialogue » imaginaire, surprenant et même ironique qui, chez Popper, s'installe entre « celui qui croit savoir » et « celui qui sait ne pas savoir », dans son rapport avec l'« épistémologie de l'oralité » qui, dans sa forme non classique, se fonde sur la conception poppérienne de la science, elle-même pouvant être conçue comme une critique fondamentale des mythes et un cadre de référence au sein duquel les interlocuteurs sont disposés à changer leur point de vue en permanence. Ces questionnements sont du genre : comment articuler entre le dialogue chez Popper et l'épistémologie de l'oralité ? Comment rendre possible le fait de penser une épistémologie non classique de l'oralité à partir du dialogue tel que reconstitué chez Popper ? Qu'est-ce donc qu'une épistémologie non classique de l'oralité ? Comment finalement articuler entre « orature » et « écriture » dans une épistémologie non classique de l'oralité ?

Introduction

Penser le dialogue chez Popper, c'est le concevoir selon qu'il se déroule dans le penser poppérien, c'est-à-dire penser cela même qui fonde le « *dialoguer* » chez Popper. Le dialoguer chez Popper qui a *une double expression, écrite et orale*, contrairement à ce qu'il est chez Socrate, l'un

---

*. Université Marien Ngouabi de Brazzaville

des maîtres lointains de Popper pour qui le dialoguer est resté exclusivement oral pour n'être rendu écrit que par le dynamisme d'un Platon et/ou de quelque autre de ses multiples disciples ou admirateurs. On reconnaîtra dans cette entreprise le portrait socratique peint par Aristophane ou Xénophon ou encore la figure socratique imagée par Platon.[1] Ce dont s'appropriera Karl Raimund Popper. Le dialogue chez Popper, imaginaire, surprenant et même ironique, tel que nous le concevons, s'installe entre « celui qui croit savoir » et « celui qui sait ne pas savoir ». Popper s'imagine ces différents participants de qui il exige l'humilité et la tolérance dans l'apprentissage. Car, dialoguer c'est, *poppériennement*, apprendre, apprendre de l'interlocuteur. Ne peut apprendre avec succès du dialogue chez Popper que le participant qui sait qu'il ne sait pas, celui qui croit savoir n'ayant rien à attendre de l'interaction communicationnelle impulsée par la théorie poppérienne de la discussion rationnelle.

Remarquons que Popper n'a pas produit de « dialogue » dans ses écrits. Nous partons plutôt de deux textes dans lesquels sont consignées des « conversations » et que nous convertissons en des types de dialogues qui pourraient, du reste, ne pas être des « *dialogues poppériens* », c'est-à-dire des « *dialogues critiques* », quoi que l'auteur soit lui-même reconnu comme un philosophe critique. C'est pour cette raison principale que nous utilisons l'expression « *dialogue chez Popper* » plutôt que « *dialogue poppérien* ». Pour n'avoir pas systématiquement construit de dialogue, il va de soi que le « dialogue » tel que nous le faisons exister chez Popper n'ait pas de structure logique qui vienne de Popper lui-même. Nous nous le sommes imposé sur la base d'un certain nombre de données de son épistémologie sans sujet connaissant, notamment l'intersubjectivité dialogique telle qu'elle apparaît dans l'interaction communicationnelle que présentent distinctement *L'avenir est ouvert*[2] et/ou *La leçon de ce siècle*.[3] Dans *L'avenir est ouvert*, Franz Kreuzer rend compte de l'ensemble de « dialogues » que Popper a eus avec un certain nombre d'interlocuteurs dont le principal est Konrad Lorenz avec qui et chez qui Popper a dialogué « au coin du feu », à Altenberg, près de Vienne le 21 février 1983. *La leçon de ce siècle* est rapportée par Giancarlo Bosetti avec qui Popper s'entretient sur cinq points dont le cinquième, intitulé « Refusons l'historicisme, l'avenir est ouvert », interfère fortement avec

---

1. Pour Mamoussé Diagne, « *Il suffit de méditer sur ce que serait devenue la pensée de Socrate (celui qui n'écrit pas, selon le mot de Nietzsche) sans Platon, Xénophon et Aristophane servis par l'art ambigu de Theuth (...)* » (Cf. Diagne 2005, p.13).
2. Lorenz et Popper (1995).
3. Popper (1992), 1993, 1997.

L'*avenir est ouvert*. Nous avons porté notre attention sur l'*Entretien d'Altenberg.*

Livio Rossetti reconstitue une liste des socratiques devenus « écrivains » de la « parole » du Maître et qui comporte une dizaine ou même une douzaine d'autres noms.[4] Il cite notamment Alexamenos de Téos, Aristippe, Criton, Eschine de Sphettos, Euclide de Mégare, Glaucon, Phédon, Simmias, Simon le Coordonnier, Xénophon, Lysias, Cébès. Ce registre, aussi « officiel » fût-il, nous persuade que le « discours oral » socratique est rendu a *posterioriquement* tandis que le « discours oral / écrit » poppérien est exprimé par Popper lui-même, celui-ci impulsant celui-là, tel qu'on le verra ci-dessous.

A cet effet, puissions-nous dire, le discours écrit chez Popper se fonde entre autres et principalement sur la platonisation, l'aristophanisation, ou même la xénophonisation du discours oral socratique. Ceci du fait que platonicité, aristophanicité, ou même xénophonicité sont des modalités ou des modes de donation du discours oral socratique dont Popper s'inspire aussi pour construire sa théorie de la « discussion rationnelle ». Soit ! Mais, « *dialogue* », qu'est-ce à dire ? Quelle serait bien cette « chose » du nom de dialogue qui, on ne le sait que trop, ne va précisément pas de soi si ce n'est du fait de la symétrie possible dans l'interaction entre des interlocuteurs ? Symétrie, parce que les interlocuteurs ne parlent pas, ne s'expriment pas *caffouillement*, de façon tyrannique, chacun acceptant de se faire entendre/écouter/lire par autrui. Ici, l'intervention est conjointe entre les interlocuteurs qui se rencontrent et s'affrontent « avec des mots plutôt que par des épées », et qui apprennent ainsi l'un de l'autre et tous ensemble sur le monde. Popper estime, en fait que :

> « *La société humaine [qui] a besoin de la paix, [mais elle] a aussi besoin de véritables conflits d'idées : valeurs, idées pour lesquelles nous puissions combattre. (...) nous avons appris — nous l'avons appris des Grecs — que nous pouvons lutter non tant par le glaive que par le verbe, tellement mieux et de manière tellement plus efficace ; et, la meilleure des armes, par les arguments rationnels.* »[5]

Tel est, semble-t-il, l'enjeu de la belle formule poppérienne selon laquelle « *with words instead of swords* ». Popper écrit :

> « *De l'aveu général, il se peut que le désaccord conduise au conflit, et même à la violence ; et ceci, à mon avis, est une*

---

4. Rossetti (2011, pp.27 ;34 note 1).
5. Cf. Popper (2011, p.160).

> *très mauvaise chose, car j'abhorre la violence. Cependant le désaccord peut aussi conduire à la discussion, à l'argumentation — à la critique mutuelle — et ceci me semble d'une extrême importance. Je suggère que le plus grand pas vers un monde meilleur et plus paisible a été accompli quand la guerre des épées a commencé à être accompagnée, et parfois même remplacée, par une guerre de mots. »* [6]

Préfaçant *A la recherche d'un monde meilleur*, Jean Baudouin insinue qu'il n'est point besoin de chercher à connaître le monde par des confrontations armées (que, depuis, les militaires et les mégalomanes exercent mais à la déception totale) ; le monde ne peut être approché avec succès que par des confrontations d'opinions, d'idées, des mots, et donc par le moyen du langage argumentatif, du dialogue, de la discussion critique rationnelle. Décrivant la fonction civilisatrice de la *discussion critique*, il écrit :

> *« Le monde n'est pas seulement chaos, chute, souffrance. Il est également fait de turbulences, de défis, d'émergences aussi fécondes qu'imprévisibles. Parmi celles-ci le langage a toujours figuré aux yeux de Popper un inestimable progrès permettant à l'homme d'extérioriser ses sentiments, de communiquer avec ses semblables, de substituer peu à peu l'affrontement des mots (« words ») à l'affrontement des épées (« swords »). Il est le creuset inaugural de cette « discussion critique », de ce monde 3 des arguments, des idées et des théories qui demeure la conquête la plus précieuse de la civilisation. »* [7]

Mais, et dans tous les cas, comment articuler entre le dialogue tel que nous le concevons chez Popper et l'épistémologie de l'oralité ? Comment rendre possible le fait de penser une épistémologie non classique de l'oralité à partir du dialogue tel que nous le reconstruisons chez Popper ? Qu'est-ce donc qu'une épistémologie non classique de l'oralité si tant est que « l'oralité », qui se conçoit au fond comme de « l'orature », se définit généralement à part de « l'écriture » ? Comment finalement articuler entre « orature » et « écriture » dans une épistémologie non classique de l'oralité ?

---

6. Popper, « Le mythe du cadre de référence », op. cit., p. 14.
7. Popper (2011, Préface, pp.9-10).

En fait, une « écriture », pour les langues humaines parlées est, estiment Oswald Ducrot et Jean-Marie Schaeffer dans le *Nouveau Dictionnaire encyclopédique des sciences du langage* (1995), un système de signes à caractère duratif ayant un support visuel et spatial. C'est donc un système de représentation graphique d'une langue, au moyen de signes inscrits ou dessinés sur un support ; elle permet ainsi l'échange d'information sans le support de la voix. Ce qui ferait donc que l'« oralité » soit un mode de transmission, de communication où l'utilisation d'un code écrit est absent. De ce point de vue strictement classique, l'écriture (ou la scripturalité) et l'oralité représentent deux modèles d'expression qui peuvent tout à fait se développer conjointement, et pire encore, symétriquement. Or, et à la vérité, autant l'oralité ne saurait être totalement séparée du « non-dit », car les gestes et autres comportements non verbaux sont dans la plupart des cas complémentaires des messages oraux, autant la scripturalité ne saurait être totalement séparée du « non-écrit » que nous retrouvons dans le murmure, le silence du son, la mimique, le sourire, etc. ; autant il y a des aspects du mode d'expression oral qui semblent difficiles à transcrire dans un système écrit, autant il y a des aspects du mode oral qui tiennent de l'écrit : le cas de l'utilisation de jeux de mots sur les abréviations écrites ou même de l'utilisation du symbole « zéro » à l'oral qui vient du scriptural. Nous voulons seulement dire qu'il y a des aspects de l'oral qui ne peuvent pas facilement être transcrits (la gestualité, la mimique, l'hilarité, le murmure, etc.)[8] et des aspects de l'écrit qui ne sauraient être traduits à l'oral (des marques de ponctuation, par exemple). En dépit de ces faits, nous promouvons une épistémologie non classique de l'oralité, une épistémologie de la complexité des rapports entre oralité et scripturalité qui ne sont pas incompatibles du tout, là où, fort malheureusement, l'épistémologie classique les oppose.

Paraphrasant le préfacier de *Critique de la raison orale* de Mamoussé Diagne qui dit « *Et s'il y avait, au cœur même de l'oralité, quelque chose comme une écriture ?* », pour notre part, en inversant les termes de l'interrogation nous poserons : *et s'il y avait au cœur même de l'écriture, quelque chose comme de l'oralité ?* Ce qui rassure de ce que, d'une part aujourd'hui l'oralité des civilisations dites orales (surtout en Afrique) n'est plus un absolu tout autant que la scripturalité des civilisations dites d'écriture, et d'autre part autant la « parole » et l'« écrit » conjuguent

---

8. De Platon par exemple, dans le *Phèdre*, on peut lire : « *Souris quand tu dis ça ; comment sourire par écrit ? Tu attribues aux lettres une richesse qu'elles ne peuvent posséder* ».

nécessairement dans ces civilisations (africaines et autres à travers le monde), autant ils s'imbriquent nécessairement dans le dialogue chez Popper. Avec le temps qui est passé et qui passe, il convient ainsi de relativiser cet ancien absolutisme et se rendre compte que l'écriture et les formes de communication orales se sont profondément enchevêtrées au point qu'elles ont profondément modifié le corps des civilisations humaines d'aujourd'hui, puisque la frontière entre l'oralité et la scripturalité est de plus en plus ténue. Ce que Samba Diop comprend en ces termes : « *A chacun son rôle et son domaine d'intervention mais il y a aussi une plage de convergence qu'il ne faut pas perdre de vue* ».[9]

En vue de repérer et de circonscrire cette plage de convergence ou de confluence, tout en prenant garde de ne pas tomber dans le piège des différences inconciliables entre le mode d'expression oral et le mode d'expression écrit, la présente réflexion répondra à ces questionnements, après avoir défini et tenté de structurer le « dialogue » chez Popper, puis posé les fondements de l'épistémologie non classique de l'oralité. En tenant compte de multiples nuances et de riches entrecroisements entre ces deux paradigmes que nous ne voudrions pas incommensurables, nous prendrons le mot suivant de Mamoussé Diagne comme présupposé épistémologique : « *L'écriture inscrit dans la dimension de l'espace ce que le discours oral déroule dans le temps* ».[10] De ce point de vue, le texte s'articulera sur deux points complémentaires : le premier point va traiter du « dialogue » chez Popper ; et le second va porter sur l'épistémologie non classique de l'oralité. Pour traiter du premier point, nous avons recouru à la définition, aux sources théoriques et à la structure du dialogue chez Popper. Toutefois, étant donné que Popper n'a pas produit de dialogue et qu'il est par conséquent avéré qu'il ne pouvait avoir structuré ce qu'il n'a pas conçu, nous nous contenterons de nuancer une telle structure de dialogue, dans la typologie des dialogues possibles, et nous nous réservons de dire dans une réflexion future comment le dialogue chez Popper se développe, quelle logique y est appliquée, comment sont les coups, comment commence-t-on, comment tranche-t-on, comment gagne-t-on, etc. Pour cette raison, l'on constatera qu'il n'est fait aucune implémentation des tableaux de logique dialogique dans cet article. Le traitement du second point quant à lui a exigé une clarification préalable des concepts d'oralité/orature, d'écriture/scripturalité et d'épistémologie non classique appliquée à l'oralité. Ce projet d'épistémologie non classique de l'oralité

---

9. Voir Diop (2011, p.19).
10. Voir Diagne (2006, p.41).

sur la base d'une épistémè qui n'est pas *a prioriquement* constituée, en l'occurrence le « dialogue chez Popper » qui, lui-même tel que nous le montrons n'a pas été thématisé dans l'œuvre de Popper, trouve sa raison d'être surtout (comme nous le verrons) dans la conception poppérienne de l'émergence de la science qui, dans son interaction avec les mythes, se constitue en une véritable critique de ceux-ci, et lorsque cette critique peut être considérée comme structurée par un dialogue de forme essentiellement critique où les interlocuteurs sont prêts à changer leur point de vue. Deux annexes clôtureront la réflexion : une annexe sur la distinction logico-dialogique entre les règles de particules et les règles structurelles, et une autre sur les avancées significatives dans la compréhension de la pratique de la dialectique au Livre VIII des *Topiques* d'Aristote.

1 Le dialogue chez Popper : définition, sources théoriques et structure

Il est clair que, tout comme pour son maître lointain Socrate, le point d'ancrage ou même le point focal du dialogue est, pour Popper, la *critique rationnelle*. Elle doit guider et être l'aboutissement de toute interaction communicationnelle. Soit ! Mais alors la question demeure : qu'est-ce que le dialogue ? Quelles en sont les sources théoriques pour Popper ? Comment peut-on alors le structurer ?

1.1 Définition

Etymologiquement, « dialogue » vient d'un double mot grec « *dia-logos* », et renvoie à « *dia*, à travers » + « *logos*, la signification du mot », c'est-à-dire cela même qui ne peut se dire et se comprendre qu'à travers ce qui est dit du mot. Le « *mot* », « *the word* », dans la reconnaissance et l'usage de sa signification, fonde le *dialogue*. Il est « l'âme » du dialogue. Ce qui présuppose un « problème », une « question », un « ensemble de questions » au fondement du dialogue. On concevra ainsi le dialogue comme une « conversation » entre des locuteurs sur un sujet précis autour duquel ceux-ci échangent leurs opinions ou leurs idées, c'est-à-dire les significations possibles des mots et des termes pour lesquels a lieu l'interaction communicationnelle.

Mais, ce n'est pas la simple conversation en tant que telle. Puisqu'il y a non seulement échange d'informations, mais aussi et surtout discussion, débat autour d'un sujet précis qui peut être une question ou un problème à résoudre. Des conjoints peuvent converser, tout comme des amis, des frères, des sœurs, etc. La conversation qui sous-tendra la communication entre le maître et son élève aura pour enjeu l'instruction, à partir du débat qui se sera engagé entre les interlocuteurs. En ce sens, les conjoints, les amis, les frères, les sœurs, etc., peuvent tout aussi être tenus par le dialogue si tant est que l'interaction communicationnelle entre eux va déboucher sur un compromis ou peut-être un consensus avec pour seul intérêt de s'instruire réciproquement. Un sujet de vie conjugale comme « le budget familial » peut être aussi bien un objet de conversation que de dialogue entre les conjoints. Il sera un objet de conversation lorsque papa et maman s'informent l'un et l'autre sur la question du « budget familial » qui, en l'état, ne pose aucun problème. Mais, si tant est qu'il faut bâtir des plans d'action commune efficaces pour résorber la crise financière ou tout impact négatif de tension de trésorerie domestique, l'échange entre papa et maman se changera en une véritable préoccupation dont les termes — qui sont ceux du dialogue — pouvant même être tendus, conflictuels, voire difficiles à supporter, devront déboucher sur des types de solutions possibles.

Le but du dialogue est ainsi de débrouiller des situations qui, au départ, sont confuses, parce qu'obscures, afin de les rendre claires et donc discutables. En se heurtant, la partie communicationnelle devient conflictuelle. Un conflit d'idées, d'opinions, de points de vue par des mots que seuls les mots se chargeront de résoudre. Alors interviennent les stratégies de dialogue, telles qu'on les retrouvera chez Socrate, chez Montaigne, chez Pascal, chez Popper, etc. Toutefois, si la stratégie socratique consiste en la maïeutique que sous-tend une forme d'ironie positive, la stratégie montaignienne ou même celle pascalienne en la démonstration convaincante, la stratégie poppérienne de dialogue qui vise, quant à elle, à l'apprentissage mutuelle des interlocuteurs, consiste en la discussion rationnelle, cette capacité d'humilité à changer de conception par la force persuasive et non convaincante de l'interlocuteur. Dans un tel cas de retournement de conception, la discussion critique est dite fructueuse ou féconde. Au cas contraire, elle est infructueuse ou inféconde. A cet effet, le dialogue chez Popper interpelle la « conscience » des participants : il n'y a pas ici d'instructeur qui doit « convaincre » ; il n'y a, pour Popper, que des participants au dialogue. Dans le déroulement de la discussion, il y'a asymétrie entre la démarche socratique, la démarche montaignienne ou la démarche pascalienne, qui vise au bout du compte la conviction de la « vérité accouchée », et la démarche poppérienne qui, elle, ne saurait viser la conviction, du fait qu'incompatible avec la non-monotonie, la conviction l'est aussi avec la falsifiabilité qui sous-tend la méthodologie du « *trial and error* » (essai et erreur) qu'utilise Popper. Car, si la vérité est donnée par conviction, il va de soi qu'il n'y aurait plus de faillibilisme. Dans ce cas, c'est l'échec prononcé du penser poppérien, et donc du dialogue tel que nous le concevons.

1.2 Sources théoriques du dialogue chez Popper

Reconnaissons que ces sources sont, dans une large mesure, les mêmes que celles qui inspirèrent tout le penser poppérien. Et, celles-ci, on les retrouve dans le registre suivant des Maîtres de Popper que présente Alain Boyer : « *Ses maîtres furent toujours les Présocratiques, Socrate, les humanistes, Galilée, Kant, Schopenhauer, Russell, Duhem et Poincaré (« le plus grand de tous les philosophes des sciences »), Darwin, Einstein et Tarski* », [11] qui lui permirent d'apprendre à critiquer continuellement Platon, Fichte, Hegel, Marx et Freud ou même Einstein et Bohr. Soit ! Mais, comment se structure tout cet ensemble d'héritages dont l'impact doit avoir conduit à la discussion critique rationnelle, à la discussion argumentative et donc au dialogue ? Comment se conçoivent donc ces passerelles vers le dialogue au bout duquel l'interlocuteur poppérien est conduit à décider librement ? C'est à dire la spécificité de l'impact de chaque héritage ayant conduit au dialogue, en nous fixant sur quelques-uns tels que Socrate et le dialogue socratique (à la suite duquel on a Aristote, surtout l'Aristote du VIIIè livre des *Topiques*), Kant et l'apriorisme des idées, puis Darwin et l'épistémologie évolutionniste, que nous consacrons les sections qui vont suivre, tout en les appliquant à l'illustration que nous ferons du dialogue chez Popper dans *L'avenir est ouvert*.

1.3 Structure du dialogue chez Popper

Dans nos travaux antérieurs (2012), lorsque nous tentions de définir la notion de « dialogue », nous ne teniions aucun compte de la classification des différentes sortes de dialogues qui eux tiennent de leurs causes respectives, telles que les présentent D.N. Walton et E.C.W. Krabbe. [12] La classification s'appuie sur deux critères principaux : d'une part, la nature de la situation initiale, puis d'autre part, la nature du but poursuivi par les interlocuteurs. Nous déduisions alors que l'origine du dialogue peut être soit un conflit d'opinions, soit l'existence d'un problème, soit un manque d'information, soit un argument, soit un ensemble d'arguments. L'on comprenait par-là que les interlocuteurs peuvent soit vouloir déterminer laquelle des deux opinions est exacte (dialogue de genre

---

11. Boyer (2007, p.1).
12. Cf. Walton et Krabbe (1985, p.85).

persuasion/conviction ou discussion critique, comme dans la *théorie popperienne du dialogue*), soit rechercher l'accord des parties (dialogue de genre négociation). Par ailleurs, lorsqu'à l'origine du dialogue se trouve un problème, les interlocuteurs peuvent vouloir soit lui trouver une réponse définitive (dialogue de genre enquête), soit seulement trouver un accord sur la base duquel agir (dialogue de genre délibératif). En cela, lorsqu'un simple défaut d'information est à l'origine du dialogue, les interlocuteurs plongent dans un dialogue de quête d'information (*information seeking dialogue*), comme l'insinue Jaakko Hintika.

Lorsque nous disons donc que le point de départ de l'interaction communicationnelle chez Popper est le « problème », une situation problématique ou un ensemble de situations problématiques, cela s'entend bien ainsi, puisque, telle qu'elle se déroule dans le penser poppérien, la théorie du dialogue se présente comme un ensemble de procédures de discussion rationnelle menée entre des interlocuteurs en conflit d'idées, conflit d'hypothèses autour d'un argument posé ; ce qui peut être le gage du principe de la réfutabilité argumentative qui le présuppose lorsque celui-ci fonctionne conformément à la nature absolument faillible de l'esprit humain. Un conflit tout aussi rationnel et argumentatif que la discussion critique qu'il sous-tend. En le disant, on peut se référer à l'importante somme de leçons que donne *A la recherche d'un monde meilleur*[13] qui, toutes, tiennent d'abord de la vertu d'humilité de l'esprit participant à l'interaction communicationnelle (tout comme au tissu des relations humaines), ensuite du caractère rationnel du dialogue, enfin de l'objectif poursuivi dans l'argumentation dialogique. Alors, par la force de l'humilité, de l'autocritique et de la critique, l'interaction communicationnelle des interlocuteurs permet d'apprendre et de faire apprendre. C'est donc « apprendre » et/ou « faire apprendre » qui est le point d'ancrage du débat critique. Apprendre que l'on ne sait « rien » de façon absolue ; apprendre que l'interlocuteur peut être mieux édifié et informé ; apprendre à être disposé à s'instruire auprès de l'interlocuteur ; apprendre à exposer ses idées à la critique d'autrui et à critiquer les siennes ; et donc, apprendre à apprendre et à faire apprendre. L'argumentation dialogique fait agir des interlocuteurs capables d'observer les règles du jeu en vue d'une discussion fructueuse, sous-tendue par la double vertu de l'humilité et de la tolérance dialogiques. Comme nous le relevions déjà dans certains de nos travaux, c'est un cadre dialogique qui intègre dynamiquement le registre de la logique des dialogues intelligents où les problèmes et les conflits,

---

13. Popper (2011, pp.274-277).

selon leur spécificité, peuvent nécessiter un système de règles différentes, et donc différents systèmes de dialogues. Ici, il peut être requis de définir le système de logique qui sous-tendrait le dialogue chez Popper. Si tel était le cas, nous pourrions dire que l'on pourrait réguler le changement de logiques dans un système non monotone, puisque, dans un tel système l'on peut non seulement changer les conclusions, mais aussi et surtout modifier les logiques impliquées, tel que le reconnaît et l'assume Laurent Keiff aussi bien dans sa thèse doctorale[14] que dans un article sur « Dialogical Logic ».[15]

Mais, et de façon générale, le principe de fonctionnement de l'argumentation dialogique chez Popper est tout simple. Il met en présence et en « conflit d'idées » des sujets dialogiques « A » et « B » ou « C », qui s'affrontent autour d'une situation problématique quelconque qui peut revêtir telle ou telle nature. De cette intersubjectivité dialogique ou de cette interaction communicationnelle naîtra soit une discussion fructueuse, soit une discussion infructueuse. La discussion est fructueuse lorsque les interlocuteurs évoluent dans leurs postures respectives, c'est-à-dire que le point de vue de l'un persuade l'autre qui y adhère, et vice-versa. Ainsi le locuteur change d'attitude lorsque l'interlocuteur le persuade. Dans ce cas, l'attitude d'« humilité » doit remplir l'esprit aussi bien de l'un que de l'autre participant au dialogue. La partie dialogique est, en revanche, infructueuse lorsque les points de vue du proposant et de l'opposant restent et demeurent statiques. Plusieurs raisons concourent à cet état de chose, et toutes se ramènent à l'observation ou pas des règles du jeu dialogique, aussi bien les règles de particules (règles de signification des connecteurs logiques) que les règles structurelles (règles déterminant leur signification globale) [Nous y reviendrons en Annexe 1] que définissent, pourrait-on dire, les principes du raisonnement non-monotonique, étant donnée la double situation pragmatique et éthique dans laquelle se trouvent les interlocuteurs : l'évolution du point de vue et le fait d'accepter le point de vue de l'autre. Ces raisons sont donc que : soit les interlocuteurs maîtrisent les règles du jeu dialogique mais ils manquent d'humilité dans la pratique de celles-ci ; soit le locuteur comprend les règles du jeu mais n'est pas d'accord avec celles-ci. Alors, les considérations conversationnelles s'effritent et font rater la cible du dialogue, qu'il soit écrit ou oral.

Une précision s'impose ici et maintenant. Tel que nous le structurons, le dialogue chez Popper est mené entre des participants que la logique

---

14. Keiff (2007).
15. Keiff (2009).

dialogique appelle « proposant » d'une part et « opposant » de l'autre, avec ceci que le premier coup est joué par le proposant qui pose un argument et qu'il doit défendre des attaques possibles de l'opposant. La similarité, d'un point de vue structurel, peut aussi être grande avec la pratique de la dialectique dans le Livre VIII des *Topiques* d'Aristote où il n'est pas non plus question de rechercher la vérité, mais de tester la cohérence interne de l'ensemble des croyances de l'assertant. On parlerait plutôt ici de symétrie, car dans les *Topiques*, la place et la fonction des participants au dialogue sont inversées : c'est l'opposant qui asserte et demande au proposant. Ce qui en va tout autrement de la logique dialogique où le proposant asserte la thèse et se défend de l'attaque de l'opposant, quoi qu'ici tout comme dans la dialectique aristotélicienne, il n'y a pas de conflit d'arguments, il y'a plutôt cohérence du fait qu'il y a une thèse qu'on attaque. [L'Annexe 2 rapportera les avancées significatives introduites par Mathieu Marion et Helge Rückert dans la compréhension de la relation entre les *Topiques* et l'approche dialogique de l'argumentation].

Toutefois, nous savons bien que tel que nous le circonscrivons, le dialogue chez Popper, qui est une discussion critique visant l'apprentissage et l'échange mutuel d'information, ne permet pas en l'état de parler de « jeu », de « parties » et même de « règles » structurelles ou particulaires ; qu'il ne peut être question ici de « jeu-théorétique » ; et que la logique dialogique n'est pas gouvernée par les principes du raisonnement non monotonique, l'approche dialogique de la logique étant un cadre théorétique flexible réadaptable à volonté. Soit ! Mais, le caractère fictif, imaginaire du dialogue que nous reconstruisons dans l'œuvre de Popper s'entend si bien que le socle même du dialogue qui est par essence production d'un discours critique ne saurait contenir *a priori* — chez Popper — ni sens de jeu ou de parties, ni règles particulières ou structurelles que nous devons, du reste, constituer. C'est pourquoi, ayant une telle perspective, et comprenant que l'approche dialogique permet de nombreuses approches logiques, dont la non-monotonique, notre projet envisage de développer un raisonnement de type non-monotonique, avisés de ce que les dialogues pour la non-monotonicité ne sont encore qu'une perspective. La même raison est, une fois de plus, justificative du fait de l'absence d'implémentation des tableaux de logique dialogique dans la présente réflexion. Aussi voudrions-nous, en évoquant les principes directeurs du dialogue chez Popper que sont l'humilité, la tolérance, la disponibilité à apprendre d'autrui, etc., souligner deux points. Le premier, c'est que ce sont des principes éthiques ou pragmatiques du dialogue et qu'il y a, ce faisant, une sorte de programme moral superposé à un programme logique ; ce qui fait son caractère pragmatique. Nous nous souviendrons que, à Erlanger School,[16] on a essayé, avec diverses fortunes, de faire que science et éthique s'entrecroisent par le moyen de l'approche dialogique. Un projet prometteur. Ainsi travaillerons-nous dans une réflexion future sur les aspects éthiques de cette logique dialogique dans le contexte de l'épistémologie de Popper. Le deuxième point consiste à insister sur le fait que le dialogue chez Popper n'est pas un système de logique mais un cadre dialogique de systèmes de logiques.

Avant de donner une illustration du dialogue chez Popper, nous voudrions dire quelques mots sur la substance du lien entre Popper et l'oralité.

1.4   Popper et l'oralité

Il est clair qu'à la doctrine de la transmission (unilatérale) des connaissances (écriture) s'est adjointe la doctrine de l'interaction communicationnelle (orature) par le moyen du dialogue ; l'intersubjectivité dialogique s'est substituée à la subjectivité exclusive, favorisant ainsi une ouverture considérable de la pensée, le participant au dialogue se sachant libre de mettre au jour ses sensations, ses émotions, ses opinions, ses idées et ses pensées sur le monde, la société et l'homme, bref, la vie, tout en veillant à l'observance des règles du jeu admises. Le participant poppérien au dialogue comprend de ce fait qu'une philosophie sans intersubjectivité n'est qu'amputation de sens à la pensée et à la vie. Il a appris à prendre ses décisions et à décider selon ce qu'il croit convenir le mieux pour lui, c'est-à-dire à décider librement. A cet effet, l'apprentissage doit être, pour Popper, basé sur la « curiosité » du participant, sur l'« obéissance » à la disposition morale d'apprendre de l'interlocuteur, sans toutefois imposer une certaine norme dans la recherche du savoir. Ce qui est essentiellement poppérien, car le devoir moral consiste ici à « être optimiste ».

---

16. Erlanger School est fondée par Paul Lorenzen et Kuno Lorenz. La partie éthique a été particulièrement évoquée par Paul Lorenzen (à partir d'une approche logique normative) et son disciple Oswald Schwemmer. En fait, le constructivisme logico-méthodologique de Erlanger School consistait à rechercher un nouveau fondement instructif de la raison entre le rationalisme critique de Karl Raimund Popper et la pragmatique transcendantale de Karl Otto Appel, destiné à la justification ultime, se donnant ainsi un partenaire de coalition à l'Ecole de Francfort contre le scientisme et l'empirisme logique.
Cf. Lorenzen et Schwemmer (1975).

Popper a abondamment parlé de la Grèce et de la tradition scientifique, notamment la tradition de la philosophie rationnelle qui serait venue des Grecs au VIè ou Vè ou IVè siècle avant Jésus-Christ. En s'y référant, Popper dresse efficacement les fondements d'une tradition d'expression où l'on s'est efforcé, *oralement*, de *comprendre* et d'*expliquer* les phénomènes de la nature. Tout comme les auteurs des mythes, les premiers auteurs grecs de la philosophie rationnelle, sur le modèle de la pensée critique, ont cultivé et pérennisé un type de tradition d'expression orale. Seulement, au lieu de se complaire à transmettre une tradition des connaissances, des savoirs, « *ils l'ont mise en question et parfois même ont créé de nouveaux mythes qu'ils substituèrent aux anciens* »,[17] inventant ainsi une nouvelle tradition qui, elle, se veut nécessairement critique, mais fondée sur l'expression orale. Nous pensons qu'une telle démarche, à la fois holistique et heuristique, peut tout autant s'appliquer à l'Afrique, pour circonscrire ce lien entre le dialogue tel qu'il fonctionne chez Popper et l'épistémologie de l'oralité, pour une épistémologie non classique de l'oralité où, en effet, le « parlé » et l'« écrit » combinent par nécessité.

Nous comprenons donc que la complexité de ce que nous disons être le rapport de Popper à l'oralité peut aussi renvoyer au fait que Popper a réfléchi sur la façon dont la pensée mythique (souvent, mais pas toujours, par voie orale) évolue avec une critique dialogique. De ce point de vue, la science commence par une interaction avec les mythes. En fait, pour Popper, le processus de considération scientifique commence par la critique de certains mythes et cette critique peut être considérée comme structurée par un dialogue de nature foncièrement critique au cours duquel les interlocuteurs sont prêts à changer leur point de vue lors de l'interaction. Ainsi, il peut être appliqué à des traditions orales dans un double sens. D'une part, il concerne la critique des mythes qui ont émergé dans le contexte d'une tradition orale et, d'autre part, il se rapporte à la façon dont un mythe peut être contesté par le biais d'une interaction en critique dialogique. Ainsi comprise, cette critique dialogique pourrait également porter les traces de l'oralité, à savoir dans l'interaction, et davantage un sens aussi bien pragmatique qu'éthique, si tant est qu'il est admis que les interlocuteurs ne s'abstiennent pas de changer leur point de vue lorsque cela s'avère nécessaire. Cela fait bien partie de la tradition orale qui se reflète sur ce qui peut être conçu comme le dialogue scientifique. Nous en convenons.

---

17. Popper (2006, p.192).

1.5 Illustration de dialogues chez Popper : Cas de *L'avenir est ouvert*[18]

Nous avons sélectionné, dans ce qui suit, quelques moments illustratifs de ce que le « dialogue » est chez Popper, et notamment dans *L'avenir est ouvert*. Il s'agit, en effet, de ce que nous avons appelé :

- Dialogue 1 : « Le moi du coq et le moi de l'homme », qui se déroule entre Kreuzer, Lorenz et Popper (pp. 46-52), avec *geste de la main de Popper* ;
- Dialogue 2 : « De la biologie en philosophie ? Pourquoi pas ! », qui met aux prises Wallner et Popper (pp. 83-84), avec *hilarité dans l'auditoire* ;
- Dialogue 3 : « Une horloge à deux cadrans », où Vollmer échange avec Popper (pp. 111-116), avec *rires dans l'auditoire* ;
- Dialogue 4 : « La théorie des trois modes et la société ouverte », où Popper échange avec W.W. Bartley III, Gerard Radnitzky, Ivan Slade, Alexandre Petrovic, Peter Michael Lingens et Norbert Leser (pp. 121-164), avec *rires, applaudissements et approbation*.

Nous reproduisons ainsi quelques séquences de chacun de ces dialogues illustratifs (sauf pour le quatrième qui est assez long), après la présentation faite par Franz Kreuzer. On aurait pu aussi s'en référer à l'*Entretien* [de Karl Popper] *avec Giancarlo Bosetti* que suivent les *Deux essais de Karl Popper sur la liberté et l'Etat démocratique* dans son livre *La leçon de ce siècle* (1992/1993/1997). Mais, quoique tous les deux ouvrages se prêtent bien au contexte actuel de l'épistémologie non classique de l'oralité, le choix a porté sur l'« Entretien d'Altenberg ».

Kreuzer : *Messieurs, je crois qu'il faudrait souligner pour commencer, l'originalité de cette conversation. Ce n'est pas un entretien, ce n'est pas une discussion, ce n'est pas une polémique, ce n'est pas non plus un débat (...) ; c'est une conversation au coin du feu entre deux vieux amis ; je ne suis là que pour vous inciter à parler. Ce sera un dialogue entre vous.*[19]

- Dialogue 1 : « Le moi du coq et le moi de l'homme » :

Ici, nous ne reproduisons que la séquence de dialogue qui signale un geste de Popper pendant qu'il doit répondre à Lorenz (pp. 51-52).

---

18. Cet ouvrage rend compte d'une conversation, d'un (ensemble de) dialogue(s) que Popper a eu(s) avec un certain nombre d'interlocuteurs dont le principal est Konrad Lorenz avec et chez qui Popper a dialogué au coin du feu, à Altenberg, près de Vienne, le 21 février 1983. L'ensemble de cette interaction communicationnelle est rapporté par Franz Kreuzer.

19. Cf. Lorenz et Popper (1995, p.15).

Lorenz : *Lorsque j'observe une baisse de ma production scientifique et que ce que j'ai écrit me paraît indigne d'être publié, ce qui m'arrive régulièrement quand j'achève un manuscrit important — la chose me révulse purement et simplement—, je lis les écrits de mes adversaires les plus acharnés.*
Popper : *Je ne connais pas ça.*
Lorenz : *Tu ne connais pas ça, parce qu'il te manque la conscience du coq ! Parce que tu n'es pas un coq, moi si !*
La conscience supérieure de soi est bien entendu en rapport avec la société humaine. La conscience supérieure de soi est liée au sentiment d'être un membre utile d'une société. Et c'est la raison pour laquelle je suis biosociologue. L'une des plus profondes satisfactions que l'on puisse éprouver est celle d'être compris, et plus particulièrement par les jeunes. Cela m'apporte une satisfaction particulière, un sentiment de bonheur intérieur. Lorsque je les vois écouter attentivement, et même comprendre ce que je veux dire.
Popper : [en caressant le chien de Lorenz] *Par exemple, cela fait de la peine de ne pouvoir guère entretenir ce type de rapport avec un chien. De ne pas pouvoir expliquer au chien une belle théorie.*
Lorenz : *Cela me gêne moins. Je n'attends pas ça d'un chien.*

- Dialogue 2 : « De la biologie en philosophie ? Pourquoi pas ! » :
Wallner : *J'aurais voulu poser encore une autre question, mais je ne sais pas si vous avez envie de parler de cela maintenant. On critique parfois votre principe métaphysique, en disant qu'il se fonde sur le prétendu bon sens ordinaire et que c'est en dernier ressort une justification d'inspiration biologiste.*
Popper : *Cela ne fait rien* [Hilarité dans l'auditoire]. *Je suis pour la liberté de pensée. Chacun doit dire ce qu'il considère comme fécond. Et la critique ne doit pas être faite d'observations générales comme par exemple : c'est une démarche à tendance biologiste, ou que sais-je encore, elle doit être concrète et dire pourquoi ce n'est pas admissible. Or cette critique concrète est très rare. Habituellement, on entend des critiques du genre : « C'est dogmatique. Que voulez-vous faire avec ça ? » On ne peut que dire : « Mon cher, émets une véritable critique ». Et l'autre répond : « Je viens de faire une critique, j'ai dit que c'était dogmatique ». Mais ce n'est pas une critique ! Une critique doit essayer de montrer pourquoi une théorie ou un point de vue ne sont pas acceptables, pourquoi ils ne le sont pas dans leur contenu. Le dogmatisme, c'est de refuser de se livrer à cette critique détaillée. En général, les critiques que l'on reçoit*

sont totalement inintéressantes. C'est ce qu'il y a de triste. Une critique intéressante est toujours plus que bienvenue.

- Dialogue 3 : « Une horloge à deux cadrans » :

Ici aussi, nous ne reporterons que la séquence de dialogue où il y a « *rires dans l'auditoire* » (pp. 114-115).

Vollmer : *(...) Je voudrais éclairer mon propos par un exemple, l'image des horloges, qui a d'ailleurs été utilisée aussi par Leibniz, mais chez lui, pour présenter des positions dualistes. Dans l'optique de la théorie de l'identité, les deux horloges ne seraient pas différentes mais se confondraient en une seule présentant deux aspects, par exemple deux cadrans. Il est bien évident qu'il paraît tout à fait raisonnable d'avoir une horloge à un cadran, mais il peut aussi être tout à fait raisonnable, dans certains cas précis, d'avoir des horloges à deux cadrans.*

Popper : *(...) A propos de la théorie de l'identité, il était une fois un matérialisme. Ce matérialisme consistait avant tout à construire une image du monde simple et péremptoire. La forme la plus simple était la suivante : il y a un ensemble de petites boules, sinon rien. Ces petites boules se comportent de façon tout à fait simple, elles peuvent se heurter. Une autre vision matérialiste du monde était que de petits éléments peuvent s'imbriquer les uns dans les autres, sinon rien. Et ces éléments se comportent d'une façon que nous connaissons très bien, d'après notre propre action dans le monde matériel. Tel était le matérialisme. On raconte une assez jolie histoire du fils qui a une photographie de son père et lit dans le journal une annonce : « Portrait d'après photographie ». Et lorsque le fils voit le portrait de son père, peint d'après la photographie, il soupire : « Pauvre père, comme tu as changé ! » Et bien, il n'en va pas différemment du matérialisme.* [Rires dans l'auditoire] *(...) notre pauvre matérialisme a donc bien changé (...) Ce matérialisme s'appelle aujourd'hui théorie de l'identité (...) La théorie de l'identité nous assure qu'elle montrera que notre conscience est le cadran d'une horloge intérieure : le cadran extérieur, vous le voyez, mais mon propre cadran intérieur, je suis seul à le voir, c'est ma conscience. A mon avis ce n'est rien d'autre qu'une promesse creuse, une métaphore qui ne nous apporte rien.*

- Dialogue 4 : « La théorie des trois Mondes et la société ouverte » :

Ici, *rires, applaudissements et approbation* s'entremêlent. Le texte étant un peu plus long, nous renvoyons aux pages 122, 124, (*rires*), 144 (*approbation*), 149 (*rires, applaudissements*), 164 (*applaudissements*).

1.6 Commentaire

Ici, nous vérifierons d'abord l'effectivité des intuitions que nous avons émises dès le départ sur la caractérisation du dialogue chez Popper, surtout dans ses sources théoriques telles que nous les avons circonscrites à savoir Socrate et le dialogue socratique, Kant et l'apriorisme des idées, puis Darwin et l'épistémologie évolutionniste. Nous dirons ensuite l'enjeu de la « gestualité » telle qu'elle apparaît au moyen des *rires*, des *applaudissements* ou même de l'*approbation*, tout au long des séquences de dialogues sélectionnées.

Nous avons déjà dit que c'est la prise de conscience de la nature humaine, du fait d'être doué de raison — une raison faillible — qui peut être considérée, dans le cas de l'héritage socratique, comme le point de départ du long processus du dialogue au bout duquel devrait s'afficher la persuasion d'apprendre à décider librement. Au fond, l'ensemble de cet héritage dont se saisit Popper place Socrate au centre de cette longue tradition critique de l'histoire de la philosophie et de l'histoire des sciences telle qu'on le verra aussi bien chez Kant que chez Darwin, tout au moins dans les limites de ce que nous circonscrivons comme sources théoriques du dialogue chez Popper. C'est Popper lui-même qui dit de Socrate qu'il est le plus grand de tous, qu'il nous a appris à avoir foi en la raison, tout en nous gardant du dogmatisme et de la misologie, et qu'il nous a enseigné, en somme, que le fondement de la science est la critique.

Tout au long des dialogues ici sélectionnés, on ne voit nullement Popper imposer son point de vue :[20] il veut savoir auprès de ses interlocuteurs et par l'intelligence de ceux-ci ; ce n'est pas non plus Konrad Lorenz qui a la prétention d'enseigner l'interlocuteur, il se prête même à l'attitude qui consiste à changer d'opinion pour adhérer au point de vue de l'interlocuteur ; moins encore quelque autre locuteur qui reconnaît la pertinence du propos de l'interlocuteur et s'y rallie. C'est bien pourquoi, apprendre ne se mène pas seulement — et, restrictivement — entre un enseignant (émetteur de pensées) et un enseigné (récepteur des pensées émises) ; c'est un jeu de dualité où les participants apprennent l'un de

---

20. Cette posture de Popper peut paraître inconsistante, voire paradoxale, si l'on considère l'attitude méthodologique classique de conduire un dialogue argumentatif, où il est plutôt question de défendre un point de vue en usant de toutes les ressources logiques et rationnelles à disposition du débattant. Nous en convenons. Cependant, ce que nous voulons relever ici c'est le sens poppérien de l'humilité, de la tolérance qui doit caractériser le débattant qui, conscient de ce qu'il a un argument à défendre des attaques de l'opposant, amène son interlocuteur à saisir la nécessité de lâcher-prise son point de vue pour adhérer à celui qui persuade davantage.

l'autre, bien sûr à la différence du mode animal. On comprendra ainsi que Lorenz rappelle l'attachement de Popper à la théorie darwinienne de la sélection naturelle. A propos de l'influence du darwinisme et de l'épistémologie évolutionniste, Popper reconnaît dans *La Quête inachevée*[21] par exemple que, le champ de la science étant comparable à celui du règne animal, selon la conception darwinienne de la connaissance, certaines théories manifestent une « *aptitude à survivre* » en éliminant éventuellement l'une ou l'autre de leurs concurrentes, soit sur un plan diachronique (s'il s'agit d'une théorie antérieure), soit sur un plan synchronique (s'il s'agit d'une théorie contemporaine).[22] Ce n'est pas pour autant que cette élimination concurrentielle rende définitives les théories survivantes, car, « *les théories scientifiques ne peuvent jamais être tout à fait justifiées ou vérifiées* » ; elles peuvent tout au plus atteindre un degré de corroboration ou de vérisimilitude assez élevé qui leur permet de servir de fondement à l'action pratique.[23] Il en va analogiquement de même en interaction dialogique, tout au moins dans la reconstruction que nous en osons chez Popper où les participants au dialogue sont tenus de se disposer à apprendre l'un de l'autre. Nous nous rappellerons ici une interprétation pertinente (à notre sens) de Léna Soler sur cette « version analogique » de l'épistémologie darwinienne au sujet de l'évolution des théories scientifiques.[24] Popper hérite ainsi du processus de variations épistémiques (des contenus d'une même théorie), de la lutte pour la vie entre hypothèses ou théories rivales, et d'une sélection des variétés les plus aptes (survie des hypothèses et des théories les plus audacieuses et performatives en termes de contenus d'information). Ce qui, appliqué au fonctionnement du dialogue, indique le mouvement dialogique interactif entre les interlocuteurs qui doivent se disposer à changer de point de vue lorsque la position de l'autre sur la question en débat est plus persuasive et donc plus performative, parce qu'elle subsiste pendant que celle du locuteur doit disparaître.

Les participants à ces différentes séquences dialogiques rappellent tout autant le sens du « criticisme » kantien que celui de l'a priorisme des idées, et donc, la production des conjectures. Quoique, par ailleurs, Popper se démarque critiquement de Kant, tel que cela ressortit de la séquence de dialogue portant l'intitulé : « *Il serait ridicule d'interdire la métaphysique* » (pp. 81-83). L'influence kantienne est, en effet, signifi-

---

21. Voir Popper (1981, pp.148 ;307-308).
22. Cf. Verdan (1991, p.25).
23. Voir Popper (1973, pp.41 ;37).
24. Voir Soler (2009, pp.54-55).

cative sur l'œuvre de Popper en général et, en particulier sur la reconstruction dialogique que nous y faisons rattacher. Le rationalisme critique de Popper, à l'instar du criticisme kantien, lutte contre le dogmatisme de la pensée, dans la considération d'un esprit (humain) faillible, toujours en quête de la connaissance. Il se trouve que, pour Popper, « *la véritable clé de voûte de ma conception humaine est le faillibilisme et l'approche critique* ».[25] Cela, il le doit aussi à Kant, comme le révèlent si bien d'une part la position de *La Logique de la Découverte Scientifique* face à la *Critique de la Raison Pure* de Kant et, d'autre part la position des *Conjectures et Réfutations* lorsque Popper affirme (pp. 51-52) que son rationalisme critique est un parachèvement du criticisme kantien. Pour l'avoir saisi, Emmanuel Malolo Dissakè fait une interprétation significative du rationalisme critique de Popper comme théorie de l'objectivité à l'aune du criticisme kantien, dans sa *Grammaire de l'objectivité scientifique. Au cœur de l'épistémologie de Karl Popper.*[26] Jacques Batiéno consacre, quant à lui, le deuxième chapitre de son livre *Karl Popper ou l'Ethique de la Science*[27] à la description de cette influence kantienne sur le penser poppérien. La reconstruction dialogique que nous osons chez Popper, sur fond de discussion critique, trouve ainsi sens dans cet héritage kantien lorsque Popper reconnaît la nature humaine comme intrinsèquement faillible, parce que l'homme est par nature imparfait. En ce sens, l'ensemble des connaissances qu'il peut avoir et porter est par nature entaché de cette imperfection. Voilà pourquoi le véritable locuteur poppérien, conscient et lucide de ses limites, acceptera toujours apprendre de l'interlocuteur. Ainsi, dans l'interaction dialogique les interlocuteurs se disposeront à changer leur point de vue chaque fois que cela s'avèrera nécessaire. Dans le cas d'une interaction verbale, l'oralité y trouve de la considération.

Il n'est donc pas surprenant que la somme de ces quatre séquences dialogiques dépeint clairement le portrait de Popper constructeur d'hypothèses, de théories, et donc de conjectures pour résoudre un problème quel qu'il soit. Popper qui pense que quand nous avons affaire à un problème, nous faisons des conjectures, que ces conjectures sont risquées, que nous les révisons sur la base de réfutations critiquement conduites. Et, dans un dialogue, il est sûr qu'on débat, on discute ; et, une discussion est un « échange » au cours duquel il est important d'utiliser efficace-

---

25. Cf. Popper (1990, p.16).
26. Malolo Dissakè (2012).
27. Batiéno (2012, pp.33-52).

ment les règles du jeu. C'est un type d'armes conceptuelles qu'il faut savoir forger et dont il faut savoir faire usage. Mais les armes changent en permanence. Nous apprenons de nouvelles choses, nos mathématiques et notre logique deviennent plus complexes sur un certain plan, bien plus simples sur un autre — ce qui prenait des pages et des pages auparavant peut maintenant être traité en quelques lignes—, notre équipement expérimental change, et, ainsi de suite. De telle sorte qu'une idée vaincue ou invalidée aujourd'hui peut être une idée prouvée et validée demain.[28]

Avons-nous pu justifier le triple héritage socratique, kantien et darwinien de Popper ? Le lecteur nous saura gré des multiples ratés méthodologiques. A tout le moins, l'humilité, la tolérance, l'attitude critique, la construction des conjectures sont les moments principaux du processus dialogique au bout duquel le locuteur poppérien pense persuader l'interlocuteur à décider librement. Ce que nous pensons avoir compris c'est que, dans le dialogue chez Popper, adhérer au point de vue de l'interlocuteur c'est phagocyter l'objection en l'intégrant dans son argumentation pour avancer dans la recherche de la solution au problème ou à la situation problématique de départ.

A propos de la « gestualité », il est généralement admis, sous ses différentes expressions, que c'est un moyen qui vise à encourager l'interactivité orale. D'une part, la gestuelle et ses diverses expressions aident à la fluidité des échanges en surmontant les éventuelles difficultés liées au caractère immédiat de l'expression orale. D'autre part, elles permettent de créer un espace fictif d'apprentissage. Dans le cas du dialogue chez Popper, que le *geste* vienne de Popper (comme dans le Dialogue 1) ou qu'il vienne de l'interlocuteur (comme c'est le cas pour le *rire*, les *applaudissements*, l'*approbation*, etc.), il n'y a pas de doute qu'ici la *gestuelle* reconfigure l'atmosphère de l'interaction communicationnelle. En position centrale, Popper permet à ses interlocuteurs d'exposer leur point de vue et de les conduire à envisager une autre conduite pour ses critiques, après avoir marqué sa différence. Répondant à Wallner au sujet de la critique souvent excessive formulée contre son principe métaphysique et même contre sa théorie du falsificationnisme, Popper dit : « *Cela ne fait rien. Je suis pour la liberté de pensée. Chacun doit dire ce qu'il considère comme fécond* » (Lorenz et Popper, 1995, p.83). Ce qui crée de l'*hilarité*, et à la suite des *applaudissements* et donc de l'*approbation* dans l'auditoire qui, au fond, acquiesce l'attitude d'humilité et de tolérance de

---

28. Nous paraphrasons ici Paul Karl Feyerabend dans ses *Dialogues sur la connaissance*. Voir Feyerabend (1996, p.48).

l'esprit de Popper. Ou bien lorsque Popper parle du « matérialisme » qu'il appelle « théorie de l'identité » (*Ibid.*, pp. 115-116), il ne rejette pas le point de vue de Vollmer, mais s'appuie plutôt sur lui pour présenter le sien. Son attention aux autres ne l'empêche nullement de poursuivre le fil de son raisonnement. En effet, Popper fait preuve de beaucoup de coopération en essayant de discuter aussi bien avec Lorenz qu'avec les autres. Répondant à Vollmer, il dit par exemple : « *La question nous écarte un peu de ce dont je tiens à parler essentiellement, à savoir la spécificité du monde trois et du langage humain, mais je voudrais quand même tenter d'y répondre* » (*Ibid.*, p.115). Ou, plaidant pour la modestie intellectuelle, Popper dit : « *(...) Hegel bénéficie surtout en Allemagne d'une extraordinaire admiration. Les gens croient sérieusement que Hegel était un grand philosophe parce qu'il a énoncé de grandes formules. Et c'est précisément cette immodestie inouïe qui fait des ravages parmi les intellectuels (...) J'ai toujours lutté contre les modes, je n'ai jamais suivi la mode, je n'ai jamais essayé d'en instaurer une. Mais je voudrais inaugurer la mode de la modestie intellectuelle, de la pensée permanente à tout ce que nous ne savons pas* » (*Ibid.*, pp.126-127).

Le comportement gestuel, l'aisance gestuelle colle bien aux prises de position ; c'est ponctuer le discours par des gestes qui attestent du point d'accord ou du point de désaccord. La spécificité des dialogues de *L'avenir est ouvert*, c'est aussi que la gestualité atteste de l'investissement psychologique des interlocuteurs — et même de l'auditoire qui tient sa place par une mimo-gestualité, des mimes et des gestes qui donnent des indications précises et forment une sorte de langage universel que traduisent les applaudissements, les rires, etc. Nous n'ignorons, cependant pas que, autant il y a des gestes qui disent quelque chose (tels les gestes mimétiques dont nous venons de parler) autant il y en a qui ne ressemblent à rien a priori (tels les gestes métaphoriques). Au bout du compte, dans les dialogues de *L'avenir est ouvert*, la gestualité donne une force de persuasion insoupçonnée à la production orale spontanée en renseignant sur les intentions du locuteur (Popper caressant le chien de Lorenz : p. 52), sur les présupposés extralinguistiques des interlocuteurs (les rires, les applaudissements, l'approbation survenant spontanément : pp. 122, 124, 144, 149, 164). Le geste est ainsi un élément essentiel du dispositif de l'interaction dialogique. Ce qui est ici fondamental pour nous, c'est ce qui le caractérise, c'est-à-dire que le geste ne peut être transcrit : il reste une modalité de l'oralité, qui échappe au prisme de la scripturalité, tout comme le sont d'ailleurs certains aspects de l'écrit (telles certaines marques de ponctuation à l'instar de deux points « : » et autres) qui ne peuvent trouver de traduction à l'oral et qui échappent donc au prisme de l'oralité. Telle est le voie qui s'offre à nous pour dire l'épistémologie non classique de l'oralité, à partir de cette suggestion de dialogue que nous avons construite au sein du penser poppérien où oralité et scripturalité fonctionnent en fait non comme des incompatibles mais comme des complémentaires, n'en déplaise à l'épistémologie classique.

2 L'épistémologie non classique de l'oralité

S'il est admis, d'une part, que le concept d'« épistémologie » renvoie à ce qui, en « philosophie des sciences », étudie de manière critique la méthode scientifique, les formes logiques et modes d'inférence utilisés en science, de même que les principes, concepts fondamentaux, théories et résultats des diverses sciences, afin de déterminer leur origine logique, leur valeur et leur portée objective, [29] au point même de se confondre avec la « théorie générale de la connaissance » et, donc, de ne pas porter que sur la connaissance scientifique [30] ; et d'autre part, que toute épistémologie est épistémologie de quelque science, il ne fera aucun doute de retenir que, dans ses multiples applications :

a- *Une épistémologie classique* est toute forme d'épistémologie qui saisit tout rapport entre deux objets cognitifs, comme une relation d'« exclusion mutuelle » où il n'est donc pas possible d'accéder de l'un à l'autre, chacun étant cloisonné dans son lieu de façon suffisante et nécessaire, les deux fonctionnant tels des paradigmes incommensurables. De sorte que, l'accessibilité n'est possible que

---

29. Robert Nadeau écrit exactement ce qui suit du concept d'épistémologie : « *Branche de la philosophie des sciences qui étudie de manière critique la méthode scientifique, les formes logiques et modes d'inférence utilisés en science, de même que les principes, concepts fondamentaux, théories et résultats des diverses sciences, et ce, afin de déterminer leur origine logique, leur valeur et leur portée objective (...) De façon générale, la philosophie des sciences reconnaît qu'il revient à l'épistémologue d'apporter des réponses au genre de questions suivantes : qu'est-ce qui distingue la recherche scientifique d'autres recherches ? Quelles procédures les scientifiques devraient-ils suivre pour mieux connaître la nature ? Quelles conditions une explication scientifique doit-elle satisfaire ? Quel est le statut cognitif des lois et théories scientifiques ?* » Cf. Nadeau (1999).

30. Conscient de ce que l'épistémologie étudie l'émergence des concepts scientifiques aussi bien dans leur contexte historique que dans leur évolution historique et, à cet effet, l'épistémologie se distingue de la philosophie des sciences en général, nous nous permettons ici de combiner cette approche avec l'approche typiquement analytique de l'épistémologie. Ainsi, nous incluons dans l'épistémologie également la théorie générale de la connaissance.

dans la négation d'un paradigme par l'autre. Et, ceci, même à l'intérieur de la même discipline scientifique. De ce point de vue, toute connaissance produite dans tel ou tel paradigme se conçoit comme une « vérité-certitude », du simple fait qu'elle est donnée une fois pour toutes, sans possibilité de révision. Ainsi, le modèle classique de l'épistémologie en science consacre le refus de toute forme de révision de connaissances, chaque forme de connaissances n'étant conçue que pour un contexte donné et, exclusivement, dans un conditionnement spatio-temporel au-delà duquel il ne serait pas possible de la circonscrire. On peut dans ce cas penser, *mutatis mutandis*, que l'épistémologie classique présume une logique de type classique où une proposition est nécessairement soit vraie soit fausse et où il est donc impossible qu'elle soit vraie et fausse dans un même conditionnement spatio-temporel.

b- *Une épistémologie non classique*, quant à elle, est l'exact opposé de la conception classique qui réduit à la relation d'exclusion mutuelle tout rapport entre deux objets cognitifs quels qu'ils soient, de telle manière que l'accessibilité d'un paradigme à un autre est non seulement possible mais à comprendre comme son véritable enjeu. Ainsi, toute connaissance produite dans tel ou tel paradigme se conçoit comme une somme d'« épistémies », un ensemble de fragments de vérités qui ne tiennent que dans le contexte dans lequel elles ont été produites ; des vérités susceptibles d'être révisées en permanence. Ce que Karl Raimund Popper appelle « conjectures », du fait qu'elles changent d'un conditionnement spatio-temporel à un autre. Ainsi, le modèle non classique de l'épistémologie en science fait de toute forme de révision de connaissances une nécessité. L'épistémologie non classique présume ainsi un type de logique qui tolère la contradiction même entre certaines expressions dont le contenu exprime une sorte de proposition, la contradiction ne se disant qu'à propos des propositions ; une logique sans le principe de non contradiction, à l'instar de la logique paraconsistante, ou une sorte de logique non monotone. Bien que généralement sous le vocable d'épistémologie non classique il pourrait être entendu une épistémologie qui n'utilise pas la logique non classique comme fondement, nous utilisons ici le qualificatif « non classique » pour signifier l'épistémologie qui ne procède pas de certitudes en certitudes dans l'étude de la science ; une épistémologie qui tient toute théorie pour une hypothèse provisoire servant à corriger une autre théorie. Ainsi, en épistémologie non classique, la scientificité d'une théorie se reconnaît à sa capacité d'être à son tour réfutable. En ce sens, l'épistémologie non classique soumet les connaissances scientifiques à la critique permanente, au point qu'on puisse penser que la vérité, c'est « ce qui n'est pas » et l'erreur, c'est « ce qui est ».

c- Et, dans ce cas, au contraire de l'épistémologie classique qui consacre l'opposition entre oralité et scripturalité, présentées comme des termes exclusifs, les enfermant dans une sorte de logique du tiers exclu, l'épistémologie non classique de l'oralité que nous promouvons ici (en tenant compte de la remarque ci-dessus [en note de bas de page 30], relative à la définition du concept d'« épistémologie ») se garde de considérer l'oralité et la scripturalité comme des termes exclusifs, comme des opposés sans convergence. Là où l'épistémologie classique considère que certaines des expressions dont le contenu exprime une sorte de proposition ne peuvent pas être dites par voie orale d'une part, et par voie écrite d'autre part, l'épistémologie non classique de l'oralité se donne les moyens de la symbiose entre celles-ci et de ne pas considérer comme incompatibles les aspects de l'oral qui ne peuvent pas être transcrits et les aspects de l'écrit qui ne peuvent pas être exprimés oralement. Or, sans être interchangeables, oral et écrit manifestent de nos jours de multiples connexions.

Jack Goody donne une illustration très poussée de l'épistémologie classique de l'oralité par l'opposition tranchée qu'il établit entre oralité et scripturalité et surtout la supériorité qu'il prononce (ainsi que l'avait déjà fait Platon) de la scripturalité sur l'oralité. En effet, lorsque Jack Goody présente la substance de son livre *Pouvoirs et savoirs de l'écrit*, livre-synthèse où sur deux cent soixante-neuf pages il fait le point de quarante ans de travaux sur les cultures orales et écrites, ces deux types de cultures qui s'excluent mutuellement en un véritable plaidoyer pour la stricte culture de l'écrit, il énumère cinq points saillants qui font un quintuple intérêt de l'ouvrage. Nous nous intéressons à l'un des cinq : celui qui fixe *« la plongée dans la controverse entre historiens, anthropologues et sociologues sur les conditions sociohistoriques qui rendent possible l'association de l'écrit et du pouvoir d'une part, la domination de la tradition écrite sur la tradition orale d'autre part »*.[31] Il va sans dire que Goody entretient un impérialisme totalitariste de l'écriture

---

31. Voir Goody (2007, p.13).

et de la culture de tradition scripturale dans un contexte (moderne et contemporain) où, au fond, la frontière entre le paradigme de l'écrit et celui de l'oral est de plus en plus ténue, presque incalculable, inquantifiable. Voici, en fait comment il s'y prend :

> « *Je m'intéresse au pouvoir du mot écrit sous deux aspects. Le premier est le pouvoir qu'il donne aux cultures qui possèdent l'écriture sur celles qui sont purement orales, pouvoir qui permet aux premières de dominer les secondes de diverses manières, dont la plus importante est le développement et l'accumulation de connaissances sur le monde. Ce processus implique un changement de certaines de nos opérations cognitives (les façons dont nous comprenons le monde et agissons sur lui), dans le cas présent grâce au texte, au moyen de ce que j'appelle les « technologies de l'intellect » (...) L'autre thème majeur est lié au pouvoir que l'écriture peut conférer à certains éléments d'une société donnée.* »[32]

A la suite de Jack Goody, ses « fidèles », David R. Olson, Walter J. Ong, Ian Watt, etc.,[33] n'en feront pas moins. Nous appelons cet état de suprématie un « impérialisme pur et dur » de l'univers de l'écrit sur l'univers de l'oral, l'écriture demeurant la seule donne dominante d'interaction humaine, quoiqu'elle-même soit aujourd'hui davantage influencée, modifiée, voire transformée de diverses manières par l'adjonction de nouveaux moyens et modes de communication qui, au bout du compte, rendent l'« oralité écrite » et la « scripturalité orale ». Sans, par ailleurs, nier le fait que l'apparition de l'écriture fut d'une importance primordiale dans l'histoire des cultures humaines, nous voudrions quand même « minimiser » la notion d'opposition et surtout de suprématie entre l'écrit et l'oral dans l'univers actuel du divers communicationnel où, il convient de le reconnaître, l'interface entre l'oral et l'écrit reste une question complexe. De plus en plus, en effet, autant la performance orale dans les sociétés dites de traditions écrites est influencée à divers degrés par la présence de l'écrit, autant la performance écrite dans les sociétés anciennement dites de traditions orales subit à divers degrés l'influence prégnante de la dynamique de l'oral.

---

32. Goody (2007, pp.17-18).
33. Cf. la Présentation de Goody (2007) par Jean-Marie Privat (p.13).

Il est une tradition de philosophie analytique développée à Ottawa, en Ontario, au Canada dont nous ne saurions faire l'économie dans la justification ici osée des fondements de l'épistémologie non classique de l'oralité. En effet, pour cette tradition canadienne de philosophie analytique, en tant que langage l'écriture est un système de signes qui, non seulement transcrit le langage oral, mais aussi et surtout assure la fonction d'élaboration de la pensée, fonction conative, fonction poétique, etc. Ainsi, l'on en vient à distinguer entre une forme d'écriture phonétique et un type d'écriture idéographique. Si l'écriture phonétique écrit des « sons », l'écriture idéographique quant à elle écrit des « idées ». En cela, il existe des idéographies qui n'ont pas de véritable équivalent non graphique. La spécificité de l'écriture en tant qu'idéographie tenant à la structure et pas seulement à la permanence de son signifiant (c'est-à-dire l'aspect matériel du signe). Et, lorsqu'on constate que les signes écrits, même dans le cas des écritures phonétiques renvoient directement à leur signifié (l'aspect conceptuel du signe), sans passer par une sorte de traduction préliminaire en langage oral, c'est la structure du texte écrit qui demeure ici le facteur essentiel. Le cas des mathématiques en dit long. En fait, le langage mathématique est un langage purement écrit, quasiment intraduisible de façon simple et directe dans les mots du langage ordinaire, et qui s'appuie de façon incontournable sur une notation graphique qui lui est propre. Voilà pourquoi en arithmétique, par exemple, l'invention du symbole « zéro » et de la convention de matérialiser les multiples de la base par la position spatiale du « chiffre » sur la feuille permirent, à elles seules, la maîtrise des opérations de multiplication et de division, ce qui bien avant, était un casse-tête intellectuel... On donne ainsi l'exemple des notations scientifiques et plus particulièrement les notations logiques et mathématiques, pas pour capitaliser l'opposition radicale entre l'écrit et l'oral, mais plus pour dire leur compatibilité. Relation de compatibilité qui fonde, on n'en peut douter, l'épistémologie non classique de l'oralité qui ne considère pas du tout l'oralité et la scripturalité comme opposées et s'excluant mutuellement.

En Afrique noire surtout, le relai de cette relation de compatibilité entre oralité et scripturalité est quasiment honoré par les écrits des penseurs tels que Léopold Sédar Senghor, Paulin Jidenu Hountondji, Mamoussé Diagne, V.Y. Mudimbe, pour ne citer qu'eux.

Pour dire ce « relai », nous partirons d'un double présupposé épistémologique. D'abord, de Mamoussé Diagne dans la Critique de la raison orale nous retiendrons que « *L'écriture inscrit dans la dimension de l'espace ce que le discours oral déroule dans le temps* ». Ensuite de Ehora Effoh Clément, nous retiendrons : « *Cette manière de faire coexister oralité et écriture débouche parfois sur une sorte d'« écriture parlée », largement influencée par la tradition orale. En reconstituant dans et par le scriptural les ressources de la voix (...) les deux modalités discursives, l'oral et l'écrit, deviennent ainsi solidaires, l'une s'exprimant grâce à l'autre (...) L'écriture n'est plus un instrument visible et neutre qui transmet des informations mais un véritable acte de langage, une activité entre deux protagonistes, énonciateur et allocutaire (...) L'oralité et l'écriture coexistent de façon concurrentielle (...) l'oral et l'écrit se rencontrent, s'affrontent et, réciproquement, s'enrichissent ; l'écrit authentifiant l'oral, et l'oral vivifiant, animant l'écrit. Tout se passe alors comme si l'écriture avait besoin de l'oralité pour s'exprimer et s'affirmer. Cette rencontre entre l'oral et le scriptural est particulièrement féconde, car elle donne naissance à une écriture originale, nouvelle et hybride* ».[34]

Cela même que nous pensons comme nouvelle conception des rapports entre l'écrit et l'oral, entre scripturalité et oralité, entre écriture et orature est présent dans l'œuvre de philosophes et même de littérateurs qu'il serait convenable de situer dans l'obédience non classique de l'épistémologie de l'oralité. Mamoussé Diagne est de ceux-là, lui dont l'œuvre est devenue monumentale en contexte d'oralité.[35] Paulin Jidenu Hountondji, dont l'œuvre crée le pont entre la tradition et la modernité, entre l'ancien et le nouveau, entre les savoirs endogènes et les savoirs exogènes, sonne davantage le glas de l'arrimage de l'écrit à l'oral et vice-versa ou plutôt de l'interaction de l'écriture avec l'orature : il n'y a qu'à penser à son ouvrage *Les savoirs endogènes* (1991) ou tout récemment au collectif *L'ancien et le nouveau. La production du savoir dans l'Afrique d'aujourd'hui* (2013). Il ne fait nullement l'apologie d'une rupture radicale entre un passé (qui n'est plus) et un présent (qui est à construire), entre les ancêtres et nous d'aujourd'hui. Il promeut plutôt une harmonie dynamique

---

34. Voir l'article par E. E. Clément, « Les nouveaux habits de l'oralité chez les romanciers ouest-africains de la seconde génération », dans Baumgardt et Dérive (2013) — en particulier les pages 49-50.

35. Voir Diagne (2005).

entre les deux paradigmes que fonde un équilibre nécessaire entre l'oralité et la scripturalité. En témoignent surtout des textes de la 3è Partie (« Modes de transmission ») de cet ouvrage collectif et, notamment, la réflexion de Mamoussé Diagné (« Logique de l'écrit, logique de l'oral : conflit au cœur de l'archive », pp. 353-360) et celle de Geoffroy Botoyiyè (« Que peut l'écriture ? », pp. 361-373). Ce qui rappelle en quelque sorte le combat de V. Y. Mudimbe pour qui le rapport à la tradition n'a de sens que s'il est critique et s'il est situé dans la conscience historique du sujet (à en croire le témoignage de Bernard Mouralis dans « Littératures africaines, oral, savoir »).[36] Mudimbe écrit, en fait que *« Le point est d'inscrire notre combat dans le présent, c'est-à-dire de prendre la responsabilité de notre futur. Nous nous savons être des enfants du passé. Nous en sommes aussi les maîtres. Il serait erroné de lui accorder un pouvoir de totalisation qu'il n'a jamais eu et ne pourrait avoir (...) Nos singularités et différences (...) définissent pour chacun d'entre nous une géographie et un espace d'actions possibles. A nous de le transformer, ce passé, c'est-à-dire de le coloniser, de l'arranger pour qu'il s'intègre dans les lieux d'accomplissement de notre liberté ».*[37] Lequel des paradigmes de l'oralité et de la scripturalité devrait encore demeurer puriste, se cantonnant dans son exclusion singulière et donc réfractaire à la dynamique de l'homologie combinatoire entre le texte oral et le texte écrit ? La brèche s'ouvre ici du côté de Léopold Sédar Senghor, le philosophe de « l'enracinement » aux sources africaines et de « l'ouverture » sur le monde, le « chantre du métissage », qui perce tout autant dans cette combinaison nécessaire des éléments de la « néo-orature » où toute forme de purisme aussi bien de la scripturalité que de l'oralité ne signifie rien que source d'appauvrissement. Les paradigmes de l'écrit et de l'oral ne s'enrichiront que se cristallisant l'un dans l'autre devenant ainsi soit « orature mixte » soit « écriture mixte ». Cette forme d'enrichissement de ces paradigmes a été bien comprise et capitalisée par Georges Ngal, surtout dans son ouvrage *Giambatista Viko ou le viol du discours africain* (1984) où il met l'accent sur « le pouvoir du mot que lui connaît l'univers magique de l'oralité » (p. 91) ; il illustre ainsi ce mélange, ce métissage, et donc cet enchevêtrement par la « dialectique de l'amont et de l'aval » qu'en 1999 il présente dans un texte intitulé *L'errance* de la manière suivante : *« Les ancêtres maintiennent leurs dires et leurs rires en amont tandis que les*

---

36. Barry et Condé (2004, p.30).
37. Mudimbe (1994, p.121).

néophytes se tiennent en aval pour fonder la rationalité nègre nouvelle » (p. 9).

3 Conclusion

De la conception du « dialogue » chez Karl Raimund Popper nous pensons avoir abouti à la prise en compte des fondements d'une épistémologie non classique de l'oralité, au sens d'une théorie générale de la (re)connaissance de la complexité des rapports entre oralité et scripturalité qui, une fois revisitées, donnent une compréhension nouvelle de ce qu'elles sont et de leurs fonctions. Popper inscrit cette revisitation dans l'interaction entre la science et les mythes (ou certains mythes), la dialogique orale se reflétant dans la dialogique scientifique, tel que cela ressortit de la tradition du débat critique dans *Conjectures et Réfutations*. Pour l'épistémologie non classique, l'oralité ne s'oppose guère à la scripturalité, quoique subsistent des aspects de l'oral qui ne peuvent être transcrits ou des aspects de l'écrit qui ne sauraient être traduits oralement ni prononcés. C'est l'épistémologie classique qui tient pour argent comptant cette forme d'opposition entre oralité et scripturalité qui s'excluent mutuellement. Qu'il s'agisse de Jack Goody, de David R. Olson, de Walter J. Ong, ou de Ian Watt, nous en avons eu la parfaite illustration dans le plaidoyer pour la dominance scripturale dans les sociétés humaines. Ce plaidoyer reprend d'ailleurs une image platonicienne de domination de l'écrit sur l'oral. En revanche, une épistémologie non classique de l'oralité — tout en rappelant la comparaison que Socrate établit entre les discours écrits et les produits de la peinture,[38] mais sans s'y enfermer du reste — considère les rapports de l'oralité à la scripturalité comme essentiellement complexes. C'est cette complexité que manifeste le fait de ne pas transposer certains aspects d'ici à là et, vice-versa, ainsi que nous l'avons montré de la gestualité d'une part, et du symbole zéro ou de certains modules de la ponctuation écrite d'autre part. L'épistémologie non classique de l'oralité reconnaît un nouveau type de rapport entre oralité et scripturalité, tel que cela apparaît explicitement ou même implicitement (selon les cas) dans les œuvres de certains penseurs africains comme Léopold Sédar Senghor, Paulin Jidenu Hountondji, Mamousse Diagne, etc. En somme, sans pour autant se dissoudre l'une dans l'autre,

---

[38]. Cf. Le *Phèdre* où Platon rapporte que Socrate accusait l'écriture de rester lettre morte et lui préférait le dialogue, véritable accoucheur des âmes. En effet, pour Socrate, l'écriture a de graves inconvénients, tout comme la peinture ; les produits de la peinture semblent vivants, mais posez-leur une question ils gardent gravement silence. Il en est de même des discours écrits.

oralité et scripturalité, orature et écriture ne peuvent entrer en dialogue qu'avec profit.

La langue, ainsi que le dit Jack Goody, est un mode de production du social et du cognitif et, tout changement dans les moyens de communication introduit nécessairement des modifications majeures dans la nature et la distribution des pouvoirs et des savoirs. Ce qui est exact à l'émergence du mode de communication scriptural, lorsque l'humanité s'est peu à peu démarquée de l'oralité « exclusive » (l'oralité pour l'oralité), notamment avec la naissance de l'imprimerie au XVIIè siècle. Seulement, en termes de valeur ajoutée pour cette conception, remarquons qu'autant les modifications majeures dans la nature et la distribution des savoirs se sont produites au cours du processus allant de l'oralité « exclusive » à la scripturalité « exclusive » (l'écriture pour l'écriture), autant elles se produiront davantage dans la considération de l'interaction complexe et dynamique entre oralité et scripturalité, entre orature et écriture. C'est la thèse centrale de l'épistémologie non classique de l'oralité.

Annexes

Annexe 1 : A propos de la différence entre les *règles particulaires* et les *règles structurelles*.

En fait, cette différence vient de la *logique dialogique*. Dans l'article Rahman (2012) du volume Rahman *et al.* (2012), pp. 175-202, la distinction est clairement établie entre ces deux types de règles.

En effet, une *règle de particule* est une forme argumentative, qui est une description abstraite de la façon dont on peut critiquer une formule, en fonction de son connecteur (ou particule) principal, et des réponses possibles à ces critiques. La description est abstraite du simple fait qu'elle ne contient aucune référence à un contexte de jeu déterminé et ne dit que la manière d'attaquer ou de défendre une formule. *Dialogiquement*, les règles de particules déterminent la sémantique locale du dialogue parce qu'elles en indiquent le déroulement d'un fragment de dialogue, où tout ce qui est en jeu est une critique qui porte sur le connecteur principal de la formule en question et la réponse correspondante, plutôt que sur le contexte (logique) global dont la formule est une composante. On peut aborder ces règles en supposant que l'un des joueurs (X ou Y) affirme une formule qu'il doit ensuite défendre face aux attaques de l'autre joueur (Y ou X, respectivement). L'affirmation est soit une conjonction ($\wedge$), soit une disjonction ($\vee$), soit une conditionnelle ($\rightarrow$), soit une négation ($\neg$), soit une expression quantifiée, au premier ordre. Ce qui fait, de façon générale, qu'on ait deux types de coups dans les dialogues : a/ *les attaques* (qui peuvent consister en questions ou concessions) et b/ *les défenses* (qui consistent en réponses à ces attaques).

Pour énoncer de telles règles, on utilise les expressions suivantes dont le lecteur trouvera par exemple la combinaison symbolique aux pages 229 à 236 du livre de Juan Redmond [39] et qui, au fond, rappellent celles mises au jour par Kuno Lorenz et Paul Lorenzen (1978) : X-!-Ψ, Y-!-Ψ, X-?-Ψ et Y-?-Ψ, en supposant que X$\neq$Y.

Quant aux *règles structurelles*, elles établissent l'organisation générale du dialogue qui commence avec la « thèse ». La thèse est jouée par le proposant qui se doit de la justifier, en la défendant contre toutes les critiques (ou attaques) possibles de l'opposant. (Ici s'exprime la différence dans le déroulement du jeu par rapport à la pratique de la dialectique au Livre VIII des *Topiques* d'Aristote où, tel que le verrons en Annexe 2 ci-dessous, le jeu est, au contraire, lancé par l'opposant). Ainsi, lorsque ce qui est en jeu est de tester s'il y a une preuve de la thèse, les règles structurelles doivent fournir les bases pour construire une stratégie de gagnante. Elles seront choisies de manière à ce que le proposant réussisse à défendre sa thèse contre toutes les critiques possibles de l'opposant si et seulement si la thèse est valide. Toutefois, différents types de systèmes dialogiques peuvent avoir différents types de règles structurelles. Pour la présentation et la mise en œuvre des règles structurelles, le lecteur pourra se référer au développement qu'en fait Juan Redmond aux pages 237 à 241 de son livre cité plus haut.

Il est à noter que, lorsque ce qui est en jeu est de tester s'il y a une preuve de la thèse, les dialogues s'appuient sur l'hypothèse que chacun des joueurs suit toujours la meilleure stratégie possible. En ce sens, les participants aux dialogues, P et O, sont en fait des agents idéalisés, mais, dans la vie réelle il peut arriver que l'un ou l'autre soit cognitivement limité au point d'adopter une stratégie qui le fasse échouer contre certaines ou contre toutes les séquences de coups joués par l'opposant même si une stratégie gagnante était disponible. En effet, au niveau de jeu (et non au niveau de stratégies), on peut aussi représenter le déroulement des dialogues qui ne sont pas stratégiquement parlant optimaux.

En tout état de cause, en *logique dialogique*, il s'agit d'un « duel » présenté sous la forme d'une partie entre un proposant (P) et un opposant (O) et qui prend appui sur une pratique argumentative donnée, dans la

---

39. Redmond (2010) (Préface de John Woods).

compréhension et la mise en œuvre des règles de particules et des règles structurelles spécifiques à cette pratique.

Annexe 2

L'Annexe 2 rapporte les avancées significatives introduites par Marion et Rückert dans la compréhension de la relation entre les *Topiques* et l'approche dialogique de l'argumentation.

Comme le montrent Mathieu Marion (Université du Québec à Montréal) et Helge Rückert (Universität Mannheim), dans leur important texte « Aristotle on universal quantification : a study from the perspective of game semantics », et le reconnaissent la plupart des aristotéliciens contemporains, le déroulement des jeux diffère de la dialectique aristotélicienne à la logique dialogique. La pratique de la dialectique dans le Livre VIII des *Topiques* dispose de tester la cohérence de l'ensemble des arguments du locuteur. L'interlocuteur essaie, autant que possible, de montrer leur inconsistance. Voilà pourquoi c'est l'Opposant et non le Proposant qui lance le jeu de dialogue en assertant une thèse pour laquelle le Proposant se doit de lui concéder l'enjeu. Ensuite, l'Opposant va s'astreindre à montrer que la thèse que vient de lui concéder son interlocuteur est incompatible avec ses propres croyances, ou plutôt à contraindre le Proposant à concéder une contradiction. Du coup, le dialogue, qui arrive à son terme, s'achève, car il est limité dans le temps. Les auteurs montrent ainsi le rapprochement de cette pratique de la dialectique avec la structure du dialogue en logique dialogique, mais en précisant que si en logique dialogique c'est le Proposant qui commence le jeu, il en va tout autrement en dialectique des *Topiques* où le jeu est lancé par l'Opposant.

Nous nous en référons, surtout à la section 5 : « Dialogical Games », pp. 27-35. En effet, pour Mathieu Marion et Helge Rückert :

Although Lorenzen alluded to Greek dialectic in his earliest paper, 'Logik und Agon', (Lorenzen 1960) until very recently practically nobody, with the exception of Kurt Ebbinghaus, Following Ernst Kapp, Ebbinghaus saw syllogistic as a codification of the rules of dialectical games or, as he calls them, *'Diskussionsspiele'* (Ebbinghaus 1964, 48). In a long footnote he related his characterisation of these (along the lines first set out by Kapp) to Paul Lorenzen's dialogical logic. See (Ebbinghaus 1964, 57-58 n.1), as well as (Ebbinghaus 1964, 74f.) followed his hint and looked for a set of rules for 'dialectical games' using dialogical logic as a tool.[96] Plato's dialogues can be seen in this context as providing us with numerous illustrations of dialectical exchanges. They usually involve the proponent P of a given thesis, say, A, who answers questions from an opponent O, usually Socrates, and the dialogue begins with Socrates eliciting from his adversary the initial assertion A, often as an answer to questions of the form 'What is X?'. As O, Socrates then tries to show that A is inconsistent with other assertions that P also happens to believe. To do so, he has first to elicit assent from P to further assertions, say, $B_1, B_2, \ldots, B_n$. through a series of questions, the role of P being ideally reduced to yes/no answers. Taken together, these assertions form a set $\{A, B_1, B_2, \ldots, B_n\}$, which may be called P's 'scoreboard'. Then Socrates as O logically infers an inconsistency from this and gets P to recognize that he contradicted himself. With '$\perp$' as the symbol for absurdity,[97] this inference can be expressed formally as : $A, B_1, B_2, \ldots, B_n \vdash \perp$. This is the *elenchus* ($\varepsilon\lambda\varepsilon\gamma\chi o\varsigma$). With it, the exchange is brought to an end.

We assume here, as already pointed out in section 3, that these games had been common practice for some time before Aristotle wrote his *Topics*. They were also obviously played *after* Aristotle, e.g., by his adversaries, the Megarians[98] or in Plato's Academy at least until Arcesilaus,[99] and possibly afterwards. The '*obligationes*' of Medieval philosophers and the '*jadal*' of their Arabic counterparts, can be seen as direct, albeit distant, descendants.[100] Given the importance of dialectic as a method, it would be expected that handbooks were written to teach one how to play them, but only Aristotle's *Topics* have survived to this day.[101] Plato's dialogues also contain many 'meta-discussions', when participants break off the exchange to reflect on the way they proceed, the content of which can be taken, in conjunction with Aristotle's *Topics*, Books A and Θ, to try and devise a set of rules for dialectic. These would include the following structural rules :[102]

1. Games always involve two players : a proponent P and an opponent O.

2. A play begins with O eliciting from P his commitment to an assertion or thesis A.

3. The play then proceeds through a series of alternate questions and answers. O asks questions such that P may give a 'short answer', ideally 'yes' or 'no' (*Topics*, Θ, 2, 158a 15).

4. Proceeding thus, O elicits further commitments from P, e.g., commitment to assertions $B_1, B_2, \ldots, B_n$, which can be conceived as added to P's 'scoreboard'.

5. O may not introduce any thesis, P must commit himself to any thesis used by O. (Socratic Rule for Dialectical Games)
6. Having elicited from P commitment to, say, $B_1, B_2, \ldots$, and B_n, O can then 'take together' or 'add up' $(\sigma\upsilon\lambda\lambda\acute{o}\gamma\iota\sigma\alpha\iota)^{103}$, and infer to absurdity from $A, B_1, B_2, \ldots, B_n$. This is the *elenchus*[104] : $A, B_1, B_2, \ldots, B_n \vdash \bot$.
7. If O has driven P into an *elenchus*, the play ends with O winning. P wins by avoiding being driven into an *elenchus*. (Winning rule).

Consideration of these rules already shows some differences between dialectical games and the modern games of dialogical logic. Since the purpose of dialectic is to test the consistency of P's beliefs, the Socratic Rule, i.e., Rule 5, is of fundamental importance. In dialogical logic, however, the player whose moves are thus restricted is P, while in dialectical games, it is O. This reflects the fact that in dialectic it is O's goal to argue for inconsistency on P's part. It is very similar to the Formal Rule for Dialogical Games insofar as, in both cases, one player is not allowed to introduce certain assertions by himself : in dialogical logic that applies only to atoms, while in dialectical games it applies to any premise. As we explained above, in dialogical logic, the purpose of the Formal Rule is to make the plays independent of the meaning of the non-logical expressions. However, the latter is always involved in dialectical games as the players use an already meaningful, interpreted language, even though sometimes the definition of certain expressions, e.g., justice, courage, etc., are discussed.

A few words concerning Hintikka's GTS are in order. As pointed out in the previous section, there is no Formal Rule in GTS and, given the centrality of the Socratic Rule, dialogical logic offers greater insight into the workings of dialectical games. (Further reasons will come out to light in section 6, below.) These are, however, closer to Hintikka's 'interrogative games' in one respect, since they are composed of interrogative steps meant to gather and store premises in P's scoreboard, and inference steps, such as inferring contradiction from premises in P's scoreboard in the last step of the game[105]. Dialectical games are also 'real life', in the sense that they were played by real people in the real world, using an already interpreted language, as opposed to dialectical games, that are abstract entities devised for theoretical purposes. Hintikka often stresses the distinction between his games and those of dialogical logic by saying that the latter are 'indoor', while his are meant to be 'outdoor'[106], but one should beware of a possible confusion induced by this distinction :

Hintikka's games are, after all, also theoretical entities devised for theoretical purposes and not 'real life' in the above sense, and dialectical games, while being 'real life', remain in a relevant sense 'indoor' or 'internal', since they only concern P's system of beliefs.

It is also worth emphasizing that the Socratic Rule is not projected on Plato's text : it has clear motivation within his dialogues, since it explains both Socrates' 'avowals of ignorance', as well as the 'doxastic' or 'say what you believe' constraint on P's answers, e.g., at *Protagoras* 333c or *Charmides* 166d-e[107]. Indeed, it is of the utmost importance for Socrates qua O that he does not introduce a premise of his own in P's scoreboard, if he is convincingly to infer contradiction on P's part. Otherwise, one would simply counter the charge of inconsistency by pointing out that one had not agreed to this or that premise. It is therefore important that the premises are put in P's scoreboard only once P has granted them — this is the 'say what you believe' constraint — but also that Socrates insists on his having no view on any given matter during the exchange — this being the 'avowal of ignorance', e.g., in the middle of the game in *Lesser Hippias* 372b-e. As it turns out, Socrates very often introduces premises, but he always requests assent from the respondent.

Among other rules[108], there are two further rules that are worth mentioning, because of their importance for our discussion in the next section :

8. There is a limit on the length of plays.

9. Delaying tactics are forbidden.

To understand the point of rule 8, one may reflect on the Winning Rule for P : he wins by avoiding being driven into an elenchus. But how long should he be tested before being declared the winner ? Plato has Socrates to utter the following at *Theaetetus* 172d-e, indicating that there is no limit on the length of plays for philosophers, as opposed to those who plead in laws courts, "with one eye on the clock", i.e., on the clepsydra :

"*When he talks, he talks in peace and quiet, and his time is his own. It is so with us now : here we are beginning on our third new discussion ; and he can do the same, if he is like us, and prefers the newcomer to the question in hand. It does not matter to such men whether they talk for a day or a year, if only they may hit upon that which is. But the other — the man of the law courts — is always in a hurry ; he has to speak with one eye on the clock*".

This passage is rather informative, given that Plato refers to an already existing practice of pleading against the clock in court — possibly cross-examining in a dialectical manner, although evidence for this is lacking. He merely says that philosophers are not constrained in this way. But he remains ambiguous, however, since he has Socrates claiming that "it does not matter to such men whether they talk for a day or a year, if only they may hit upon that which is" as well as mentioning to Theodorus that they are beginning their "third new discussion". This implies that each game has a limited duration, even if not arguing against the clock as in court, and that the players may play more than one game on the same topic, over the course of "a day or a year". We can cite here further evidence from the Hippocratic Corpus, that indicates that it was a common practice to play many rounds in a row on the same occasion already in 440-400 BCE — therefore slightly earlier than Plato. In Nature of Man I, the author begins his treatise with a critique of the philosophers' numerous diverging claims about 'the nature of man', to which each one appends "evidence and proofs that amount to nothing". The author adds :

"*The best way to realise this is to be present at their debates. Given the same debaters and the same audience, the same man never wins in the discussion three times in succession, but now one is victor, now another*".[109]

Aristotle also has two passages where the existence of a practice of playing "against the time" is clearly implied, at *Topics*, Θ, 10, 161a9-12, where he clearly forbids playing against time with inappropriate objections :

"*The fourth and poorest kind of objection is the one with respect to time : for some people raise the sort of objection that it would take longer to argue against than the present discussion allows*".

And *Sophistical Refutations*, 34, 185a25, where Aristotle points out that one can shorten the result of an exchange, taking away unnecessary parts :

"*[...] it is also possible to marshal one's questions and deduction both against the thesis, and against the answerer and against the time, whenever the solution requires a longer time to examine than the period available for arguing to the solution*".

These passages definitely imply the existence of a prior practice of setting the time allowed before the beginning of the game. Related to this, there is what looks like a 'no delaying tactics' rule at *Topics*, Θ, 2, 158a25-30 :

"*Whoever spend a long time presenting a single argument is doing a bad job of getting answers. For if the person being questioned is answering,* then clearly <he is doing a bad job> because he is asking either too many questions or the same ones repeatedly, so that he is either rambling or has no deduction (for every deduction is from a few premises). On the other hand, if his respondent is not answering, then <the questioner is clearly doing a bad job> because he does not either criticize him or abandon the argument".

As we shall see, both rules have an impact on our understanding of the rule for universal quantification.

Closing this section, it seems appropriate to quote from and comment on Kurt Ebbinghaus' study, Ein formales Modell der Syllogistik des Aristoteles, given that it is, prior to ours, the only specific discussion of the dialectical rule for the universal quantifier in *Topics*, Θ, 2 and 8 from the point of view of dialogical logic. (...)

That Ebbinghaus' understanding of the dialectical rule for the universal quantifier in *Topics*, Θ, 2 and 8 is directly related to our own ought to be evident. Although Ebbinghaus uses, as we do, dialogical logic in the interpretation of Aristotle on universal quantification, he does so, however, without fully taking into account the historic and systematic context of Aristotle's remarks, including the Socratic Rule or rules 8 and 9. At least for reasons just laid out in the passages quoted immediately above, concerning playing against time and the prohibition of delaying tactics, linked as they are to the fact that those games were 'real life', it does not seem right to read this dialectical rule as necessarily involving the consideration of infinite classes, as Ebbinghaus suggests. Furthermore, there is an important difference between dialogical logic and dialectical games upon which we already commented, namely that the latter are 'real life', about which Ebbinghaus has nothing to say. Both issues will be taken up towards the end of next section.

Notes

96. As far as we know the only two attempts at codifying rules for dialectical games are in (Krabbe 2006, 666-670) and (Castelnérac and Marion 2009). Krabbe's set of rules does not, as opposed to Castelnérac and Marion's, include something like what we call here the Socratic Rule, i.e., Rule 5, below. Jaakko Hintikka also made insightful comments on the origin of logic in Aristotle, on the basis of an understanding of dialectic in terms of games, e.g., in (Hintikka 1993), but he did not attempt to provide a set of rules. There were, of course, attempts at codifying the rules of dialectic by Aristotle scholars using Aristotle's *Topics*, Books I

and VIII, e.g., (Moraux 1968) or (Slomkowski 1997), chapter 1. But they do not make use of any insight from game semantics.

97. One might also speak here of and inference to impossibility or $αδμϑατον$.

98. The Megarians are also known for that reason as having formed the 'dialectical school'. For an overview of the latter, see (Bobzien 2009). Diodorus Cronus' arguments or the Sorites clearly have their origin in dialectic, although they were not handed down to us under a form that makes this origin patent. On this point, see footnote 67 above.

99. For an introduction, see (Brittain 2009.

100. See, respectively, (Dutilh Novaes 2007, chap. 3) or the overview in (Uckelman 2012), and (Miller 1985).

101. Diogenes Laertius mentions in *Lives of Eminent Philosophers*, XIII, 55, a *Techne Eristikon* and two books of 'antilogies' or contradictory speeches among works by Protagoras, and Aristotle mentions towards the end of *Sophistical Refutations*, 34, 183b, 37, the previous practice, to which he associates Gorgias, of handing out to students (for a fee) speeches in the form of questions and answers to be learned by heart. All of these are lost but a fragment called *Dissoi Logoi*, consisting of opposite speeches on a given thesis, survived attached to Sextus Empiricus. Plato's own dialogues may also have had a didactic purpose, e.g., *Euthydemus* could be used to teach fallacies.

102. For the full set of rules, see (Castelnérac and Marion 2009). We skip some rules of lesser importance within the context of this paper.

103. As in Socrates saying : "Join me, then, in adding up ($σμλλογισια$) what follows for us from our agreements" in *Gorgias* 498e.

104. We follow here Crubellier, for whom $σμλλισμος$ refers precisely to the act of inferring the conclusion (Crubellier 2011, 26). It had already been suggested earlier by Hintikka that Aristotle may have come up with his syllogistic when he tried to formalize these last inferential steps. See (Hintikka 1993, 14-19) and, for a more recent statement (Hintikka 2007, 2-3). Maybe one should extend this reasoning to the Stoics' 'indemonstrables'.

105. See (Hintikka 1976), (Hintikka 2007) and the papers collected in (Hintikka 1999).

106. The first occurrence of this contrast is in (Hintikka 1973, 81).

107. For more details about the 'say what you believe constraint', see (Castelnérac and Marion 2009, 57-59), and for Socrates' 'avowals of ignorance', (Castelnérac and Marion 2009, 61-62).

108. There are further rules that can be added here, e.g., one forbidding fallacies, in the sense of 'apparent', as opposed to 'real', inferences. Plato's *Euthydemus* illustrates numerous types of fallacies, and Aristotle gave a catalogue of them in *Sophistical Refutations* that has withstood very well the test of time. These denote a definite attempt at purging dialectic from fallacious forms of arguments.

109. Quoted from *Hippocrates*, vol. 4, trans. by W. H. S. Jones, Cambridge MA, Harvard University Press, 1931.

Bibliographie

Aristote. 2012, *Organon V : Topiques*, Paris : Vrin. Traduction française par J. Tricot.

Barry, A. et C. Condé, éd.. 2004, *De la culture orale à la production écrite : littératures africaines*, Volume 18 de la revue*SEMEN* de semio-linguistique des textes et discours, Presses Universitaires de Franche-Comté.

Batiéno, J. 2012, *Karl Popper ou l'Ethique de la Science*, Paris : Dianoïa.

Baumgardt, U. et J. Dérive, éd.. 2013, *Littérature africaine et oralité. Actes des Journées d'études « Littérature africaine et oralité », jeudi 23 et vendredi 24 septembre 2010*, Paris : Karthala.

Boyer, A., éd.. 2007, *Karl Popper : un philosophe dans le siècle*, Numéro spécial de *Philosophia Scientiae* (Vol. 11).

Dauphin-Tinturier, A.-M. et J. Dérive, éd.. 2005, *Oralité africaine et création. Actes du colloque de l'Isola, 10-12 juillet 2002*, Paris : Karthala.

Diagne, M. 2005, *Critique de la raison orale : les pratiques discursives en Afrique noire*, Paris : Karthala.

Diagne, M. 2006, *De la philosophie et des philosophes en Afrique noire*, Paris : Karthala.

Diop, S. 2011, *Oralité africaine. Entre esthétique et poétique*, Paris : L'Harmattan.

Ducrot, O. et J.-M. Schaeffer. 1995, *Nouveau Dictionnaire encyclopédique des sciences du langage*, Paris : Seuil.

Feyerabend, P.-K. 1979, *Contre la méthode. Esquisse d'une théorie anarchiste de la connaissance*, Paris : Seuil. Traduction par Jurdant, B. et Schlumberger, A.

Feyerabend, P.-K. 1996, *Dialogues sur la connaissance*, Paris : Seuil. Traduit de l'anglais par Baudouin Jurdan.

Goody, J. 1995, *La logique de l'écriture*, Paris : Armand Colin.

Goody, J., éd.. 2005, *L'écriture depuis 5000 ans : des hiéroglyphes au numérique*, Paris : Ed. L'Histoire. Numéro spécial *Les Collections de l'Histoire*.

Goody, J. 2007, *Pouvoirs et savoirs de l'écrit*, Paris : Ed. La Dispute. Traduction de Claire Maniez, Coordination par Jean Marie Privat.

Hintikka, J. 1962, *Knowledge and Belief : An Introduction to the Logic of the Two Notions*, Cornell : Cornell University Press.

Hountondji, P.-J. 1991, *Les savoirs endogènes*, Paris : Karthala.

Hountondji, P.-J., éd.. 2013, *L'ancien et le nouveau. La production de savoir dans l'Afrique d'aujourd'hui*, Langaa RPCIG.

Keiff, L. 2007, *Approches dynamiques à l'argumentation formelle*, thèse de doctorat, Université Lille III.

Keiff, L. 2009, « Dialogical Logic », *Stanford Encyclopedia of Philosophy*. En ligne, consulté été 2011.

Lorenz, K. et K.-R. Popper. 1995, *L'avenir est ouvert*, Paris : Flammarion. Traduit de l'allemand par Jeanne Etoré.

Lorenzen, P. et K. Lorenz. 1978, *Dialogische Logik*, Darmstadt : Wissenschaftliche Buchgesellschaft.

Lorenzen, P. et O. Schwemmer. 1975, *Konstruktive Logik, Ethik und Wissenschaftstheorie*, Mannheim : Bibliographisches Institut. Second edition ; traduction anglaise : *Constructive Logic, Ethics and Philosophy of Science*.

Malolo Dissakè, E. 2012, *Grammaire de l'objectivité scientifique. Au cœur de l'épistmologie de Karl Popper*, Dianoïa, Chennevières / Marne : L'Hamarttan.

Marion, M. et H. Rückert. « Aristotle on Universal Quantification », Inédit (2013).

Mudimbe, V.-Y. 1994, *Les corps glorieux des mots et des êtres. Esquisse d'un jardin africain à la bénédictine*, Montréal / Paris : Humanitas / Présence Africaine.

Nadeau, R. 1999, *Vocabulaire technique et analytique de l'épistémologie*, Paris : PUF. Collection « Premier Cycle ».

Ngal, G. 1984, *Giambatista Viko ou le viol du discours africain*, Paris : Hatier.

Olson, D.-R. 2010, *L'univers de l'écrit. Comment la culture écrite donne forme à la pensée*, Ed. Retz.

Popper, K.-R. 1973, *La Logique de la Découverte Scientifique*, Paris : Payot. Traduction française par Nicole Thyssen et Philippe Devaux.

Popper, K.-R. 1981, *La Quête inachevée*, Paris : Agora Presses Pocket. Traduction française par Renée Bouveresse et Michelle Bouin-Naudin, Calmann-Lévy ; réédition 1989.

Popper, K.-R. 1990, *Le réalisme et la science*, Paris : Hermann. Traduction française par Alain Boy Agora er et Daniel Andler.

Popper, K.-R. 1992, *La leçon de ce siècle*, Anatolia Editions. 1993 ; 1997.

Popper, K.-R. 2006, *Conjectures et Réfutations. La croissance du savoir scientifique*, Paris : Payot. Traduit de l'anglais par Michelle-Irène Brudny et Marc Buhot de Launay.

Popper, K.-R. 2011, *A la recherche d'un monde meilleur. Essais et conférences*, Editions Les Belles Lettres. Collection « Le goût des idées ».

Rahman, S. 2012, « Negation in the Logic of first degree entailment and *tonk* : A dialogical study », dans *Rahman et al. (2012)*, pages 213–250.

Rahman, S. et L. Keiff. 2005, « On how to be a dialogician », dans *Logic, Thought, and Action*, édité par D. Vanderveken, Dordrecht : Kluwer, pages 359–408.

Rahman, S., G. Primiero et M. Marion, éd.. 2012, *The Realism-Antirealism Debate in the Age of Alternative Logics*, Dordrecht : Kluwer-Springer.

Redmond, J. 2010, *Logique dynamique de la fiction : Pour une approche dialogique*, London : College Publications.

Rossetti, L. 2011, *Le Dialogue socratique*, Editions Les Belles Lettres. Collection « Encre marine ».

Soler, L. 2009, *Introduction à l'épistémologie. Nouvelle édition revue et augmentée d'un chapitre*, Paris : Ellipses Edition Marketing S.A. Préface de Bernard d'Espagnat.

Verdan, A. 1991, *Karl Popper ou la connaissance sans certitude*.

Walton, D. et E. Krabbe. 1985, *Commitment in Dialogue*, State University of New York Press.

PART II

L'ORALITÉ EN SITUATION : LA LANGUE DE LA PHILOSOPHIE, LES PROVERBES ET LA TEMPORALITÉ

De la parole proverbiale dans un contexte de néo-oralité *

MAMADOU KABIROU GANO †

RÉSUMÉ. Si la modernité rationaliste s'accommode mal de ce prêt-à-penser qu'est le proverbe, elle ne s'en sert pas moins à l'occasion des grands moments de la vie sociale et politique où on fait appel aux trésors de la tradition pour persuader les bénéficiaires de projets ou les électeurs. La parole proverbiale devient un enjeu certain dans les processus de mobilisation sociale car c'est un champ en friche de connaissances en perdition qui ouvre, avec le fantastique saut technologique que connaît notre temps, un immense chantier de préservation, de restauration et de diffusion d'un patrimoine qui instruit mieux que toute autre chose sur l'identité culturelle et sur la manière dont la sagesse universelle s'applique dans les différentes communautés humaines. Sa force persuasive découle d'une part de cet ancrage dans l'identité et d'autre part, du fait qu'elle rompt avec l'environnement moderniste et comporte une certaine efficacité qui semble épouser les exigences de concision.

Mots clés : parole, proverbe, oralité, discours, changement, société, projet.

Problématique

La raison développementaliste, au cœur de l'histoire socio-économique récente des sociétés supposées sous développées, impose à des hommes et des femmes des « expériences-limites », des « déchirements » douloureux en voulant dessiner d'avance, pour elles, leur devenir, en esquissant des perspectives aux antipodes de leur trajectoire historique propre. En effet, les processus de développement ne sont pas des pages blanches mais ce

---

*. Le titre initial de ce texte est « la parole proverbiale comme levier de négociation pour le changement social ». Nous avons dû modifier quelque peu la perspective de notre communication faite lors des journées d'étude de LACTO à la Maison Européenne des Sciences de l'Homme et de la Société tenues à Lille les 7 et 8 novembre 2013

†. Université Cheikh Anta Diop, Dakar

sont des moments de tension, « *des portes du temps* »[1] qui ponctuent chacune des étapes de cette histoire. Cette histoire imposée à ces sociétés s'appuie sur une idéologie développementaliste qui cherche à contraindre à une cadence forcée des communautés en les inscrivant dans une certaine temporalité sans commune mesure avec leur identité propre. La question du développement constitue une de ces « expériences limites » appelant *hic* et *nunc* la révision de la trajectoire historique des sociétés sur lesquelles se déploie l'action. Le développement implique des ouvertures qui supposent le partage d'informations charriant une posture souvent en rupture avec la tradition. Comment ne pas s'intéresser aux faits de langage dans un processus qui regarde essentiellement une entreprise de changement de la qualité de vie ? Comment peuvent s'établir de nouvelles formes de communication sociale intégrant l'innovation sans engendrer des malentendus préjudiciables au projet de changement social ? Comment peuvent se mettre en place des processus de communication sociale entre des systèmes et des acteurs sociaux fonctionnant à partir de paradigmes et de schèmes discursifs différents ?

Pour examiner ces interrogations nous partons de l'hypothèse que le discours est un enjeu et un instrument privilégié des interactions individuelles et des représentations collectives. C'est à ce titre que nous essayerons de penser l'expérience et le déploiement de la parole proverbiale dans un contexte de transformation technologique et sociale s'appuyant sur un projet volontariste.[2] Ce que nous voulons relever ici, c'est la nouvelle vie de la parole proverbiale qui, jadis, était porteuse d'autorité mais qui, aujourd'hui et souvent, est regardée par certains comme un résidu de traditions désuètes. Nous nous attacherons particulièrement aux dimensions symboliques qui renseignent sur les présupposés qui président aux modes d'appropriation du potentiel de changement social et politique de ces initiatives.

1 La parole proverbiale dans un éthos en mutation

Il est incontestable que le biotope du proverbe a radicalement changé avec la modernisation au pas forcé de nos sociétés. En effet, nous pouvons

---

1. Voir Foucault (1961, pp.III-IV).
2. Nous qualifions les projets de développement de volontaristes dans la mesure où il s'agit de l'intérieur ou de l'extérieur de chercher à imprimer au cours des choses une certaine rationalité en se donnant des objectifs précis et dans l'intention de changer les conditions de vie souvent étrangère à la mentalité de la communauté sur laquelle on agit. En soi, la recherche consciente d'une certaine qualité de vie est quelque chose de provoqué, de voulu.

dire que le déclin du proverbe s'opère en même temps que l'érosion de pans entiers de la tradition. En d'autres termes, la dégradation du patrimoine culturel notamment du fond proverbial épouse concomitamment le processus d'insertion de ces communautés dans la modernité et de la perte d'une certaine exigence rhétorique dans nos langues nationales comme si elles étaient vouées irrémédiablement à la créolisation. Mais à toutes les occasions, ressurgit la vitalité du fond identitaire qui rappelle à tout un chacun qu'il y a un trésor caché de vérités prêtes à l'emploi, de vérités comme dirait Nietzsche, « fondues et frappées » qui valent toutes les démonstrations. Les uns et les autres exhument magiquement ces vérités qui peuvent dérouter les esprits cartésiens qui fonctionnent sur le registre de la rationalité démonstrative.

Pourtant, la créativité populaire n'est jamais prise à défaut. C'est comme si les proverbes continuent d'affleurer et de se répandre partout dans la communauté. Et au-delà de l'hégémonie de l'écrit et des médias, la sagesse ancestrale tapie dans les proverbes reflue comme des prêt-à-penser permettant de comprendre les situations inédites surtout les doutes consécutifs aux moments de tension, de crise, précisément lorsqu'une communauté se trouve contrainte d'affirmer son identité. En effet, le patrimoine oral est un trésor de « savoirs pratiques » qui révèlent au grand jour les tensions sociales, les conflits ou les rivalités entre catégories. Ce discours émane de toutes les catégories sociales, de jeunes et de vieux, de femmes et d'hommes, de lettrés et d'analphabètes qui consignent dans ces formules des expériences de toutes sortes, des tranches de vie. Dans les différents échanges de la vie sociale des figures rhétoriques variées sont convoquées dans un jeu de séduction et de pouvoir notamment lors des mariages, des funérailles, des baptêmes, des résolutions de conflits, des cérémonies d'initiation, des réunions politiques, des émissions dans les radios et les télévisions, lors des transactions commerciales, dans la mise en œuvre des projets communautaires. De ce point de vue, le proverbe constitue une dimension éminente du discours persuasif, de la mémoire sociale et du rapport au temps : il y a un temps du dialogue, de la conversation sous l'arbre à palabre, dans la case, en brousse comme en ville, au champ comme à l'atelier. Il demeure une expression d'une volonté de convaincre, de tournures de conversation raffinées presque savantes qui renforcent le lien social et permettent d'éviter les conflits. C'est une vérité d'expérience que quelqu'un puise dans la tradition et qu'il juge utile de rappeler à l'occasion, dans ces moments où on cherche à légitimer un processus de mobilisation communautaire. La parole proverbiale participe d'un « *héritage des oreilles* » qui montre que les morts continuent de veiller sur les vivants. En effet, elle se transmet oralement et on en use comme argument d'autorité ou comme support d'un jeu de palabres. Dans ce jeu se révèle en toile de fond la complexité du proverbe et de ses enjeux fonctionnant sous le mode des paradoxes : clair et obscur, énigmatique et évident, suggestif et anonyme, méprisable et respectable. De ce point de vue, la parole proverbiale s'entend comme une forme de préciosité qui se prend pour un genre de culture savante. Or user d'une formule sentencieuse, c'est opérer une jonction entre une vérité particulière et un savoir commun suggérant des recommandations qui sécurisent la « voie-vie »[3] de chaque homme. A chaque occasion, le proverbe fonctionne comme une balise qui peut nous éviter de nous perdre.

Comme introducteur à un discours, le proverbe s'appuie, dans la plupart des cas, sur le savoir de la communauté linguistique laquelle devient sous ce rapport l'instance énonciatrice par excellence qui fait figure d'auteur et d'autorité cautionnant la vérité puisque la sagesse populaire et la tradition savante ne peuvent pas se tromper. Et c'est pourquoi, il n'est pas question de la remettre en cause, c'est pourquoi encore, il est naturellement inséré dans l'argumentation des interlocuteurs qui l'appliquent dans une situation particulière si l'occasion se présente. Oswald Ducrot montre que le droit d'asserter un proverbe s'autorise d'assertions préalables et de l'homologie supposée des situations.[4] Ainsi, celui qui parle ne peut par lui-même garantir la véracité du proverbe que s'il se fonde sur la tradition. Autrement dit, la vérité du proverbe n'est pas nécessairement liée aux idées particulières de celui qui l'exprime, elle est un témoignage-assertion reconnu comme juste et véridique à cause de son ancrage dans la tradition, de son caractère incorruptible et impérissable. Elle emprunte un aspect d'énoncé universel qui prend une forme péremptoire et inattaquable. En d'autres termes, un travail de mise en scène d'un énonciateur s'effectue par le biais du locuteur. L'énonciateur est « le responsable » c'est-à-dire il est celui qui dit le proverbe mais, pour autant, il n'est pas son auteur. Le locuteur endosse la responsabilité de déclarer le principe inhérent au proverbe sans pour autant en réclamer la paternité. En ce sens, le proverbe semble habiter une parole autre dans

---

3. L'existence se comprend comme un chemin qui comporte des pièges qu'il faut savoir éviter afin de préserver la continuité du parcours en toute quiétude. Le proverbe, en tant qu'il suggère le comportement adéquat, participe des provisions permettant à chacun de s'assurer une vie paisible, longue et vertueuse.

4. Cf. Ducrot (1984, p.168).

la mesure où il apparaît comme un élément du discours du locuteur qui n'est pourtant pas le sien. C'est sous ce rapport que les introducteurs proverbiaux fonctionnent comme des outils de légitimation par le biais de la convocation d'instances et d'auteurs possédant l'autorité requise pour dire le vrai. Les positions inaugurales correspondent à des règles de rhétoriques qui universalisent la responsabilité et protègent du même coup l'énonciateur de tout reflux désapprobateur : « *Les peuls ont dit* », « *les anciens ont dit,* »[5] recours à l'autorité des anciens, « *on a dit* »,[6] énonciateur anonyme. On cite et on se refugie derrière la parole de cette autorité ancestrale commune et anonyme. Nous sommes ici sous le régime des paradoxes. En effet, l'orateur est responsable des tares du discours mais en se réfugiant derrière la parole proverbiale, il s'exonère de toute dérive et de tout excès. Dès lors, l'interlocuteur n'est plus l'individu singulier mais la communauté comme destinataire et auteur finaux de cette profération individuelle. Par conséquent, l'oralité se donne à voir comme une texture incarnée, infixée, actualisée *in vivo* entre celui qui parle et celui qui écoute par delà le parler ordinaire de l'échange conversationnel ; c'est une œuvre préformée, commune et continue, s'auto-engendrant perpétuellement par le reflux de la palabre et de la conversation : « *la parole engendre la parole* », « *de la parole naît la parole* »,[7] laquelle peut avoir du goût, et du « *bon goût* »[8] au sens de « *parole plaisante* ». Le risque inhérent à la parole a permis d'affecter au silence une certaine positivité et a fait dire que Dieu a pourvu les hommes d'une bouche et de deux oreilles afin d'écouter plus et de parler moins. Tout comme la parole, la bouche est censée, elle aussi, relever de l'agréable et de l'amer : « *bouche désagréable* ».[9] Autant la parole expose à des dangers, autant le silence est drapé de brillants oripeaux pouvant en cacher des déficiences.

---

5. En pulaar : « *mawbe mbiyo* ».

6. En pulaar : « *wi'a yoo* ».

7. L'énoncé intégral du proverbe est le suivant : « *haala addata haala, woodi ko muuba han din mburi hunuko* » : « de la parole naît la parole mais il y a des choses tues qui transcendent la bouche ». A certains propos, il est plus éloquent d'opposer le silence car toute profération comporte le risque d'aller en deçà ou au-delà de ce qu'il y a à dire. Le silence semble plus convenir au risque de transgresser les convenances puisqu'après tout, c'est dans la prise de parole que l'individu affirme son statut de sujet social. Que faire alors ? Sinon mouler, sans risque, son propos dans un énoncé collectif qui lui-même appelle une réponse du même ordre

8. En pulaar : « *weli haala* ».

9. En pulaar : « *metti hunuko* ».

Dans les sociétés traditionnelles comme celle des peuls du Fouladou,[10] la parole constitue à la fois une opportunité et un risque. Le proverbe représente, sous ce rapport, une parole qui permet de puiser dans le trésor commun du groupe l'essence du propos et assèner une vérité sans pour autant s'exposer. La parole aurait un revers maléfique qu'elle ne connaît que trop bien et que traduit bien ceci :
- A la parole, on demande : « *D'où provient ton imperfection ?* ».
- Elle répond : « *De celui qui m'a proféré* ».[11]

Malgré cette imperfection, elle symbolise par excellence l'humanité de l'homme : « *C'est la parole qui fait l'homme* ».[12] Il faudrait entendre cet énoncé sous une triple dimension : ontologique, anthropologique et éthique. La parole serait l'essence de l'homme puisque son humanité n'existe pas que dans et par le langage, c'est aussi par le logos que se dessine l'identité et la personnalité de l'individu, c'est le verbe encore qui signe le statut de sujet éthique et l'intégrité morale de l'individu humain. Ainsi, il y a un lien organique entre l'être et la parole, ce qui n'est pas humain s'emmure dans le silence nous rappelle opportunément Heidegger : Le silence dont parle notre auteur est celui de l'inhumain, du minéral et de la chose. Et ainsi, amener l'être à la parole, c'est le mettre à l'abri dans et par la parole et préserver sa différence entre l'être et l'étant, c'est reconnaître sa singularité ontologique. En effet, la parole participe de l'essence générique de l'homme, elle est attestation d'humanité et condition de sociabilité. Par le langage, l'homme s'aménage une ouverture à autrui et communie avec lui. Dans cette mesure, l'oralité, canal privilégié d'expression de cette humanité, apparaît en même temps comme créatrice d'humanité.[13] Cependant, la parole elle-même a une part de silence qui n'est pas réductible à la mutité des choses. Ce silence se loge à l'interstice des mots ou bien suit l'énoncé d'un propos. C'est dans ce sens que l'on peut dire que le silence du langage est bien bavard et il ne se range pas dans le registre de l'en-soi. Le silence autour et dans la parole signifie. Il connote une forme de prudence et de volonté de maîtrise du flux discursif et cela tend montrer que la parole proverbiale fonctionne, de ce point de vue, sous le régime de la discipline. Autrement dit, cette l'oralité-là ne fonctionne pas sous un régime

---

10. Notre travail s'appuie principalement sur des éléments du fond proverbial peul du Fouladou, ethnie de la Casamance au sud du Sénégal. La langue est le pulaar

11. En pulaar : « *Haala ka wi'a :* « *hoko yakkima ?* », « *ka jaabi :* « *ko kaal dom o* ».

12. En pulaar : « *Neddo ko konngol* ».

13. Heidegger (1977, pp.34-sq).

débridé de parole folle mais elle obéit plutôt à une sorte de « dialectique du verbe » où le message comporte une part considérable de silence, de non-dit et d'implicite pouvant être compris comme le moment et le support d'un message en maturation que chacun interprète à sa façon afin de renforcer le lien social. Les modalités de la communication rendent quelque part inutile l'usage d'une parole explicite. Il est laissé le loisir à l'interlocuteur de décoder, d'interpréter le propos pour en saisir le sens en dernière instance. Au bout interchangeable et variable de la chaîne discursive, chaque sujet se fait herméneute.

D'où l'importance du silence qui devient une enveloppe protectrice, il l'encadre en amont et en aval. Dans ce contexte, le rôle de la parole est moindre que celui du silence. Le verbe n'est là que pour permettre la valorisation de son absence. Le silence met au monde la parole en même temps qu'il s'auto-engendre, de sorte qu'il est légitime de dire qu'il existe un silence dû à la parole qui « parle ».[14] Dans les assemblées villageoises, un seul peut parler pour tout le monde sans porter atteinte au droit démocratique de chacun à s'exprimer. Parler par proverbe devient alors modalité efficace d'inscription dans la raison collective de la tradition et de la société surtout que le producteur du message a souvent un rapport intime, profond avec son auditeur qui est aussi un interlocuteur et son « parent ».

2 L'éthos de la nouvelle oralité

Pour concevoir et mettre en œuvre les politiques de développement, il faut interpréter le réel et faire partager cette interprétation en recourant au symbolisme du groupe social sur lequel on veut agir. En effet, dans le cadre de politiques de développement beaucoup d'efforts de communication sont consacrés à la diffusion de connaissances et de techniques ou encore à la persuasion visant la modification de comportements. L'expérience a montré que l'efficacité des message est liée au recours à des stratégies de communication qui font appel au substrat culturel des populations afin de donner aux communautés locales la capacité d'évaluation critique des situations, de conception et d'implantation des initiatives de développement concrètes pouvant aider à remédier aux problèmes liés à la qualité de vie. Divers outils sont utilisés comme le théâtre, les proverbes, les jeux de rôle, la radio, la télévision... pour renforcer la par-

---

14. Zahan (1963, p.150). On peut dire que, dans cette aire culturelle, le domaine de la parole, quand bien même il serait incommensurable, reste borné par le silence qui, lui-même, est engendré par la bouche. Le mystère et la valeur de la parole se trouvent dans le silence

ticipation communautaire et pour apprécier efficacement la réalité. Or pour interpréter le réel, on part des constatations de la vie courante toujours assorties d'un contenu normatif, d'un enseignement moral, d'une règle sociale et même de principes de vie spirituelle qui rendent compte d'une connaissance certaine c'est-à-dire de la sagesse telle l'entendait Descartes, dans la Lettre-préface aux Principes de la philosophie, à savoir « *une parfaite connaissance de toutes les choses que l'homme peut savoir* ».[15] Comme émanation de l'histoire et du vécu quotidien, le proverbe, dans ce contexte apparaît non comme une relique du passé mais comme le fruit d'une production discursive constante d'une société vivante. La quantité et la qualité des proverbes qui ponctuent ces échanges dans la communication pour le développement constituent la mesure du degré d'intégration sociale et de la maîtrise des schèmes culturels par les différents interlocuteurs. La force de conviction et le poids de crédibilité des porteurs de projet communautaires reposent pour une grande part sur la connaissance du fond culturel de la communauté notamment les coutumes, la langue et donc des proverbes. La parole proverbiale devient alors un instrument d'intelligibilité des choses. Autrement dit, en rationalisant et en insérant les choses, les objets et les évènements dans un schéma symbolique préalable, le proverbe se pose comme un étalon de l'appropriation de « l'esprit du peuple ». En effet, le discours des proverbes demeure l'indice d'un certain regard sur la nature, sur les hommes, sur le monde, une observation séculaire aigue des êtres qui s'y meuvent. Ce regard permet non seulement à l'homme de comprendre le visible et l'invisible mais aussi de se comprendre lui-même par le biais d'un ensemble de représentations et de pratiques. Il est vrai que l'espace public moderne fonctionne sur un registre différent de celui des communautés où le proverbe tient lieu de condensé cognitif de très haute teneur et où les procédures de prise de parole obéissent à une certaine normativité mais l'appel à la tradition avec ses normes et ses représentations reste constant et peut constituer aux yeux des interlocuteurs un appel au dialogue, une ouverture à autrui qui facilite la réalisation des projets. Le rituel de prise de parole, les codes langagiers, la tradition ont construit un usage de la parole fondé sur la hiérarchie : on tient compte de l'âge, du sexe, du statut social ; on apprend les formulations et les attitudes qui conviennent à chaque occasion. La finalité est identique : il s'agit de transmettre un message en respectant le paradigme axiologique en vigueur dans la communauté. Ainsi la prise de parole est strictement

---

15. Descartes (2002, p.26).

déterminée. Et l'individu n'est même pas supposé avoir entendu une parole tant qu'on ne nous l'a pas spécifié explicitement. On dira dans ce registre : « *Untel, tu as entendu* »,[16] et ainsi de suite jusqu'à ce l'auditoire entier soit interpelé. La topologie, les positions respectives des interlocuteurs et la forme du discours varient selon que la réunion se tient chez le chef de village, ou dans une concession quelconque ou sous l'arbre à palabre lequel demeure le *topos* par excellence de discussions sans fin. La parole y est sans cesse relancée jusqu'à ce qu'intervienne un consensus.

Le contexte culturel traditionnel configure le public en deux catégories hétérogènes : il y a ceux qui ont droit à la parole et il y a ceux qui ont l'opportunité du silence lequel est loin de relever de la censure. La prise de parole ici rend compte d'un statut social ou d'un rapport au pouvoir ; c'est pourquoi parfois elle est médiatisée par les griots ou autre. C'est dans la prise de parole que se vivent les conduites d'évitement, les interdictions, les tabous. C'est tout cela que tend à remettre en cause les processus de changement social qui démocratisent les scénarios de prise parole et qui enferment les énoncés dans des canaux inédits ou dans l'écrit. La néo-oralité se niche dans l'architecture des réunions, des enquêtes, des interviews... La nouvelle oralité s'exerce dans les salles de conférence lors d'exposés avec des agendas, des rituels de prise de parole et une temporalité précise ; elle est aussi dans les médias dans les nouvelles technologies notamment le portable ou par internet. Elle est paradoxalement dans toutes sortes de supports écrits qui donnent au proverbe une audience quasi-universelle et une nouvelle dignité en dépit de la séculaire méfiance vis-à-vis de l'écrit et de son incarnation universelle qu'est la société occidentale qui dépossède l'individu de son identité en le jetant dans un univers culturel autre que le sien. La méfiance à l'égard de l'écrit découle du fait que la domination technique a pu constituer le moyen le plus sûr par lequel s'opère l'acculturation, d'où la crainte de voir l'altération des cultures s'effectuer par le truchement de ces enfants devenus autres par le biais de l'institution scolaire et de leur appropriation des nouvelles technologies issues de la « raison occidentale ». Aujourd'hui ces craintes se sont atténuées et les populations tentent de s'adapter, submergées qu'elles sont, par la vitesse d'innovation technologique et l'ampleur de l'aspiration au bien-être des jeunes qui ressentent la nécessité d'accéder à un autre mode de vie. Ces mutations entraînent celles des codes notamment du langage. Les divers supports deviennent

---

16. En pulaar : « *Kaari a nani* ».

les compléments actualisés de la mémoire et un secours inattendu pour une identité en perdition. Ainsi, on ne pense plus que là où fonctionne le discours proverbial, l'écrit n'a pas sa place même s'il demeure une béquille. La mémoire phénoménale des locuteurs semble pourtant encore vouloir conserver ses prérogatives de gardienne de l'identité car, aujourd'hui encore, on néglige les acquis de l'alphabétisation puisque l'usage des notes reste encore limité : tout se passe à l'oral et tout doit être mémorisé par la plupart quelque soit la longueur des échanges. D'où la dimension instrumentale du proverbe, son caractère pratique qui renseigne amplement sur sa fonction mnémotechnique d'archivage, de fluidification de l'échange et de légitimation du propos.

Il faut dire que tout ne fonctionne pas selon une procédure de décision qui gère le débat oral sous la forme d'une confrontation, d'un face à face verbal d'arguments contradictoires aboutissant à une décision qui entérine l'avis de la majorité. La décision ne découle pas d'un processus argumentatif consistant en une opposition de raisons mais d'une mise en parallèle d'images, de proverbes et de maximes puisés dans le grenier culturel de la communauté. C'est la raison pour laquelle nous avons l'œuvre dans la topologie discursive de la communication pour le développement des protagonistes et des acteurs (technocrates, paysans, femmes, jeunes, ruraux, urbains...) qui ne fonctionnent pas selon les mêmes repères, nous avons affaire à un malentendu essentiel découlant de l'hétérogénéité des ressources symboliques permettant le décodage du discours qui dicte par la suite la conduite à tenir. Il prévaut un conflit d'interprétation opposant une dialectique du monde du locuteur et celle du monde de l'auditeur qui contribue à une mécompréhension de la parole de l'autre. Lors des échanges, nous avons constaté l'inopérationnalité du langage abstrait, conceptuel, du raisonnement logique fonctionnant des normes de cohérence et du principe de non contradiction. Nous sommes en face de deux types de pensées aux antipodes l'une de l'autre, deux conceptions qui se tournent résolument le dos mais qui prétendent vouloir se rencontrer.

Or dans le contexte de la société traditionnelle, nous l'avons souligné plus haut, le voilement de la parole est un critère de bienséance : la pratique de l'allusion s'y inscrit naturellement et surtout pour saisir la vérité on porte le regard plus loin que son habillement verbal, le visage et l'origine du locuteur font partie du protocole de décryptage. Par conséquent, « parler par allusion » tout comme la discrétion participe des vertus fondamentales du dispositif normatif des usages qu'encourage la société. Les paroles proverbiales constituent bien de ce point de vue des supports mnémotechniques indiscutables rendant inutile l'usage de paroles explicites. Cette conduite ressortit du modèle reconnu et valorisé de l'identité. Souvent, la communauté encourage dans la prise de parole le respect des normes de ce qui se rapporte à la façon d'être et de se comporter considérée comme distinctive et idéale. D'où le constant malentendu entre ceux pour qui le discours est explicite et n'a pas besoin d'une herméneutique et ceux pour lesquels il ne faut jamais entendre la parole au premier degré et qu'il faut savoir décrypter les signes et les non-dits. Ainsi, les difficultés auxquelles se heurtent les politiques de développement découlent pour une grande part de l'obligation de trouver un mode de communication articulant un système de communication sociale endogène qui est celui des populations et un système de communication sociale en situation de dominance qui est celui des administratifs et des élites. Ainsi, par le moyen du proverbe, lors des rencontres sous l'arbre à palabre, chez le chef de ville ou bien dans la cour de la concession, le locuteur se sert de formules qui permettent, tout en restant dans le registre de l'implicite d'énoncer des vérités que certains réussissent à appréhender alors que d'autres se méprennent sur le sens de ce qui est dit. Ici s'entrelacent le non-dit, le dit, le dire autrement et l'implicite évoqués tantôt. Le processus auquel nous avons affaire fonctionne comme un dialogue perçu sous ses modalités interactionnelle et transactionnelle. Cette interaction langagière, qui se déploie en un processus imprévisible, instaure une relation conjointe complexe entre des interlocuteurs qui interagissent en mobilisant des modèles projectifs de dialogues différents. Généralement dans les communautés et dans le cadre de ces projets de développement, on ne parle pas pour parler, mais pour, ensemble agir sur le monde à construire afin de faire advenir une réalité nouvelle supposée être meilleure que l'antécédente. D'où la transaction intersubjective qui se noue ici sous la modalité d'un mouvement par lequel les interlocuteurs se reconnaissent mutuellement comme des co-locuteurs dans leurs dimensions psychologique, sociale, idéologique, etc. Ils reconnaissent leurs différences mais se voient paradoxalement comme co-agents relativement au problème qu'ils rencontrent dans une situation qu'ils partagent. Or si l'on considère que le projet de développement est une volonté commune de dépassement d'une situation problématique, on comprend qu'il soit nécessaire de nouer un dialogue générateur de solutions par le truchement notamment d'une somme d'enquêtes, d'interviews, de réunions, de palabres, de négociations et de controverses dont la finalité est d'introduire de notables changements sociaux, c'est toute une somme d'énergie discursive qui est déployée à cet effet. Ainsi, la mise en œuvre d'un processus de changement social s'institue et se légitime par la manière dont les interlocuteurs interagissent sur le plan langagier.

C'est pourquoi, même si les leviers culturels sur lesquels reposent les projets de développement sont variés, il reste qu'ils appellent nécessairement, pour être opérationnels, une connaissance intime de l'ordre qui structure la société. Il s'agit entre autre de l'appropriation des rituels discursifs notamment des mécanismes de persuasion qui tournent principalement autour des proverbes renfermant une panoplie de procédés destinés à faire accepter les intentions visées. En effet, le contexte socioculturel influence fortement le traitement de l'énonciation et singulièrement la compréhension de la polyphonie qui rend compte des modes spécifiques d'argumentation à l'œuvre dans cette société. Et la parole proverbiale apparaît, sous ce rapport, comme un mode d'argumentation aux antipodes de la logique et de la rationalité développementalistes. La conception et l'exécution des projets méconnaissent souvent l'ordre symbolique à l'œuvre dans les échanges langagiers notamment les procédés de persuasion qui y ont cours. D'où les conflits d'interprétation qui finissent par faire échouer les projets en question.

Les projets de développement économique et social ne veulent laisser aucune marge à l'imprévu, à une « main invisible » par enchantement la marche des choses. Au contraire, ils s'inscrivent dans une perspective presque téléologique puisque leur fin est déjà annoncée au début de l'action et ils suggèrent dans un autre sens un procès d'accumulation inconnu de ces communautés. Or, dans l'esprit véhiculé par la tradition et par l'éthique subséquente, la qualité morale de la personne prime sur le culte de la performance (l'accumulation, le prestige, la distinction sociale) laquelle est source d'envie donc risque d'être le réceptacle d'un mauvais sort. Bien parler peut s'avérer un moyen d'autoprotection en tant que la mauvaise parole suscite l'adversité et la haine. Ici, bien parler suppose d'abord "parler en proverbes" qui est un mode d'énonciation qui s'apprend dès l'enfance et se perfectionne tout au long de la vie. Cependant avec le recul du poids de la parenté, la perte de prestige des autorités traditionnelles, les nouvelles valeurs liées à l'argent, au symbolisme mercantile, les nouvelles aspirations sociales en rapport avec la promotion de l'individualisme se construit un environnement qui ne permet pas à la parole proverbiale de prospérer et de s'imposer. En effet, la dislocation des relations traditionnelles de solidarité incarnées par les sociétés de culture et de l'initiation (articulée autour d'une retraite en brousse et d'activités initiatiques [17]) en même temps que la distanciation des rayons de solidarité familiale semblent ne consentir au discours proverbial aucun espace de déploiement. Cet espace se rétrécit de plus en plus. Les occasions d'usage de paroles proverbiales ne foisonnent plus, baignés que nous sommes par un univers vampirisé par toutes sortes de techniques. Mais, paradoxalement, il faut dire que les nouvelles technologies semblent proposer au proverbe un nouvel écosystème en lui ouvrant une perspective universelle du fait de l'écrit, des traductions et de l'internet. De même, l'impératif de la concision requise par l'économie de temps et d'argent donne au proverbe un nouveau destin et une nouvelle efficace provenant de ses ressources propres découlant de son architecture propre. En effet, il faut faire court et clair pour répondre aux exigences de la communication moderne et aux impératifs des bourses des uns et des autres. La néo-oralité impose la construction d'un tel type de discours. Economie de mots mais aussi économie de temps et d'argent constituent les nouveaux étalons de cette nouvelle modernité, préfiguration obligée de toutes les sociétés. En effet, le modèle de la société marchande fonctionne comme outil de légitimation des processus de transformations sociales. Le discours proverbial comme condensé de sagesse populaire commence à y prendre une place. Ce qui revient à dire qu'en user participerait à disposer d'un signe de connaissance et de reconnaissance du patrimoine local, une marque d'appartenance à un même paradigme que les bénéficiaires des projets économiques.

Ainsi, dans les nouveaux usages de la parole proverbiale, il faut se situer au-delà d'une « folklorisation » de ce patrimoine oral car ce dont il s'agit ici, c'est de voir comment des groupes sociaux s'approprient la technologie et adaptent des modèles discursifs en fonction des outils, des espaces et des ressources. Ce sont là, incontestablement, des enjeux décisifs pour des communautés humaines en prise à des bouleversements qui remettent en cause leur existence en tant que groupes culturels spécifiques. Les changements sociaux qu'induisent les politiques publiques et les initiatives communautaires impliquent des modes d'articulations discursives spécifiques et des mutations profondes de l'ordre social.

---

17. On appelle ici sociétés de culture les régimes de solidarité qui existent dans la communauté et qui se manifestent à travers le champ collectif (*maaru*), la culture à tour de rôle des champs individuels (*wallee, kilee*), l'organisation du travail moyennant l'immolation d'un bœuf (*wapagn*) ou encore la configuration traditionnelle de la retraite initiatique ou *koyang*

L'irruption des nouveaux outils de communication impose une nouvelle oralité pragmatique, efficace aux franges de la société, souvent, les plus récalcitrantes aux mutations. De même, l'alphabétisation, la scolarisation de masse et les gigantesques sauts technologiques contemporains (télévisions, téléphone, internet, les énergies alternatives,...) conduisent à l'invention d'une oralité autre dont la rationalité s'inspire de cette économie de mots inhérente à la parole proverbiale. Cela participe à l'incorporation de la texture de ces paroles de la sagesse commune dans le tissu commun des conversations quotidiennes. Les fétiches de notre temps, avec leur infralangage, conduisent à développer de nouvelles stratégies discursives, de modalités d'expression inédites. En effet, de nouvelles formes d'exposition médiatisent la nouvelle oralité qui appelle à faire concis et précis en affectant à la communication interpersonnelle une nouvelle vie, une dimension inédite échappant aux contingences temporelles et spatiales. Les outils de communication précités instaurent un échange oral sans co-présence des individus mais exigent l'évacuation de toutes les formules qui alourdissent le propos et qui occasionnent des charges. Or, naguère, c'est cet échange oral presque intime, organiquement liée à des contingences sociales, affectives, temporelles et spatiales qui rendaient la communication orale irremplaçable. Par ailleurs, le nouveau contexte des débats démocratiques, des discussions autour des projets développement fait naître un schéma discursif différent de celui de la palabre. Le débat est celui d'un face à face opposant des sujets égaux en droit, où se jouent les questions de genre, où prévaut l'égalité de principe de tous les citoyens, où la prise de parole est libre et où elle se distribue équitablement.

Bibliographie

Breton, P. 2007, *Eloge de la parole*, Paris : La Découverte / Poche.

Descartes, R. 2002, *Les principes de la Philosophie*, Paris : Vrin.

Ducrot, O. 1984, *Le Dire et le Dit*, Paris : Les Editions de Minuit.

Foucault, M. 1961, *Histoire de la Folie*, Paris : Plon. Première édition.

Heidegger, M. 1977, *Acheminement vers la parole*, Paris : Gallimard. Trad. Jean Beaufret, Wolfgang Brokhmeier, François Fédier.

Ndaw, A. 1983, *La pensée africaine*, Dakar : Les Nouvelles Editions Africaines.

Nietzsche, F. 2000, *La généalogie de la morale*, Paris : Le Livre de Poche. Traduction par Wotling, P.

Zahan, D. 1963, *La dialectique du verbe chez les Bambara*, vol. 18, Imp. Darantiere.

Décider et agir en Afrique aujourd'hui
Oumar Dia*

Introduction

Les différentes sociétés du monde, constituées d'agents libres, sont naturellement portées à décider et à agir pour imprimer une marque spécifiquement humaine à leur environnement et améliorer leurs conditions d'existence. C'est par le moyen de l'action que les hommes et les sociétés s'assignent un but dans lequel ils se dépassent, s'accomplissent et font advenir le progrès dans le monde. À chaque fois qu'un défi se présente à une société, elle conçoit nécessairement de grands projets qu'elle présente comme des réponses à ce dernier. [1] L'action prend donc sens comme le montre Hannah Arendt dans son ouvrage *Condition de l'homme moderne*, non pas dans son évanescence immédiate mais au regard de l'intention qui la porte, de l'avenir qu'elle préfigure et du futur qu'elle contribue à élaborer et à construire. [2] Le souci de l'avenir, de l'héritage à laisser aux générations futures est quelque chose de constant pour tous les peuples du monde. L'action ne définit donc pas seulement l'homme isolé mais aussi toute société humaine digne de ce nom.

---

*. Université Cheikh Anta Diop, Dakar.

1. Dans « Défi et riposte », in Toynbee (1978a), A. Toynbee présente les grandes civilisations du monde comme des réponses adéquates à des défis de chaque grande étape de l'histoire. Cette idée de Toynbee se retrouve également avec quelques nuances dans la conclusion de l'ouvrage de Izard (2003), où il écrit à la page 143 : « toute société dont les conditions de reproduction sont mises en péril, à travers les bouleversements écologiques, la famine, la guerre ou les contradictions internes de son organisation sociale et politique, doit nécessairement s'adapter, voire, se transformer pour assurer sa perpétuation ».

2. Arendt (2001, p.67). Il faut préciser que ce point de vue de Arendt, à défaut d'être contesté, est au moins nuancé par l'approche analytico-cognitive. Cette dernière (cf. Davidson 1993) quoiqu'attribuant un rôle central à l'intention dans toute action humaine, qualifie celle-ci d'évènement au sens où d'après elle nos raisons ou motifs d'agir ne constituent pas stricto-sensu la cause (relation de cause à effet) de nos actions. Le lecteur qui souhaite en savoir plus sur cette approche peut également se référer à l'ouvrage de Proust (2005).

Dans son déroulement, elle se présente comme un processus ternaire qui consiste d'abord à délibérer, ensuite à décider et enfin à exécuter ce qui a été retenu à l'issue de la délibération. De tous ces moments constitutifs de l'action, il est évident que la phase de la décision est la plus délicate et la plus importante parce qu'elle donne une orientation irréversible à l'action. Précédée par une longue délibération, la décision murit lentement. Les sociétés traditionnelles africaines, qui étaient pour la plupart des sociétés de l'oralité,[3] s'accommodaient parfaitement de processus de décision inscrits dans la durée. Cela signifie-t-il qu'il y avait moins d'urgences dans l'Afrique traditionnelle que dans celle d'aujourd'hui ? En tout cas, le fait tangible aujourd'hui est que l'Afrique est assaillie par des urgences de toutes sortes. La lenteur avec laquelle les Africains répondent à ces urgences peut faire penser qu'on y est encore sous une emprise très forte de l'oralité et de ses lents processus de décision.[4] Pour vérifier cette hypothèse, une analyse des structures argumentatives des sociétés africaines actuelles s'impose. De notre point de vue, la décision et l'action requises dans l'Afrique d'aujourd'hui nécessitent un tel travail d'élucidation. C'est cela l'objectif que nous nous sommes fixés dans le présent travail que nous avons divisé en deux parties. Dans la première, nous traitons de la nature de la délibération et de la décision et de leur importance dans le processus de l'action. Dans la deuxième partie, nous tentons de montrer, à travers l'exemple de la gouvernance actuelle d'une institution comme l'Union Africaine (UA), la nécessité d'adopter un nouveau mode de délibération politique en Afrique permettant de mieux répondre aux défis du monde d'aujourd'hui.

---

3. Dans Diagne (2006), le philosophe sénégalais qualifie les civilisations africaines traditionnelles de civilisations essentiellement orales qui se caractérisaient par un recours nul ou marginal à l'écrit. C'est ainsi qu'il écrit à la page 17 de cet ouvrage : « l'oralité en général, et dans les sociétés d'Afrique noire en particulier, qualifie, outre l'inexistence ou la marginalisation de l'écriture, des systèmes, des représentations et des comportements liés au contexte, irréductibles à ce qu'on retrouve dans les civilisations de l'écrit ».

4. Dans son ouvrage précédemment cité, Mamoussé Diagne oppose le mode d'agencement de la pensée dans les civilisations orales à celui des civilisations de l'écrit. Pour lui, l'oralité engendre, lorsqu'on s'en tient à la sphère des faits de discours « un mode particulier d'agencement de la pensée, commandé par le recours à des procédures découlant des contraintes du fait oral », *Ibid*. Cette analyse laisse sous-entendre l'idée selon laquelle il y a une différence entre les modes de délibération des civilisations de l'oralité et ceux des civilisations de l'écriture.

1 Rôle et importance de la délibération et de la décision dans le processus de l'action

Nous avions souligné plus tôt que l'action apparaît, dans son déroulement, comme un processus ternaire dans lequel l'agent délibère d'abord, décide ensuite et exécute enfin ce qu'il aura retenu à l'issue de sa longue délibération. Si, d'un point de vue logique et chronologique, ces moments se suivent dans l'ordre qui vient d'être évoqué, il va de soi qu'on ne saurait leur attribuer le même rôle et la même importance dans le processus de l'action. De ces trois moments, la phase de la décision est la plus importante et, en même temps, la plus délicate parce que c'est elle qui donne une orientation irréversible à l'action. D'ailleurs, même l'origine du verbe décider confirme la très grande importance de cette phase dans le processus de l'action. Trouvant sa provenance dans l'idée de chute, le verbe décider s'apparente à une sorte de verdict pour lequel il n'y a aucun recours possible. La décision se présente toujours, que l'on se situe sur le plan logique ou chronologique, comme le moment qui casse l'attente de la délibération et qui, de ce fait, lance l'action d'un coup bref. En faisant le choix d'une option plutôt que d'une autre, le sujet de l'action fait en même temps celui du type de solution au problème qui se pose à lui et des moyens adéquats au résultat qu'il vise. Toutes ces considérations rendent délicate la prise de décision ; car, une fois lancée, il est difficile, voire impossible de faire marche arrière et d'arrêter l'action. La décision dont il est question dans le processus de l'action est de l'ordre de l'irréversible.

Mais, dans la mesure où elle est presque toujours précédée par une longue et mûre réflexion, elle n'a, en principe, rien de spontané ni d'irréfléchi. Elle est éminemment rationnelle et est, en tant que telle, différente du caprice qui est une envie subite et éphémère, arbitraire, fantaisiste et imprévisible. Au caprice qui surgit sans raison au milieu du temps s'oppose la décision rationnelle qui découle d'une délibération en général longue. La délibération implique la prise de conscience chez le sujet de l'action de la nécessité de fonder sa décision sur une évaluation préalable de toutes les données de la situation qui s'impose à lui et qu'il cherche à transformer. Décider revient donc nécessairement à avoir une conscience aigue de sa responsabilité d'acteur. Une telle conscience oblige le sujet de l'action, dans le processus de décision, à recourir prioritairement à sa raison et à adopter une démarche fondamentalement critique. À la différence des animaux qui sont incapables de délibérer parce qu'obéissant toujours aux commandements de leurs instincts,[5] les hommes réunis en société sont dotés du logos, à la fois parole orale et écrite, qui leur permet de délibérer ensemble, de peser le pour et le contre, de calculer les avantages et les inconvénients, de faire preuve de prudence. Logiquement et chronologiquement, la décision se situe au centre de l'action, à mi-chemin entre son moment théorique (la délibération) et son moment pratique (l'exécution). Elle est l'intermédiaire obligée dans l'action réfléchie. Elle requiert, pour cette raison, la plus grande prudence ou *phronésis* comme dirait Aristote.[6]

La décision, de la nature de celle dont on a parlée jusque-là, relève (cela va de soi) d'un certain niveau de connaissance et de jugement qui s'acquièrent, faut-il le souligner, dans la durée. Aucune décision rationnelle ne peut se prendre dans la précipitation parce que même le niveau de connaissance dont elle découle naturellement n'incite pas à brûler les étapes. C'est dans ce sens que, parlant du processus d'acquisition de la connaissance dans la *Phénoménologie de l'esprit*, Hegel écrit : « L'impatience prétend à l'impossible, c'est-à-dire à l'obtention du but sans les moyens. D'un côté il faut supporter la longueur du chemin, car chaque moment est nécessaire ; — de l'autre il faut s'arrêter à chaque moment et *séjourner* en lui, car chacun est lui-même une figure, une totalité individuelle... ».[7] Ces propos de Hegel montrent que la connaissance sur laquelle se fondent le jugement et la décision s'accommode si peu de la précipitation que la thèse suivante va de soi : la décision s'inscrit logiquement et naturellement dans la durée. S'il en est ainsi, les grandes décisions ayant révolutionné la vie des peuples et produit des progrès dans leur histoire peuvent être considérées comme le résultat d'un long processus de maturation. Une telle thèse trouve une confirmation dans l'analyse que Marx fait de l'esprit révolutionnaire qu'il compare à une

---

5. Pour Aristote d'ailleurs, seul l'homme est capable de vivre en société (cf. Aristote 1999).

6. Epicure, dans *La lettre à Ménécée*, définit la prudence comme un raisonnement vigilant qui ne s'acquiert que par l'éducation de l'individu. Seul un individu éduqué est capable, même dans une situation d'urgence, à prendre la bonne décision. Cette liaison très forte entre la prudence et la raison se retrouve également dans l'*Éthique à Nicomaque* d'Aristote (1144b 28) où la raison correcte est définie comme sagacité ou prudence. En réalité, pour Aristote, la prudence n'est rien d'autre que l'intellect mise au service de l'agir humain.

7. Hegel (1941, Tome I, p.27).

taupe dont on ne s'aperçoit en général de l'extraordinaire travail souterrain qu'au moment où elle sort de terre.[8]

Dans *L'empire rhétorique. Rhétorique et argumentation*, Chaïm Perelman écrit : « Les raisonnements » sont « des argumentations de toute espèce, visant à gagner l'assentiment des esprits aux thèses qu'on présente à leur assentiment ».[9] Ces raisonnements ou délibérations, communs à toutes les espèces, se déroulaient par le passé d'une façon à peu près identique au point que toutes les sociétés (de l'oralité comme de l'écriture) s'accommodaient naturellement des processus de décision dont on a parlés tantôt et qui se caractérisent par une certaine lenteur.[10] Avant l'avènement de la mondialisation (qui a institué un monde de la vitesse), le rythme des processus de décision était à peu près analogue à celui du cours des évènements dans le monde. Tant qu'il en était ainsi, il n'y avait aucune raison de s'inquiéter ou de s'alarmer de la lenteur des processus de décision. Mais, on le sait, cette correspondance entre le rythme des processus de décision et celui du cours des choses n'est plus avérée depuis l'avènement du village global et de ses supports les plus importants à savoir les nouvelles technologies de l'information et de la communication. Aujourd'hui, la réalité du monde dans lequel nous vivons s'accélère à un rythme sans précédent alors que les processus de décisions censés apporter des réponses aux défis qu'il pose restent lents conformément du reste à leur nature.[11] La palabre,[12] caractéristique des civilisations de l'oralité, donne une idée de la lenteur avec laquelle les grandes décisions se prenaient en Afrique traditionnelle ou même continuent encore de se

---

8. Cf. Marx (1969, p.162). Marx lui-même emprunte cette image à Shakespeare (voir Shakespeare 2004).

9. Voir Perelman (1997, pp.9-10).

10. L'arbre à palabres renvoie en Afrique traditionnelle à un lieu de rassemblement où l'on débat des problèmes de société en vue de leur trouver des solutions. Il est le lieu par excellence des grandes délibérations.

11. Les travaux de Hartmut Rosa sur l'accélération comme transformation des structures temporelles modernes donnent une idée de la nouvelle réalité du monde dans lequel nous vivons. (Cf. Rosa 2010).

12. Il est important de souligner que nous avons de nos jours, face à la nécessité de répondre très rapidement aux défis en chaine qui se posent à nos sociétés, développé des outils techniques d'aide à la décision de plus en plus sophistiqués. Mais une remarque importante s'impose à propos de ces outils : s'il y a lieu de reconnaître leur efficacité pour les situations simples comme par exemple l'évacuation d'une salle en cas d'incendie, il ne faut pas perdre de vue qu'ils sont totalement impuissants pour les situations complexes et inédites. Donc, à chaque fois qu'un peuple fait face à une situation complexe et inédite, il lui appartient de décider très rapidement et de trouver une solution à cette dernière.

prendre dans celle d'aujourd'hui. S'il y a lieu de reconnaître que ce problème du décalage entre la lenteur des processus de décision et la vitesse du cours des choses dans le monde est un défi pour tous les peuples, il faut également admettre qu'il se pose avec beaucoup plus d'acuité et d'urgence en Afrique que partout ailleurs pour une raison bien simple : les difficultés et les défis sont plus importants aujourd'hui en Afrique que dans le reste du monde.[13]

Si les sociétés traditionnelles africaines, qui étaient pour la plupart des sociétés de l'oralité, s'accommodaient parfaitement de ces lents processus de décision dont on vient de parler, il va de soi qu'il ne devrait plus en être de même aujourd'hui pour une raison bien simple : de nos jours, tout s'accélère à une vitesse inouïe. Cela est d'autant plus vrai qu'il est devenu presque une gageure à l'époque actuelle d'affronter un défi donné, de finir de lui apporter une solution appropriée, avant qu'au même moment plusieurs autres d'une plus grande complexité ne se posent à nous. Le contraste entre les modes de délibération du passé et ceux d'aujourd'hui réside dans le fait qu'auparavant toutes les civilisations (de l'oralité comme de l'écriture) affrontaient successivement différents défis alors que maintenant plusieurs s'enchevêtrent et se posent à elles en même temps.

Ce décalage entre le temps de la décision et celui, entre autres, des évolutions historico-politiques pose, dans le contexte africain actuel, la question de savoir si l'histoire dramatique de l'Afrique depuis la période de l'esclavage et l'urgence des problèmes à y traiter n'ont pas pris à défaut la temporalité traditionnelle (liée peut-être à tort au mode de délibération orale) de la décision et montré la nécessité de dépasser celle-ci. En tout cas, face à une situation aussi inédite (enchaînement rapide des défis qui requièrent des décisions toutes aussi rapides) et devant l'ampleur des difficultés qui assaillent leur continent, les Africains d'aujourd'hui ne doivent plus, malgré le poids supposé ou réel de l'héritage de la tradition orale, se permettre le luxe de recourir à de lents processus de décision qui de toute façon sont inadaptés à leur temps. C'est la nécessité de dépasser un tel mode de délibération que montre la gouvernance actuelle d'une institution comme l'Union Africaine.

---

13. Rien que le pourcentage (70‰) des délibérations du Conseil de sécurité de l'ONU portant uniquement sur l'Afrique suffit pour valider un tel point de vue.

2 La nécessité de changer de mode de délibération en Afrique : le cas de l'Union Africaine

Pour le philosophe de l'action, agir consiste à rompre avec un système jugé insatisfaisant pour le remplacer par un autre qui serait plus en phase avec les aspirations et les nécessités du moment. Le but visé à travers une telle entreprise n'est pas atteint dans le système de départ mais dans un nouveau système d'orientation du sujet de l'action qui se présente presque toujours comme une rupture par rapport au précédent. Ce qui veut dire donc que l'action est, du moins en partie, rupture avec un système organisé et consacré. Appelant sans cesse à la formation d'un nouveau système, elle se présente fondamentalement comme une innovation. Cette dernière se justifie, allusion y a déjà été faite, par la nécessité de remplacer un ordre social, politique et économique jugé obsolète et insatisfaisant par un autre susceptible de répondre de manière plus satisfaisante aux aspirations des temps nouveaux.

En Afrique, la prise de conscience de la nécessité de remplacer l'ordre hérité de la traite négrière et de la colonisation s'est manifestée avant même l'accès à l'indépendance de la plupart des États du continent. C'est pour faire face aux conséquences désastreuses de ces deux phénomènes historiques sur les Noirs et l'image de leur continent dans le monde que la première conférence panafricaine s'est tenue à Londres du 23 au 25 juillet 1900. Dès l'origine donc, le panafricanisme s'est voulu comme solution aux problèmes d'une Afrique rendue exsangue par des siècles d'esclavage et de colonisation. D'un combat singulier au départ pour la réhabilitation de la dignité de l'homme noir bafouée aux États-Unis et dans les colonies d'Afrique, le panafricanisme s'est mué progressivement à travers son histoire en une doctrine politique envisageant les problèmes du continent et de ses fils non plus de façon séparée les uns vis-à-vis des autres mais dans leur globalité.[14] Ce second type de panafricanisme, qui nous intéresse dans cette partie, part du constat évident selon lequel le

---

14. Nous distinguons deux types de panafricanismes : le panafricanisme originel (de 1900 à 1927) dont le combat principal était la réhabilitation de la dignité de l'homme noir bafouée et le panafricanisme actuel (depuis 1927) qui a clairement mis en avant la nécessaire union des pays, des peuples et des cultures africaines comme solution aux problèmes du continent. Le panafricanisme actuel est celui sur lequel nous nous appesantissons dans cette partie. Pour une meilleure connaissance de l'histoire du panafricanisme, le lecteur intéressé peut se référer au recueil de textes présenté en guise de contribution par l'Organisation Internationale de la Francophonie à la deuxième Conférence des intellectuels d'Afrique et de la Diaspora (Dakar, 7-9 octobre 2004) et intitulé *Le mouvement panafricaniste au vingtième siècle*.

continent africain est morcelé, pauvre, misérable et faible. Et, comme solution à ces maux de l'Afrique dus à l'esclavage et à la colonisation, le panafricanisme prône la nécessaire union des pays, des peuples et des cultures africaines. À la place du système en vigueur (morcellement de l'Afrique en micro-petits États) imposé et mis en place par les puissances coloniales pour servir leurs intérêts au détriment de ceux des populations africaines, le panafricanisme propose la création des États-Unis d'Afrique avec un gouvernement continental qui sera chargé des politiques monétaire, militaire et étrangère de l'ensemble du continent. Pour le militant de la cause noire, Marcus Garvey, l'avènement d'une telle Afrique justifie tous les sacrifices. C'est ce qui l'a amené à tenir ces propos : « Travailler pour l'unique but glorieux : une nation libre, délivrée et puissante. Que l'Afrique devienne une étoile brillante dans la constellation des nations ». [15] Aux nombreuses difficultés susceptibles d'être avancées comme obstacles insurmontables à la réalisation de l'unité africaine, l'historien sénégalais Cheikh Anta Diop oppose un atout majeur : pour lui, l'unité culturelle du continent est de nature à faciliter la création d'un État fédéral en Afrique. [16]

Pourtant, à supposer comme le soutient C.A. Diop que l'Afrique disposerait réellement d'un tel atout pour parvenir à l'intégration politique et économique, comment expliquer que les États-Unis d'Afrique ne soient toujours pas une réalité ? Comment comprendre que l'Afrique soit encore un continent morcelé, faible, pauvre et misérable alors que la solution à ces maux (l'union politique et économique) est connue au moins de ses élites politiques et intellectuelles depuis plusieurs décennies ? Peut-on comprendre le paradoxe entre le grand âge du projet du panafricanisme et le fait qu'il ne connaisse toujours pas un début sérieux de réalisation ?

En effet, aussi loin que l'on remonte dans l'histoire de l'Afrique indépendante, on est frappé par l'énormité du fossé qui sépare les déclarations et intentions de ses dirigeants sur l'opportunité de réaliser l'union politique et économique du continent et leur irrésolution à se décider et à passer à l'action pour rendre effective cette union. En décembre 1958 déjà, réunis à Accra au Ghana nouvellement indépendant, les dirigeants africains d'alors avaient fait adopter dans la résolution finale de leur conférence : « l'exigence de la création prochaine des États-Unis d'Afrique. [17] D'ailleurs, sur le principe, les différents dirigeants africains

---

15. Cité d'après Padmore (1960, p.24).
16. Diop (1954) défend la thèse d'une unité culturelle de l'Afrique noire.
17. Résolution de la conférence des peuples africains (Accra, 5-13 décembre 1958).

se sont toujours accordés sur le projet du panafricanisme.[18] Mais, à chaque fois qu'il a été question de passer des déclarations d'intention aux actes concrets, il y a eu divergence sur la façon et le moment de réaliser les États-Unis d'Afrique. Deux grands groupes reflétaient déjà pendant la période des indépendances cette divergence sur la façon et le moment de rendre effectif le projet du panafricanisme : le groupe de Casablanca et le groupe de Monrovia. Le premier, constitué à l'époque du Ghana, de la Guinée, du Mali, du Maroc, de l'Égypte, de la Tunisie, de la Lybie et du Soudan prônait une unité immédiate de l'Afrique aux plans politique, économique et militaire avec la création d'un gouvernement continental. Les membres de ce groupe étaient qualifiés de « panafricanistes maximalistes » ou révolutionnaires. Le second groupe, composé à l'époque du Sénégal (la position de ce pays allait radicalement changer pendant la présidence de Wade), de la Côte d'Ivoire, du Congo Brazzaville, du Niger et de la Centrafrique prônait une approche graduelle consistant à ne pas brûler les étapes dans le processus de création des États-Unis d'Afrique. Les membres de ce groupe étaient qualifiés de « panafricanistes minimalistes » ou réactionnaires. Le sommet constitutif de l'Organisation de l'Unité Africaine (OUA) en 1963 à Addis Abeba consacra le triomphe du groupe de Monrovia ou panafricanistes minimalistes sur celui de Casablanca ou panafricanistes maximalistes. À Kwamé Nkrumah qui déclarait dans son discours : « Notre objectif, c'est dès maintenant, l'unité africaine. Il n'y a pas de temps à perdre. Nous devons maintenant nous unir ou périr »,[19] le sommet d'Addis Abeba opposa, dans sa déclaration finale, le principe de « l'intangibilité des frontières héritées de la colonisation.[20]

Ce principe qui devait normalement revêtir un caractère provisoire finit lui-même par devenir intangible au point d'apparaître au fil des décennies comme l'un des plus grands obstacles à la réalisation des États-Unis d'Afrique. Il est en fait indéniable, malgré les diverses tentatives bancales de regroupements régionaux notées dans les différentes régions de l'Afrique, qu'aucune avancée réellement importante n'a été réalisée depuis 1963 dans la réalisation du projet du panafricanisme. Cette situation était devenue d'autant plus évidente et peut-être honteuse pour la plupart des chefs d'États africains, qu'ils se résolurent en septembre

---

18. Il faut souligner qu'aucun dirigeant africain, de quelque camp qu'il soit, ne s'est prononcé ouvertement contre l'union des pays, des peuples et des cultures africaines.
19. Nkrumah (1964, p.248).
20. Résolution de la Conférence internationale des États indépendants d'Afrique, Addis Abeba, mai 1963.

1999, sur initiative et invitation insistante de Mouammar Kadhafi, à se retrouver dans le cadre d'une session extraordinaire à Syrte en Lybie. Ne pouvant lors de ce sommet extraordinaire faire l'impasse sur la nécessité de faire un bilan sans complaisance de l'OUA, les chefs d'États africains réunis à Syrte reconnurent que l'organisation avait atteint l'essentiel des objectifs qui lui avaient été assignés à sa création (élimination des derniers vestiges du colonialisme et de l'apartheid, renforcement de l'unité et de la solidarité entre les États membres de l'OUA et défense de leur intégrité territoriale). Mais, dans la mesure où atteindre ses objectifs pour une organisation de ce type équivaut également à atteindre ses limites, les dirigeants africains réunis à Syrte prirent conscience de la nécessité de remplacer l'Organisation de l'Unité Africaine (OUA) par une nouvelle organisation dont la mission serait de bâtir une Afrique intégrée, prospère et en paix ; dirigée sans procuration par ses fils et constituant une force dynamique sur la scène mondiale. L'acte constitutif de cette nouvelle organisation appelée Union Africaine (UA) et destinée à incarner cette nouvelle Afrique fut adopté par le sommet de Lomé de 2000.[21] Si, du point de vue de la forme (remplacement de l'Organisation de l'Unité Africaine par l'Union Africaine), il y avait quelques bonnes raisons de penser qu'un tournant majeur avait été effectué dans la longue marche du continent vers l'unité politique et économique, le retour inopportun et incompréhensible du débat sur l'unité immédiate ou graduelle au sommet de Lomé tempéra très vite l'optimisme des militants de la cause africaine.

Dans *Le 18 Brumaire de Louis Bonaparte*, Marx écrit à juste raison : « Hegel fait quelque part cette remarque que tous les grands évènements et personnages historiques se répètent pour ainsi dire deux fois. Il a oublié d'ajouter : la première fois comme tragédie, la seconde fois comme farce ».[22] En rapportant ces propos de Marx à l'histoire du panafricanisme, on ne peut que voir une tragédie dans le sommet d'Addis Abeba et une farce dans celui de Lomé. Mais là où chez Marx les répétitions en histoire sont limitées à deux (une première fois comme tragédie et une deuxième fois comme farce), dans l'histoire du panafricanisme telle qu'on l'a connue au moins depuis 1963, aucune limitation n'est fixée à la répétition des évènements historiques. Une telle remarque est d'autant plus exacte qu'après la tragédie du sommet d'Addis Abeba, de nom-

---

21. Résolution du sommet des chefs d'États et de gouvernements, Lomé, juillet 2000.

22. Marx (1969, p.43).

breuses et répétitives farces s'en sont suivies au point même que le symbolique sommet (cinquantenaire de l'indépendance du Ghana) d'Accra 2007 fut également l'occasion d'une énorme farce constituée de joutes entre partisans de l'unité immédiate et gradualistes. Malheureusement pour l'Afrique et ses populations, à chacune de ces farces répétitives, ce furent les partisans de l'approche graduelle et du « panafricanisme minimaliste » qui l'emportèrent. Pourtant, au moment où les gradualistes imposent par stratégie des délibérations interminables sur la façon et le moment de réaliser les États-Unis d'Afrique, les difficultés des populations africaines deviennent elles de jour en jour plus massives. Le statu quo qui n'est certainement profitable qu'à cette petite élite confine l'Afrique à ses maux des périodes de l'esclavage et de la colonisation : morcellement, faiblesse, misère et pauvreté. Face à cette situation qui n'a que trop duré, il est important de rappeler au camp des gradualistes que la longue indécision notée depuis 1963 au moins sur le projet du panafricanisme est proportionnelle à celle des souffrances et des difficultés de toutes sortes des populations africaines. À moins donc que leur très longue indécision ne soit qu'un prétexte et une stratégie inavoués pour continuer à profiter hypocritement du long statu quo en Afrique, les gradualistes doivent admettre maintenant que leur méthode ne permet pas d'amorcer la concrétisation du projet du panafricanisme. Et admettre honnêtement cela, revient également de leur part à reconnaître que si être prudent et sage au début des indépendances africaines revenait à être gradualiste dans le processus de construction de l'unité politique et économique du continent, de nos jours la prudence et la sagesse requises recommandent plutôt de rompre avec l'indécision et de se décider immédiatement pour les États-Unis d'Afrique.

3 Conclusion

Depuis plusieurs décennies et plusieurs générations, les élites politiques et intellectuelles du continent sont unanimes à reconnaître le projet du panafricanisme comme solution aux maux de l'Afrique. Le bon sens voulant qu'une fois le remède d'un mal trouvé que guérison s'ensuive, nous étions en droit de nous attendre à ce que les États-Unis d'Afrique soient une réalité depuis belle lurette. Mais, malheureusement, force est de constater que ce projet ne connaît à ce jour aucun début sérieux de réalisation ; la faute apparente incombant à un débat interminable chez les dirigeants africains sur le moment et la façon de le réaliser.

Marx une dernière fois évoqué a, dans *Le 18 Brumaire de Louis Bonaparte*,[23] défini l'époque de la révolution bourgeoise non seulement comme celle dont le développement se caractérise par une inlassable répétition des mêmes tensions et détentes (ce qui chez lui est la preuve évidente du caractère réactionnaire d'une époque), mais aussi comme celle d'une suprême indécision. À examiner de près les délibérations qui se sont toujours dégagées des sommets annuels de l'Union Africaine (U.A) et de son ancêtre l'Organisation de l'Unité Africaine (O.U.A), on serait tenté d'affirmer que ce diagnostic de Marx était fait pour s'appliquer au mode de gouvernance de ces institutions censées réaliser le projet du panafricanisme. Ce constat fait, on imputera davantage le retard de la réalisation du projet du panafricanisme à une indécision liée à un manque de volonté politique des dirigeants africains qu'à un prétendu poids de l'héritage de la tradition orale dans les sociétés africaines actuelles. N'est-ce pas un tel manque de volonté politique qu'avait pointé du doigt Cheikh Anta Diop dans son ouvrage *Les Fondements Économiques et Culturels d'un État Fédéral d'Afrique Noire* ?[24] Au moment même où il présentait l'unité culturelle de l'Afrique comme un atout à l'intégration politique et économique, l'Égyptologue sénégalais avait clairement conscience que la volonté d'unité appartient au politique. Et, conscient de cela, il s'était cantonné dans l'ouvrage cité, à démontrer le bien fondé et la fécondité de son option.

Bibliographie

Arendt, H. 2001, *Condition de l'homme moderne*, Paris : Pocket. Trad. G. Fradier.

Aristote. 1999, *Les politiques*, Paris : G.F. Trad. Pierre Pellegrin.

Collectif. 2004, « Le mouvement panafricaniste au vingtième siècle », Contribution de l'Organisation Internationale de la Francophonie (OIF) à la deuxième Conférence des Intellectuels d'Afrique et de la Diaspora (Dakar, octobre 2004.

Davidson, D. 1993, *Actions et événements*, Paris : PUF. Trad. Pascal Engel.

Diagne, M. 2006, *Critique de la raison orale : les pratiques discursives en Afrique noire*, Paris : Karthala.

---

23. Marx (1969, p.81).
24. Diop (2000).

Diop, C. 1954, *Nations nègres et cultures*, Paris : Présence Africaine.

Diop, C. 2000, *Les Fondements Economiques et Culturels d'un Etat Fédéral d'Afrique Noire*, Paris : Présence Africaine.

Epicure. 1999, *La lettre à Ménécée*, Paris : Hatier. Trad. Pierre Pénisson.

Hegel, G. 1941, *La Phénoménologie de l'esprit*, Paris : Aubier-Montaigne. Trad. Pierre Pénisson.

Izard, M. 2003, *Moogo l'emergence d'un espace étatique Ouest-Africain*, Paris : Karthala.

Marx, K. 1969, *Le 18 Brumaire de Louis Bonaparte*, Paris : Éditions sociales.

Nkrumah, K. 1964, *L'Afrique doit s'unir*, Paris : Payot.

Padmore, G. 1960, *Panafricanisme ou communisme*, Paris : Présence Africaine, Paris.

Perelman, C. 1997, *L'empire rhétorique. Rhétorique et argumentation*, Paris : Vrin.

Proust, J. 2005, *La nature de la volonté*, Paris : Gallimard.

Rosa, H. 2010, *Accélération. Une critique sociale du temps*, Paris : La Découverte. Coll. « Théorie critique ».

Shakespeare, W. 2004, *Hamlet*, Paris : Éditions J'ai lu. Trad. François-Victor Hugo.

Toynbee, A. 1978a, « L'histoire », Bruxelles : Elsevier Sequoia. Trad. J. Potin et P. Buisseret.

Toynbee, A. 1978b, « Défi et riposte », dans *Toynbee (1978a)*, pages 130–156.

Résolutions de sommets
- « Résolution de la Conférence des peuples africains », Accra, 5-13 décembre 1958.
- « Résolution de la Conférence internationale des États indépendants d'Afrique », Addis Abeba, mai 1963.
- « Résolution du sommet des chefs d'États et de gouvernements africains », Lomé, juillet 2000.

Comment philosopher dans une langue nationale ?

Mahamadé Savadogo [*]

RÉSUMÉ. Le titre de notre propos soulève une préoccupation bien connue des philosophes d'Afrique noire qui sont conduits à s'exprimer dans une langue étrangère à leur collectivité d'origine : comment rendre la philosophie populaire sans la dénaturer ?

De prime abord, cette question, par-delà l'Afrique, semble se poser aux philosophes dans toutes les sociétés et à toutes les époques et les plus connus d'entre eux se sont résolus à l'affronter en accompagnant souvent leurs travaux fondamentaux, savants ou techniques, d'ouvrages de vulgarisation, de popularisation.

Cette question s'impose cependant d'une façon autrement plus aiguë sur le continent africain, en particulier en Afrique noire, où l'enseignement et la recherche en philosophie s'accomplissent dans la langue de la puissance dominatrice. L'inaccessibilité du discours philosophique est ici radicalisée et la coupure entre le philosophe et sa collectivité d'origine semble inévitable. Faut-il s'abandonner à cette situation ? Comment éviter que la philosophie soit soupçonnée de collusion avec une culture dominatrice ?

En fait, les philosophes africains ne se résignent pas à cette situation inconfortable, qui contribue à leur marginalisation au sein même de leur société, ou, tout au moins, leur identification avec les classes dominantes au détriment des classes populaires. Ils sont nombreux à développer différentes initiatives afin de résister contre leur marginalisation : philosopher en langue nationale constitue l'une d'elles. Quelles sont les difficultés auxquelles se heurte cette initiative ? Comment pourrait-on envisager de les surmonter ?

Telles sont les principales préoccupations que le propos à venir voudrait s'atteler à discuter en s'appuyant sur l'exemple d'une expérience en cours de réalisation.

Il ne semble pas bien difficile, à première vue, d'entrevoir une réponse à la préoccupation soulevée en tête du présent propos. Pour rendre la philosophie populaire sans la dénaturer, il se découvre, en effet, trois

---

[*]. Université de Ouagadougou.

possibilités, qui ont toutes déjà été expérimentées à travers l'histoire : écrire des ouvrages de vulgarisation, traduire des textes philosophiques déjà existants ou inventer un langage philosophique pour susciter des œuvres.

Ces trois démarches répondent à des situations différentes mais elles se fondent toutes sur la conscience que la philosophie constitue une forme de savoir qui s'exprime dans un discours inaccessible au commun des mortels, à l'homme ordinaire. La philosophie se présente comme une forme de savoir qui se développe à travers des œuvres qui suscitent au fil du temps une langue qui leur est propre, une langue savante ou technique. Les œuvres philosophiques se parlent entre elles, elles entrent en discussion, se critiquent, se louent ou se rejettent. Cette dynamique, qui caractérise l'histoire de la philosophie, aboutit à engendrer une forme de savoir, un type de discours, autour duquel se regroupent des spécialistes, des initiés, qui à force de pratiquer une langue finissent par la comprendre et la reproduire plus facilement que les non-initiés.

L'initiation à la langue philosophique s'organise essentiellement à travers l'institution scolaire, dont les démembrements depuis le secondaire, où commence l'enseignement de la philosophie en Afrique noire francophone, jusqu'au supérieur, définissent des niveaux de perfectionnement de l'acquisition d'un savoir spécialisé. À l'intérieur de l'institution scolaire se met en place un processus de diffusion du savoir ; la pédagogie qui est l'exigence fondamentale de l'activité d'enseignement s'institutionnalise comme l'art de rendre accessible ce qui est compliqué, de mettre à la portée d'un auditoire élargi un discours savant ou technique.

La popularisation de la philosophie à laquelle contribue l'institution de l'école répond au souci d'étendre le cercle des bénéficiaires du savoir, de mettre à la disposition du plus grand nombre un savoir qui est d'abord réservé à des initiés, à un public savant. Par-delà l'institution de l'école qui en a la charge, et qui s'en acquitte à travers les enseignements qu'elle propose, les manuels qu'elle suscite, dont l'importance ne doit jamais être sous-estimée dans la mesure où beaucoup de philosophes ont été des professeurs dont certains ont enseigné leurs pensées,[1] le projet de popularisation de la philosophie engendre un type particulier d'œuvres constituées par les ouvrages de vulgarisation. Ces ouvrages peuvent être écrits directement par les auteurs mêmes des livres savants dans la me-

---

1. Cas des auteurs de l'idéalisme allemand : Fichte, Schelling et Hegel et, après eux, Husserl et Heidegger...

sure où ils se soucient eux-mêmes de l'accessibilité de leurs pensées [2] ou par d'autres personnes qui s'approprient une œuvre pour ensuite entreprendre de la diffuser. La popularisation ainsi envisagée s'accomplit dans les limites d'un même univers linguistique ; elle s'adresse aux locuteurs de la langue dans laquelle l'ouvrage philosophique à populariser est rédigé. Ainsi conçue, elle se heurte certes à la dissociation entre langue technique et langue ordinaire et elle doit relever le défi de rendre une pensée accessible sans la caricaturer ; mais, dans la mesure où elle s'accomplit dans une langue qui n'est pas différente de celle de l'œuvre à diffuser, elle rencontre moins de difficultés que les deux autres procédés évoqués plus haut : la structure de la langue, sa grammaire, sa syntaxe ne changent pas dans la démarche de vulgarisation, seule l'étrangeté du vocabulaire savant est appelée à compliquer cette tâche...

Il en est tout autrement avec le travail de traduction qui met en relation deux langues complètement différentes. Par-delà la scission entre langue savante et langue ordinaire qui reste interne aux locuteurs d'une même langue, la traduction introduit le pari d'étendre la population des amateurs d'une œuvre au-delà d'une sphère linguistique donnée. La portée de la popularisation envisagée ici est nettement plus importante mais la difficulté de la tâche est aussi autrement plus significative. Faut-il privilégier la langue de départ ou la langue d'accueil dans l'activité de traduction ? Cette question classique que rencontre l'activité de traduire et que Schleiermacher a déjà clairement formulée [3] est certes difficile à trancher mais il n'en demeure pas moins que, quelle que soit la méthode adoptée, il est plus facile de traduire une œuvre dans une langue qui relève de la même aire culturelle qu'elle.

Pour être plus précis, il est clair qu'il est plus aisé de traduire un texte de l'allemand au français que du français au bambara. Bien que la structure de la phrase, surtout dans le cas de la proposition subordonnée, soit complètement différente entre l'allemand et le français, il n'en reste pas moins que ces deux langues partagent un fond commun qui n'existe pas entre le français et le bambara. Ces deux langues sont aussi bien parlées qu'écrites et leurs alphabets ont beaucoup de caractères communs.

Certes, il faudrait se garder de croire que l'écriture est en elle-même un facteur de rapprochement entre deux langues. Le type de caractères utilisés dans l'écriture contribue grandement à éloigner deux langues ainsi

---

2. Cas d'Alain Badiou aujourd'hui, qui double ses grands ouvrages systématiques de livres destinés à populariser leur contenu tels que Badiou (1989, 1988, 2006, 2009).

3. Cf. Schleiermacher (1999).

que le montrent les exemples des langues européennes et des langues asiatiques.[4] Mais l'existence d'une tradition d'écriture s'avère être un soutien essentiel dans l'activité de traduction, ne serait-ce que parce qu'elle favorise une plus grande autonomisation de la langue à l'égard de ses locuteurs. On comprend pourquoi la traduction des œuvres écrites dans les langues européennes a pu finalement s'accomplir plus facilement dans une langue asiatique telle que le japonais. Dans le cas des langues d'Afrique noire francophone, qui est l'objet central de notre préoccupation dans ce propos, le travail de traduction s'avère autrement plus difficile. Les linguistes africains ont certes repris l'alphabet latin pour transcrire certaines de nos langues telles que le bambara ou dioula, le fulfudé ou pular et le mooré.[5] Mais la traduction de la langue conceptuelle soulève des difficultés particulières qui risquent de conduire le traducteur à créer une langue totalement arbitraire, complètement incompréhensible...

Le travail de traduction ici n'a pas l'avantage de s'appuyer sur une tradition forte. Si l'on exclut la démarche qui consiste à vouloir ramener la philosophie au système de pensée d'une population donnée, qui a été rejetée en Afrique à travers la condamnation de l'ethnophilosophie,[6] il est inévitable de constater que la philosophie en tant que forme autonome de savoir qui s'élabore à travers des œuvres produites par des individus est un phénomène récent en Afrique.

La découverte de ce phénomène remonte tout au plus à la rencontre avec le monde arabe qui a conduit à la rédaction de textes avec l'alphabet arabe par des lettrés africains. Par-delà le débat sur l'origine historique de la philosophie qui, pour certains auteurs africains, remonterait à l'Egypte ancienne,[7] il suffit de relever qu'il n'existe pas une tradition d'œuvres philosophiques écrites dans nos langues pour comprendre la difficulté visée à ce moment précis de la réflexion en cours. Celui qui veut traduire un ouvrage philosophique dans une de nos langues nationales part de rien, il ne dispose pas d'une tradition de textes à laquelle s'adosser. Il en découle qu'il se retrouve entièrement dépendant de l'œuvre qu'il voudrait traduire.

Cette situation est particulièrement gênante, car même dans le cas des langues dans lesquelles existe une tradition de textes, la tentation

---

4. Voir à ce sujet Uehara (2011), dans Berner et Milliaressi (2011).
5. Langues de l'Afrique de l'Ouest, la première est parlée dans cinq pays au moins, la deuxième dans une dizaine de pays et la troisième, essentiellement au Burkina.
6. Voir à ce sujet le fameux ouvrage de Hountondji (1977).
7. Voir à ce sujet Obenga (1990) et Somet (2005).

est forte de reproduire le vocabulaire du texte d'origine, à tel point que des traducteurs n'hésitent pas à conserver des mots allemands dans une traduction française par souci de fidélité à un auteur ainsi que le montrent les traductions de Heidegger. Dans le cas des langues dans lesquelles une tradition de textes écrits est absente, l'inclination à reprendre purement et simplement le vocabulaire technique tel quel sera encore plus envahissante. Le traducteur, en définitive, est confronté au risque de produire un texte incompréhensible de ses destinataires, ce qui l'éloigne de l'objectif de popularisation qu'il poursuit.

Sans remettre en cause le projet même de traduction des œuvres philosophiques, qui reste utile dans la mesure où il contribue à l'invention d'une langue philosophique, il est indispensable de reconnaître qu'il doit s'appuyer sur un effort pour philosopher directement dans nos langues.

Cette ambition est-elle seulement tenable ? Est-il vraiment possible de philosopher directement dans nos langues nationales ?

*
* *

De prime abord, le projet de philosopher dans nos langues nationales semble saugrenu. Il en est ainsi parce que, si l'on écarte la démarche de l'ethnophilosophie qui voudrait ériger chaque système de pensée de nos communautés en doctrine philosophique, la philosophie se présente comme une forme de savoir non endogène, un type de discours importé avec la colonisation. L'ambition de philosopher dans nos langues apparaîtrait de ce point de vue comme un coup de force, une démarche arbitraire.

Cette considération ne doit cependant pas nous décourager car, contre elle, il suffit de constater simplement que le savoir philosophique est un phénomène déjà installé dans nos sociétés à travers l'institution de l'école. Il existe désormais une population de spécialistes d'un savoir philosophique perçu comme spécifique engendrant des productions et des institutions qui lui sont propres et suscitant des discussions entre ses adeptes qui se développent dans une langue à part.

Le projet de popularisation vise à enraciner davantage un phénomène dont la légitimité n'est pas en soi contestée. Il traduit la conviction que, par-delà la diversité des origines de leurs auteurs, les œuvres dont la réunion fixe les contours du savoir philosophique, convoient un message d'une portée universelle, elles véhiculent un sens qui s'adresse aussi bien à l'Africain qu'à l'Européen ou l'Asiatique. Cette conviction qui justifie aussi bien la démarche de vulgarisation que celle de traduction désigne une condition fondamentale à admettre afin de soutenir l'ambition de philosopher directement dans nos langues. La langue reste le véhicule d'un sens qui la transcende et peut s'exprimer dans une autre langue.[8] La reconnaissance de l'universalité du sens qui s'exprime dans tout discours, en particulier dans celui du savoir, est un principe qui s'impose à celui qui veut développer un savoir dans une nouvelle langue, ou plutôt inventer une langue du savoir. En admettant que le sens que transporte un discours le transcende, on est conduit à considérer que le savoir n'est pas par principe prisonnier d'une langue et que toute langue achevée est susceptible de l'exprimer. Cette supposition dégage l'horizon pour le travail de création d'un savoir dans une langue.

Il reste cependant que, s'il est nécessaire d'admettre que, par principe, le sens transcende la langue, il n'en demeure pas moins que la désignation même du sens en tant que tel est un acte qui incombe à une individualité qui, au demeurant, pourrait être formée d'une réunion d'individualités biologiques : le travail de création d'une langue pouvant être pris en charge par un collectif formellement constitué ou par une suite de réactions individuelles.

Aussi paradoxal que cela puisse paraître, le sens, qui est universel dans son principe ou sa visée, repose sur la décision d'une individualité. Là se trouve le fondement même de la diversité des langues et des œuvres à travers lesquelles s'édifie un savoir. Le sens qu'un philosophe déterminé donne à un mot n'est pas nécessairement le même que celui d'un autre. Mais le sens reste traduisible, explicable à une personne autre que l'auteur du mot qui l'exprime.

La reconnaissance de l'enracinement du sens dans une décision individuelle jointe à celle de sa prétention à l'universalité constitue la deuxième condition qui permet de dégager l'horizon pour philosopher directement dans nos langues nationales, inventer une langue philosophique. Elle libère le philosophe créateur d'une langue de l'objection selon laquelle le sens qu'il attribue à tel mot n'est pas adéquat.

Contre une telle objection, il suffit de répondre que son auteur reste libre de conférer un autre sens au même mot en l'intégrant dans un discours cependant cohérent. Car, la liberté de l'acte de création d'une langue n'est pas synonyme d'irrationalité ou d'arbitraire injustifiable.

Celui qui décide de donner un sens à un mot pour l'ériger en concept philosophique a le devoir de justifier cette décision. Il se découvre deux

---

8. Voir à ce sujet Savadogo (2001).

critères essentiels pour apprécier la justification de la création d'un concept : la cohérence et la fécondité.

Un concept philosophique est différent d'un simple mot du langage courant. La connaissance des mots de la langue courante se conquiert par l'entremise du dictionnaire qui se propose précisément d'indiquer le sens que revêt chaque mot d'une langue dans la vie quotidienne, dans l'usage courant. Il est utile de rappeler à ce sujet que les linguistes africains ont déjà produit des dictionnaires de certaines langues africaines : il existe au Burkina par exemple des dictionnaires mooré-français, dioula-français, ou fulfudé-français...

Ces dictionnaires constituent des outils qui sont susceptibles de soutenir le travail de celui qui voudrait philosopher directement dans ces langues. Mais ces outils se doivent d'être réappropriés à travers un travail de production d'une langue conceptuelle, d'une langue du savoir. Le concept, à la différence du mot de la langue ordinaire, ne reçoit pas son sens de l'usage courant, de la vie quotidienne, mais de son inscription dans un discours qui justifie son intervention. La cohérence globale du discours dans lequel il s'inscrit s'impose comme le principal critère de justification de la formulation d'un concept. L'invention d'une langue philosophique passe par l'élaboration d'un discours, d'un ensemble articulé de propositions, dans une langue naturelle qui, dans le cas de l'Afrique noire serait une de nos langues nationales. Le discours dans lequel les mots s'érigent en concepts s'affranchit de l'expression des besoins de la vie courante pour se présenter comme un projet de désignation du sens général de l'existence humaine ou de la signification de la réunion d'un ensemble de phénomènes en une unité.

En d'autres termes, le discours créateur de concepts se caractérise par une vocation à la généralité et une prétention à l'universalité. Il s'abstrait littéralement de son enracinement dans les vicissitudes de la vie d'une communauté pour viser une idée, une valeur ou un sens qui voudrait s'adresser à tout homme, à tout être doué de la capacité de saisir l'unité d'un discours. L'unité d'un discours est la principale condition de la formulation d'une langue philosophique, de la création de concepts. Mais le discours est en lui-même un ensemble riche, une succession de propositions différentes cependant liées entre elles. Il ne se réduit pas à la simple répétition d'une seule proposition, à la reproduction d'une phrase unique. Il apparaît comme le développement du sens véhiculé par les concepts dont il se compose.

Aussi importe-t-il que le mot érigé en concept à travers un discours se révèle fécond. La fécondité est une condition essentielle de la sélection d'un concept pour organiser un discours sensé. Un concept est un mot dont le contenu est suffisamment riche pour qu'il appelle un développement, pour qu'il engendre un discours. Ce critère de la fécondité permet de bien marquer la différence entre le concept et le mot de la langue courante, dont la signification est fixée par l'usage, et le concept proprement dit, qui suscite l'élaboration d'un savoir. Fécondité du concept et cohérence du discours qu'il suscite se rejoignent pour fixer les conditions générales de l'élaboration d'un savoir : il reste à présent à montrer précisément quelles sont les exigences secondaires qui se rattachent à ces exigences générales. La confrontation avec cette attente impose de convoquer un exemple concret de projet d'élaboration d'un savoir philosophique dans une de nos langues nationales, en l'occurrence, le mooré, langue parlée au Burkina Faso, projet en cours de réalisation, pour en tirer les leçons.

*
* *

Le mooré est la langue maternelle de l'auteur de la présente réflexion. C'est une langue qui n'est pas originairement écrite mais les linguistes lui ont inventé un alphabet spécifique à partir de l'alphabet latin. Il n'existe certes pas encore de textes philosophiques directement écrits en mooré mais il se rencontre des traductions de textes importants tels que la Bible, La Déclaration universelle des droits de l'homme ou la Constitution du Burkina, à partir du français. En outre, un projet d'enseignement en mooré à l'échelle de l'école primaire est en cours de réalisation. Il convient d'ailleurs de rappeler que, d'une manière générale, des intellectuels africains de renom tels que Cheick Anta Diop [9] et Joseph Ki-Zerbo [10] ont encouragé l'introduction de nos langues nationales dans le système scolaire.

Ces observations montrent que le travail d'invention d'une langue philosophique dispose dans beaucoup de nos Etats, surtout en Afrique de l'Ouest, d'expériences sur lesquelles il est susceptible de s'appuyer. Il est possible de retrouver dans tel ou tel texte existant des concepts susceptibles d'être introduits dans un discours. Il reste bien entendu que la sélection de ces notions dispersées çà et là dans des textes, ne saurait

---

9. Historien sénégalais (1923-1986).
10. Historien burkinabé (1922-2006).

remplacer le travail d'élaboration même du discours dans lequel ces mots se transforment en concepts au sens fort. L'élaboration de ce discours, la production d'une langue proprement philosophique, s'accomplit par un travail d'invention dont il s'agit à présent de dégager les critères.

La sélection d'un mot pour l'ériger en concept dans un discours doit répondre à un premier critère important qui est celui de la pertinence.

Le critère de la pertinence recommande que le mot choisi soit en relation de proximité avec le sens visé. Il est possible que plusieurs mots entrent en compétition pour désigner un sens visé et il faudra trouver un critère complémentaire tel que, par exemple, celui de la fécondité, évoquée plus haut, pour choisir entre eux. Il est néanmoins inconcevable de retenir un mot complètement opposé au sens visé pour l'ériger en concept : par exemple le philosophe créateur d'une langue savante ne peut pas décider, que pour lui le mot « bõnga », qui signifie l'âne en mooré, est à tenir pour l'équivalent du concept d'être. Une telle opération se révèle immédiatement arbitraire, intenable. La pertinence renvoie à la plausibilité du sens accordé à un mot. La généralité et l'indétermination du concept d'être ne peuvent pas être rendues par un mot au sens aussi précis que celui de « **bõnga** ».

Par contre, il est concevable d'hésiter entre attribuer comme équivalent à l'être, le mot « **būmbu** », qui veut dire « quelque chose », l'expression « **sẽn-be** » qui signifie littéralement « ce qui est là », ou l'expression « **tɩ-yaa** », qui pourrait se traduire en français par « il y a ». La considération de la différence entre le concept d'être et celui d'étant incline cependant à préférer cette dernière expression aux deux autres équivalents du concept d'être. L'indétermination du « il y a » le rapproche davantage du sens visé par « être » alors que le « ce qui est là » pourrait s'ériger en équivalent de l'étant.[11]

La considération des concepts fondamentaux de la métaphysique permet d'entrevoir un second critère important dans le travail d'invention des concepts dans nos langues nationales : ce critère est celui de la commodité ou de la familiarité.

Ce critère demande que le mot transformé en concept reste accessible au locuteur ordinaire d'une langue. Il ne faut pas entendre par là que le locuteur, quel que soit son niveau intellectuel, doit pouvoir appréhender

---

11. Par contre, il serait conseillé, dans certains cas, de garder l'expression « sẽn-be » afin de l'opposer à « sẽn-kae », « ce qui n'est pas » ; ainsi, pour rendre le titre « l'être et le néant », on dira simplement par « sẽn-be ne sẽn-kae ». « kae » est un verbe d'où provient le mot « kaalem » qui permet de désigner l'absence, le manque, la mort ou... le néant.

le sens visé à travers un concept. Non, pour appréhender le sens assigné à un concept dans sa langue, le locuteur de cette langue devrait se montrer capable de suivre le développement du discours dans lequel le concept intervient pour en saisir les implications. Sans disposer néanmoins de cette compétence, le locuteur doit pouvoir reconnaître le mot érigé en concept comme appartenant effectivement à sa langue. Cette reconnaissance le prédispose à chercher à suivre le discours dans lequel le mot est employé, à s'efforcer de percer le sens qui lui est accordé.

Ce critère de la commodité ou de la familiarité conduit à éviter la tentation, malheureusement fréquente chez les savants et qui triomphe particulièrement dans les traductions d'ouvrages spécialisés, de recourir fréquemment à des mots étrangers dans le processus d'invention d'une langue philosophique. Le recours systématique aux mots étrangers pour exprimer des concepts entraîne le philosophe créateur à manquer l'objectif de popularisation de la philosophie qu'il poursuit en voulant philosopher dans une langue nationale. Il convient de bannir autant que possible le recours à des mots étrangers, fussent-ils des concepts consacrés, dans le processus d'invention d'une langue philosophique.

La formulation des critères ci-dessus évoqués n'est pas un pur produit de l'imagination mais le fruit d'une expérience initiée par l'auteur même de la présente réflexion. Il convient de préciser brièvement en quoi consiste cette expérience pour aider à comprendre les critères d'invention des concepts qu'elle a suscités.

Cette expérience, toujours en cours de réalisation, consiste à donner une série de leçons de philosophie dans la langue maternelle de l'auteur du présent propos, qui, rappelons-le, est le mooré. Ces leçons s'adressent à un auditoire justifiant d'un niveau baccalauréat c'est-à-dire ayant déjà reçu une initiation à la philosophie à l'école.[12] Ce minimum de compétence est attendu de l'auditeur pour qu'il se révèle capable, un tant soit peu, de juger de la pertinence des concepts proposés à travers lesdites leçons.

Les leçons elles-mêmes se regroupent sous la thématique générale d'une introduction à la philosophie. Cette introduction se subdivise en chapitres consacrés aux grandes divisions de la philosophie telles que la métaphysique, l'éthique, la politique, l'épistémologie... L'exécution de ces cours, qui ne sont pas rédigés à l'avance, amène leur auteur à improviser une langue philosophique dans sa langue maternelle. L'auteur

---

12. Au Burkina Faso cependant, l'initiation à la philosophie commence maintenant dès la classe de seconde.

est en effet entraîné à élaborer un discours, une succession articulée de propositions, qui développe une idée ou un thème. À partir d'un mot de sa langue, dont le degré de proximité avec le sens visé à travers un concept philosophique en langue française est reconnu, il s'avère possible de produire un discours sensé qui révèle des concepts secondaires ou rattachés. L'intuition d'un concept conduit à la formulation d'une phrase ou d'une proposition et de là à l'élaboration d'un discours, d'un texte oral qui fait sens. L'enchaînement des séances de cours favorise la formation d'un savoir qui met en évidence les concepts dont il se constitue. Par exemple, en partant d'une compréhension de la métaphysique comme « **sẽn-yι ιd-nenem-bãngre** », ce qui signifie littéralement « le savoir de ce qui est au-delà de la sensibilité », il est possible d'opérer des distinctions éloquentes entre « **sẽn-yι ιd-nenem** », « ce qui est au-delà de la sensibilité » et « **sẽn-zi-n-yã** », « ce qui ne s'est jamais vu », « **sẽn-zi-n-wum** », « ce qui ne s'est jamais entendu » ou « **sẽn-kae** », « ce qui n'est pas ».

Cette désignation de la métaphysique, d'inspiration manifestement kantienne, entraîne à soulever le problème philosophique de savoir si « le savoir de ce qui est au-delà de la sensibilité » est un savoir droit ou fiable, ce qui donne en mooré « **sẽn-yι ιd-nenem-bãngre yaa bãng tιrg bι ?** ». La discussion de cette question conduit à dégager le rôle des sens dans la connaissance, à s'interroger sur les limites du savoir, à rencontrer la question des voies de la connaissance ou du savoir, bref à entrevoir le rôle de l'épistémologie, qui, en mooré peut être désignée comme « **bãngr-soay-bangre** », ce qui signifie littéralement « savoir des voies du savoir ».

Il faut se convaincre que chacune de nos langues possède un génie propre qui autorise des rapprochements conceptuels et suscite des problèmes d'un grand intérêt philosophique : par exemple en mooré, à partir du mot « goma » qui signifie, mots, parler, paroles, et langue et du mot « **bãngre** » qui renvoie au savoir, à la science et à la connaissance, il est possible de dégager un lien entre la grammaire « **gom-wνgb-bãngre** », « savoir de l'art de tisser les mots », la logique « **gom-tιrlem-bãngre** », « savoir du parler droit » et la linguistique « **rũni-gom-bãngre** », « savoir des langues du monde ».

*
* *

L'exemple du traitement du thème de la métaphysique et celui de la combinaison entre les deux mots mooré que sont « **goma** » et « **bãngre** » permettent d'entrevoir comment le travail d'invention d'une langue philosophique à travers des séances de cours est envisageable.

Il reste que cette expérience amorcée n'est que la première étape d'un chantier qui attend d'être développé. Non seulement le choix des concepts pourrait toujours être contesté mais, surtout, il faudrait réussir à passer d'une introduction à la philosophie à la rédaction de textes philosophiques prétendant à une véritable portée philosophique.

Relever ce défi suppose de chercher à écrire dans un premier temps les textes oraux développés au fil des cours en se servant de l'alphabet officiel du mooré.[13] À l'issue de ce travail, il devient possible de préparer un glossaire qui reprendrait tous les concepts formulés à travers les cours pour les mettre à la disposition du grand public. À partir de là, il apparaît envisageable de s'approprier ces concepts, de les critiquer en élaborant d'autres textes ou leçons. Au bout du compte, d'étape en étape une langue philosophique s'affirmera et il deviendra possible d'avoir des ouvrages philosophiques en mooré.

Ce résultat aura, bien évidemment, besoin de quelques années pour se conquérir mais il s'avère, désormais, clairement qu'il n'est pas impossible à atteindre.

Il existe déjà des journaux écrits dans certaines de nos langues africaines et même des romans entiers. Le grand écrivain kenyan, Ngugi Wa Thiong'o, après avoir beaucoup publié en anglais, a entrepris avec succès d'écrire en gikuyu, sa langue maternelle et certains de ses livres sont maintenant traduits du gikuyu en anglais.[14] Au Sénégal, l'historien égyptologue, disciple de Cheick Anta Diop, Aboubacary Moussa Lam publie des livres en fulfudé.[15]

Le jour n'est donc pas loin où paraîtront des ouvrages philosophiques entièrement écrits dans nos langues nationales. Il convient en tout cas d'encourager cette démarche qui pourrait aboutir, en définitive, à renouveler le regard que la philosophie, en tant que forme de savoir, pose sur elle-même. La réappropriation de la philosophie à travers nos langues nationales est, en effet, susceptible d'ouvrir la voie à une réhabilitation de l'innovation dans une discipline hantée par l'obsession de sa fin.

Rêvons du jour où des ouvrages philosophiques écrits dans des langues africaines seront traduits en français, en anglais ou en allemand...

Annexe : Inventaire des concepts en langue mooré

---

13. Alphabet officiel adopté le 30 septembre 1986 par le Raabo n° AN IV 001/ESRS/CAB.
14. Dans son roman, Ngugi (1982), traduit du gikuyu par lui-même !
15. Il est notamment l'auteur d'un roman, Lam (2005).

Transcription orthographique	Transcription API	Traduction française
bõnga	[bõŋga]	âne
būmbu	[būmbu]	quelque chose
Tι yaa	[ti ja]	Il y a
sẽn-be	[sẽ be]	Ce qui est là
sẽn-kae	[sẽ n kaj]	Ce qui n'est pas
sẽn-be ne sẽn-kae	[sẽn be nẽ sẽn kaj]	L'être et le néant
kaalem	[ka : lem]	Absence/manque/mort/néant
bãngre	[bãngre]	Savoir/science/connaissance
sẽn-yrrd-nenem	[sẽn ji d nẽnem]	Au-delà de la sensibilité
sẽn-yrrd-nenem-bãngre	[sẽn ji d nẽnem bãngre]	Métaphysique
sẽn-ylld-nenem-bãngr yaa bãng-tllg br ?	[sẽn ji d nẽnm bãngul ja bãng tirg bi]	Le savoir de ce qui est au-delà de la sensibilité est-il un savoir droit ou fiable ?
sẽn-zi-n-yã	[sẽn ziŋ jã]	Ce qui ne s'est jamais vu
sẽn-zi-n-wum	[sẽn ziŋ wum]	Ce qui ne s'est jamais entendu
bãngr-soay-bãngre	[bãngr swaj bãngre]	épistémologie
gom-wugb-bãngre	[gom wugb bãngre]	grammaire
Gom tirlem bãngre	[gom tiulem bãngre]	logique
rũni-gom-bãngre	[rũni-gom-bãngre]	linguistique

Bibliographie

Badiou, A. 1988, *L'être et l'événement*, Paris : Seuil.

Badiou, A. 1989, *Manifeste pour la philosophie*, Paris : Seuil.

Badiou, A. 2006, *Logiques des mondes. L'être et l'événement 2*, Paris : Seuil.

Badiou, A. 2009, *Second manifeste pour la philosophie*, Paris : Fayard.

Berner, C. et T. Milliaressi, éd.. 2011, *La traduction. Philosophie et tradition*, Lille : Presses universitaires du Septentrion.

Bourdieu, P. 2002, *Questions de sociologie*, Paris : Editions de Minuit.

Hountondji, P.-J. 1977, *Sur la philosophie africaine. Critique de l'ethnophilosophie*, Paris : Maspéro.

Lam, A. 2005, *Sawru Ganndal*, Dakar : Editions Papyrus Afrique.

Ngugi, w. T. 1982, *Devil on the cross*, Londres : Heinemann.

Obenga, T. 1990, *La philosophie africaine de la période pharaonique : 2780–330 avant notre ère*, Paris : L'Harmattan.

Rosset, C. 1995, *Le choix des mots*, Paris : Editions de Minuit.

Savadogo, M. 2001, *Philosophie et existence*, Paris : L'Harmattan.

Savadogo, M. 2009, *Création et existence*, Namur : Presses universitaires de Namur.

Schleiermacher, F. 1999, *Des différentes méthodes du traduire, et autre texte*, Paris : Seuil. Trad. A. Berman et C. Berner.

Somet, Y. 2005, *L'Afrique dans la philosophie. Introduction à la philosophie africaine pharaonique*, Gif-sur-Yvette : Editions Khepera.

Uehara, M. 2011, « Interpréter et traduire. L'invention d'une langue philosophique dans le Japon moderne », dans *Berner et Milliaressi (2011)*.

Des sentences proverbiales comme jeux de langage

GILDAS NZOKOU [*]

RÉSUMÉ. La pratique argumentative, prise dans le cadre culturel de l'oralité, peut jouer la fonction de médium pour l'organisation, sinon la construction d'une théorie de la signification dynamique. Les éléments centraux de rationalité que sont les sentences proverbiales, autour desquels se construisent les arguments, induisent à une activité d'interprétation en contexte. Ceci nous ramène au principe wittgensteinien de la détermination de la signification *via* l'usage.

En effet, il semble que nous soyons en présence d'une illustration des jeux de langage de Wittgenstein ; jeux de langage entendus comme cadres délimités de signification et d'interprétation des signes linguistiques et donc des discours. En affirmant que les jeux de langage expriment et implémentent des formes de vie, et que chaque acte de production et de signification langagière n'est rien d'autre qu'une performance — c'est-à-dire l'exécution d'un coup dans un jeu de langage — Wittgenstein donnait déjà une image qui permet d'expliciter l'usage du langage proverbial dans le cadre culturel de l'oralité.

1 Jeux de langage : cadres de signification des discours et formes de vie.

La notion wittgensteinienne de « jeux de langage » nous est d'une importance capitale dès l'abord de notre discussion, et ce à plusieurs titres : définie en tant que manifestation de certaines formes de vie (autre concept corrélé) et en tant processus d'établissement du lien structurel interne entre les signes linguistiques et les objets et faits du monde. Le premier point a partie liée avec la considération des cadres culturels et des communautés linguistiques au sein desquels se construisent les faisceaux de signification *via* la production des ensembles de signes (et/ou leur repérage) simultanément à la commission de charges opé-

---

[*]. Université Omar Bongo/Libreville.

ratoires à ces signes, et les échanges communicationnels y afférant. Les jeux de langage sont principalement compris comme des processus normés par des ensembles de grammaires, c'est-à-dire des corps de règles régissant l'usage pertinent et l'application commode des signes. C'est donc et d'abord des pratiques sémiotiques. Ces mêmes jeux de langage sont aussi compris comme des contextes d'apprentissage de certaines pratiques langagières (voir les différentes fictions méthodologiques qu'utilise Wittgenstein pour rendre compte d'un modèle rustique d'apprentissage du langage chez l'enfant).[1]

Alors il se pose premièrement la question de savoir : que désignent les mots d'un langage et comment le font-ils ? Qui plus est, comment les constructions phrastiques produisent-elles la signification et la convoient-elles ? Wittgenstein répond en disant que la signification se construit dans l'usage,[2] c'est-à-dire suivant les modes d'utilisation des signes linguistiques. Même la phase langagière de monstration au moyen des déictiques participe également à la construction de la signification ; ce qui fait que :

> « *On pourrait dire par conséquent : la définition démonstrative explique l'usage — la signification — des mots, dès que le rôle que le mot doit généralement jouer dans le langage est clair. Si donc quelqu'un veut m'expliquer un mot de couleur, l'explication démonstrative "ceci s'appelle sépia" m'aidera à comprendre le mot.* »[3]

Ensuite, la notion d'usage nous entraîne en direction de celle autre de « contexte ». Le contexte relativise la signification, car différents contextes donnent forcément différentes nuances de signification d'une même expression linguistique. Suivant le contexte d'usage, les éléments du langage convoieront un contenu cognitif différent et une manière d'utilisation différente de ces signes linguistiques. L'image d'une cabine du méca-

---

1. Wittgenstein, *Investigations Philosophiques*, §7, « (...) *Nous pouvons également imaginer que tout processus de l'usage des mots se trouve dans l'un de ces jeux au moyen desquels les enfants apprennent leur langue maternelle. J'appellerai ces jeux "jeux de langage" et je parlerai parfois d'un langage primitif comme d'un jeu de langage* ». Cf.Wittgenstein (1961)

2. *Ibidem*, §10 : « Que désignent dès lors les mots de ce langage ? Ce qu'ils désignent, comment cela doit-il se montrer, si ce n'est dans la manière de leur usage ? Et cet usage, nous l'avons décrit. (...) : la description devra pendre la forme "Le mot ... signifie ... " »

3. *Idem*, §30.

nicien d'une locomotive aide à faire comprendre cette idée[4] ; en ce lieu, les nombreuses poignées, quoique morphologiquement ressemblantes, ne jouent pas le même rôle dans la mise en marche de la machine globale : il y a une poignée de manivelle, une autre pour le levier de frein, une autre pour l'interrupteur, etc. Et, étant donné la multiplicité des contextes d'usage, il faut aussi envisager la multiplicité potentiellement infinie des jeux de langage. Wittgenstein le dit en ces termes :

> « *Commander, et agir d'après des commandements. Décrire un objet d'après son aspect, ou d'après des mesures prises. Reconstituer un objet d'après une description (dessin). Rapporter un événement. Faire des conjectures au sujet d'un événement. Former une hypothèse et l'examiner. Représenter les résultats d'une expérimentation par des tables et des diagrammes. Inventer une histoire ; et lire. Jouer du théâtre. Chanter des " rondes ". Deviner des énigmes. Faire un mot d'esprit ; raconter. Résoudre un problème d'arithmétique pratique. Traduire d'une langue dans une autre. Solliciter, remercier, maudire, saluer, prier. (...)* »[5]

À chaque jeu de langage correspond un ensemble de règles qui norment l'activité des locuteurs. Le corps de règles constitue la grammaire d'un langage, et son importance s'entend comme fixation des conditions de possibilité des différents coups dans ce jeu de langage en instance.

Par ailleurs, l'évidente absence d'une définition exhaustive de la notion de « jeux de langage » ne doit pas nous inquiéter outre mesure puisque ceci s'entend au vu du caractère non limitatif des types de jeux. Wittgenstein se justifie en arguant que la seule manière d'expliquer ce qu'est un « jeu » c'est de décrire de manière structurelle différents exemples de jeux[6] tout en indiquant que ceux-ci ne sont pris qu'à titre illustratif. Et, la non-exhaustivité dans la définition du concept de « jeu », est consécutive à la possibilité d'existence d'un nombre infini de jeux. Raisonnant par analogie, Wittgenstein parle en ces termes : « *(...) Si je fais la description suivante : "le sol était entièrement couvert de plantes", diras-tu que j'ignore ce dont je parle tant que je n'ai pas donné une définition de la plante ? (...)* ».

---

4. *Idem*, §12.

5. Wittgenstein, *Investigations philosophiques*, §23.

6. *Idem*, § 69 : « *Comment expliquer à quelqu'un ce que c'est qu'un jeu ? Je pense que nous lui décririons des jeux et nous ajouterions : ceci et autres choses semblables, se nomment "jeux". En savons-nous davantage ? ... Mais ce n'est pas là de l'ignorance. Nous ne connaissons pas de limites parce qu'il n'y en a point de tracée. (...)* ».

Maintenant, revenons à la notion de « règle » pour s'ouvrir à celle autre de « coup » dans le jeu de langage. Les règles fixent les conditions de production et d'utilisation des signes linguistique (mots, propositions, expressions). Elles indiquent donc quels coups dans le jeu sont permis et quelles peuvent être leurs charges opératoires suivant les contextes. Toute énonciation signifiante est un coup dans un jeu de langage donné. Et ce coup est construit ou produit au moyen de l'application d'une ou plusieurs règles, ces dernières étant des entités abstraites irréductibles à leurs diverses instances d'application.

Des interrogations accompagnent très naturellement cette déclinaison à peine faite du rôle des règles dans la mise en branle des jeux de langage. L'on peut, par exemple, se demander comment apprend-on une règle, comment applique-t-on une règle. D'où vient le standard qui juge de l'application correcte ou non d'une règle ? Les règles sont-elles corrélées à des représentations mentales dans notre structure cognitive ? Quel rôle joue l'intuition dans l'implémentation des règles ? Et ces dernières sont-elles publiquement et socialement enseignées ? Toutes ces interrogations trouvent des essais de réponses dans le texte des *Investigations philosophiques* et ailleurs, mais nous ne nous attardons pas dessus en la présente occasion.

Ce qu'il nous importe de voir ici c'est d'une part, la convergence des vues précédemment abordées vers un point conceptuel focal : celui de « forme de vie » ; d'autre part il s'agit de voir la commodité d'application des vues et analyses wittgensteiniennes au cas typique du langage proverbial, principalement (mais pas seulement) dans le cadre de la pratique argumentative.

En effet, la notion de « forme de vie » s'étend de part en part de notre présente réflexion en ce qu'elle comprend l'idée de culture, de cadre civilisationnel constitué de communautés linguistiques diverses, où des valeurs et normes sont développées et participent ainsi à la mise en place des innombrables jeux de langage. C'est ce qui fait dire à Wittgenstein que « (...) *Le mot "**Jeu de langage**" doit faire ressortir ici que le parler du langage fait partie d'une activité ou d'une forme de vie (...)* » (*Investigations*, §23). Et d'ajouter que « (...) *Commander, interroger, raconter, bavarder, appartiennent à notre "**histoire naturelle**" autant que marcher, manger, boire, jouer.* » (§ 25). La notion de « forme de vie » appliquée aux cultures de l'oralité négro-africaine apparaît comme concept productif et éclairant dans la mesure où l'idiome proverbial répond, non seulement au critère de flexibilité d'application mais surtout, au critère de contextualité dans l'acte de signification.

2 Langage proverbial et schéma d'interprétation : explicitation générique et analogie contextualisante.

Disons, d'entrée, que dans le cadre culturel de l'oralité, les proverbes constituent un type langagier ayant des fonctions paradigmatiques d'unités de savoir (c'est-à-dire que les proverbes sont des formulations langagières qui ont fonction de briques fondamentales du cadre sapiential global). Ce sont des phrases ou ensembles de phrases par lesquelles divers pans (certes, pas tous) de la sagesse traditionnelle sont exprimés. Ladite sagesse traditionnelle [7] est ici considérée comme l'ensemble des expressions génériques de savoir empiriques, de lois morales et de principes éthiques. Les formes d'expression du proverbe peuvent être allégoriques (sous l'aspect d'un micro-récit mythique), aphoristiques (sous l'aspect de sentences), et de manière globale la forme grammaticale elliptique [8] est constante. Ceci dans un souci d'économie discursive ayant une visée pragmatique, car plus bref est l'énoncé, plus synthétique est le contenu de signification à convoyer.

De fait, la considération sur la constitution génétique des proverbes nous les fait découvrir comme le condensé et la synthèse d'expériences vécues, de déroulement phénoménaux patiemment observés par des générations de sages, et ce, sur des intervalles temporels très étendus, de sorte que les connaissances tirées de ces longues observations sont synthétisées dans des formulations phrastiques ayant des caractéristiques grammaticales assez remarquables.[9] Lorsque les proverbes prennent la

---

7. La sagesse traditionnelle évoquée ici peut être naturellement questionnée sur le bien-fondé de certaines de ses normes, au point où, vue de l'extérieur, une règle morale pourrait apparaître comme choquante. Toutefois, il serait très peu pertinent de vouloir juger de la qualité éthique d'une règle morale lorsqu'on se tient à un point de vue extérieur à la culture au sein de laquelle cette règle morale est produite, car il manquerait en ce genre d'évaluation, les déterminants socio-anthropologiques qui rentrent en ligne de compte pour une compréhension pertinente des éléments d'une sagesse traditionnelle donnée. Par ailleurs, il convient de rappeler que le point de notre propos n'est pas de justifier les règles morales que les sagesses négro-africaines expriment à travers les proverbes. Nous ne faisons que signaler les différentes fonctions du proverbe, et parmi lesquelles l'expression de certaines rationalités morales.

8. Voir Lisimba (1999).

9. Fernando Belo fait une typologie syntaxico-sémantique du genre proverbial en montrant par exemple que, suivant le jeu de sens produit par le prédicat dans un énoncé proverbial dépend le type rhétorique dans lequel on classifiera le proverbe concerné. La métonymie est reliée au genre narratif, la métaphore au genre discursif

forme de micro récits allégoriques, l'essentiel de l'énoncé est une image symbolique d'une réalité plurielle. Cette dernière explique la flexibilité du proverbe quant à son applicabilité à diverses situations de réflexion théorique et/ou existentielles nécessitant une délibération quelconque. Que ce soit sur un plan épistémologique ou même simplement existentiel, le proverbe constitue l'élément de rationalité — hérité de l'autorité morale et sapientiale de la tradition — qui permet la prise de décision.

Maintenant, les processus d'argumentation dans les traditions orales africaines font ressortir un usage méthodique et systématique des sentences proverbiales. Ces dernières apparaissent comme des propositions d'un genre particulier en ce qu'elles véhiculent des contenus de connaissance et se constituent simultanément en règles de la connaissance. Plus précisément, les proverbes jouent le rôle de propositions primitives en même temps qu'ils sont des règles d'inférence d'un type remarquable.

De cette compréhension du statut et de la fonction du proverbe dans ce qui précède, il suit que son usage dans le cadre de l'argumentation tient d'une volonté d'asseoir le poids de rationalité des arguments. Notamment, le passage des prémisses à la conclusion d'un argument nécessitera l'apport logique du proverbe en tant que proposition primitive et en tant que règle d'inférence.

Précisons, par ailleurs, que cet usage stratégique du proverbe dans l'argumentation se décline en une double phase : un moment herméneutique qui se superpose à un moment pragmatique. Le premier de ces moments est la phase interprétative nécessaire à l'usage pertinent du proverbe, et qui consiste dans l'établissement d'un lien analogique entre l'image générique qu'est le proverbe et la situation d'analyse particulière en instance. Si l'analogie est clairement établie alors il y a dérivation rationnelle d'une conclusion. Le moment pragmatique, quant à lui, concerne la recherche de l'efficacité du discours par la concision, la condensation du sens, l'éveil de l'imagination de l'auditoire, la forme elliptique, métaphorique et donc imagée du proverbe qui favorise la rétention mnémonique.

Pour notre propos actuel, nous nous restreignons essentiellement à analyser le moment herméneutique ou, plus simplement, le moment interprétatif.

---

et le genre conceptuel au type gnoséologique. Belo (1984) dans Suard et Buridant (1984).

2.1 Le proverbe : Généricité de l'image, diversité des contextes et pluralité de la signification.

De la déclinaison ci-dessus faite de la stature du proverbe dans les traditions orales, il s'ensuit que le champ de son usage est très vaste et les domaines d'objets auxquels il s'applique sont divers. En fait, c'est la totalité du champ existentiel qui constitue le domaine général d'application du discours proverbial. Notons la féconde adaptabilité des proverbes à l'expression raisonnée des divers types d'expériences. Que ce soit d'un point de vue théorique ou pratique, un seul et même proverbe peut trouver place à exprimer une réflexion, [10] dès lors qu'y est condensé un contenu de connaissance relatif à une classe de faits ou de problèmes donnés.

Le point ici — dans le projet d'identification du langage proverbial à un cas typique de jeu de langage — c'est de caractériser la diversité des champs d'application du proverbe comme la multiplicité des jeux de langage dans lesquels peut prendre place un proverbe, le contexte d'analyse et de réflexion critique restant le seul paramètre déterminant de la signification à donner au proverbe.

2.2 De la phase herméneutique dans l'usage du proverbe. Interprétation et signification.

Appesantissons-nous sur un aspect précis de notre étude : il s'agit essentiellement de considérer le proverbe en tant que règle de rationalité qui est mieux implémentée dans le cadre de l'activité argumentative. Puis examinons le moment interprétatif du proverbe dans ce même processus d'argumentation.

De fait, ici le proverbe a pour fonction d'accroître le poids de rationalité (que Pollock nommait : « *le degré d'acceptabilité* ») d'un argument. En tant que proposition générale ayant statut d'universalité dans le cadre culturel négro-africain, le proverbe est un symbole qui a une double signification. Une signification générique et une autre contextuelle. Du point de vue de son statut logique, le proverbe permet — par le développement d'une analogie en deux étapes — d'inférer une proposition conclusive qu'on applique à la situation particulière analysée en instance. Schématiquement l'on peut résumer la participation d'un proverbe à la construction d'un argument selon le protocole d'usage suivant :

---

10. Ceci est un point que nous avons largement discuté dans notre ouvrage : Nzokou (2013), Chapitre 1er « Arrière-plan de l'oralité africaine et statut épistémologique du proverbe ».

On considère un ensemble de prémisses. Une proposition proverbiale est convoquée et associée à ces prémisses afin de tirer rationnellement une conclusion visée. Pour que l'évocation ici faite du proverbe soit d'un usage pertinent dans le contexte de l'argument développé, il importe d'établir un lien d'analogie entre la signification générique du proverbe et la configuration factuelle décrite par les prémisses ordinaires de l'argument.

La phase interprétative se décompose précisément en « *un moment proprement herméneutique* » et un « *moment d'établissement du rapport d'analogie* » avec la situation en discussion. C'est la commodité relative de cette phase interprétative qui permet d'inférer pertinemment une conclusion, et donc d'établir raisonnablement une thèse en usant d'un proverbe dans le corps de l'argument.

Rappelons et précisons que le moment herméneutique dans l'usage du proverbe repose sur le fait que le langage ici considéré opère par images métaphoriques, avec une structure de formulation souvent elliptique (formes grammaticales et phrastiques raccourcies pour les besoins de brièveté et d'économie du discours). L'image étant un symbole ou une suite de symboles, appelle naturellement au travail d'interprétation à la fois globale et contextuelle de cette portion du discours. L'interprétation globale concerne l'explicitation du sens générique du proverbe, c'est-à-dire l'exposé d'une compréhension canonique du proverbe. Tandis que l'interprétation contextuelle approfondit la première évoquée pour la raccorder à la situation particulière considérée. C'est le moment de monstration du caractère pertinent de la compréhension du proverbe dans une situation d'usage donnée.

Enfin, l'idée de « règles » relativement à la traduction et à l'interprétation des sentences proverbiales, de manière globale, repose sur l'existence de tables de correspondance symbolique que chaque culture établit suivant des éléments de son vécu historique particulier, de ses arts et rites traditionnels, de sa vision mystique du monde, de son écosystème, etc.. Autrement dit, les règles de traduction, d'interprétation et de signification des sentences proverbiales sont érigées à partir du cadre de vie des peuples et de leurs cultures. C'est ici, bien synthétisé, nous semble-t-il, l'idée de « forme de vie » comme substrat des jeux de langage.

3 En termes de conclusion : une perspective de sémantique pragmatique.

Pour refermer momentanément ce point de réflexion encore en gestation, nous voulons attirer l'attention sur le fait que : la considération des proverbes comme éléments d'une multitude de jeux de langage induit naturellement à développer une sémantique dynamique et pragmatique en raison de la contextualité des éléments de rationalité ici considérés. Un autre lieu commun se pourrait être constitué par la tentative de construction d'un cadre herméneutique unifiant, où les différents systèmes de représentation relatifs à la compréhension des proverbes pourraient être en relation au sein d'une grande table de correspondance symbolique. Il y serait alors question de développer — ou plus simplement, poser — des règles de traduction unificatrices du symbolisme proverbial des cultures négro-africaines.

Bibliographie

Belo, F. 1984, « Proposition d'une méthodologie d'analyse des logiques d'un corpus proverbial », dans *Richesse du Proverbe, Vol. 2. Typologie et Fonctions*, édité par F. Suard et C. Buridant, Lille : PUL, pages 25–35.

Hintikka, J. et M. Hintikka. 1986, *Investigations sur Wittgenstein*, Liège : Ed. Mardaga. Trad. par M. Jawerbaum et Y. Pesztat.

Lisimba, M. 1999, *Kongo Proverbs and the Origins of Bantu Wisdom*, Libreville : Ed. du CICIBA.

Marion, M. 1998, « Wittgenstein en transition. Du langage phénoménologique au langage physicaliste », dans *Jaakko Hintikka. Questions de logique et de phénoménologie*, édité par E. Rigal, Paris : Vrin, pages 275–293.

Ndaw, A. 1983, *La pensée africaine. Recherches sur les fondements de la pensée négro-africaine*, Dakar : Les Nouvelles Editions Africaines.

Nza-Maketi. 2008, *Proverbes et dictons des Punu du Gabon*, Libreville : Ed. Raponda Walker.

Nzokou, G. 2012, « Defeasible argumentation in african oral traditions. A special case of dealing with non-monotonic inference in a dialogical framework », Communication pendant le *International Symposium of Epistemology, Logic and Language* (Lisbonne, 2012).

Nzokou, G. 2013, *Logique de l'argumentation dans les traditions orales africaines*, London : College Publications.

Suard, F. et C. Buridant, éd.. 1984, *Richesse du Proverbe, Vol. 2. Typologie et Fonctions*, Lille : PUL.

Wittgenstein, L. 1961, *Tractatus logico-philosophicus, suivi de Ivestigations philosophiques*, Paris : Gallimard. Traduit de l'allemand par Pierre Klossowski, introduction de Bertrand Russell.

PART III

DE LA FORME AU CONTENU DU DIALOGUE :
PERSPECTIVES HERMÉNEUTIQUE, LOGIQUE ET
PSYCHANALYTIQUE

Le paradigme herméneutique du dialogue, entre l'écrit et l'oral

Christian Berner*

> Résumé. L'herméneutique, comme art de comprendre et d'interpréter, est une discipline du sens qui trouve dans le langage le lieu de son accomplissement. Si elle se déploie couramment suivant les dimensions de l'expression et du discours, elle a érigé le dialogue en paradigme de la compréhension. Ce privilège accordé au dialogue a été appliqué à la compréhension des textes écrits érigée, en herméneutique, en modèle. La réflexion qui suit se demande quel peut être le sens d'une telle approche dès lors que l'on prend en compte l'oralité habitant tout discours.

L'herméneutique est art de comprendre, ou plutôt art d'interpréter pour comprendre, c'est-à-dire art de rendre aux discours la précision de leur dire. Comment l'herméneutique s'inscrit-elle dans un projet portant sur le langage, l'argumentation et la cognition dans les traditions orales ? Pour y répondre, rappelons quelques grandes lignes caractéristiques de l'herméneutique, que nous connaissons traditionnellement comme sciences des textes, ou alors, plus généralement, comme la discipline du sens, lequel se donne d'abord dans le langage. L'herméneutique en son sens le plus général, philologique et philosophique, s'attache d'abord et avant tout aux différents lieux du langage où le sens apparaît. Le langage est en effet par excellence le lieu du sens. C'est dans et par le langage qu'il se forme, qu'il se communique, qu'il se comprend. Même les formes pré-linguistiques de la signification renvoient à ce milieu du langage dès lors qu'il s'agit de les comprendre. Mais en même temps, ce statut privilégié du langage en herméneutique ne dit pas quelle dimension du langage est primordiale ou doit être privilégiée. Traditionnellement, le langage se manifeste en herméneutique sous trois formes principales : comme expression, comme dialogue et comme texte. Nous essaierons de

---

*. Univ Lille Nord de France, F-59000 Lille France ;
UdL3, STL, F-59653 Villeneuve d'Ascq France ;
CNRS UMR8163.

voir comment l'oralité y trouve une place spécifique. L'idée sera peut-être que l'on ne peut pas séparer ces moments et que l'herméneutique telle que nous la connaissons a sans doute, dans ses expressions modernes, oublié cela.

Commençons donc par la fonction expressive. L'expression linguistique est le lieu originaire du sens. Il s'agit alors de voir comment les constructions de sens s'objectivent comme expression, qui est expression pour les uns et objet d'interprétation et de compréhension pour les autres. Le deuxième champ est celui de la communication, de l'entente intersubjective comme dimension d'accomplissement du sens, qui implique toujours deux pôles : celui de la production du sens et celui de sa réception. Le sens s'inscrit là dans une dimension essentiellement communicationnelle, le rapport au monde étant principalement dépendant de la structure dialogique. Enfin le sens semble, pour l'herméneutique, et c'est cela aussi que nous devrons interroger, se constituer par l'autonomisation par rapport à la situation immédiate de communication : il est passage de l'oral à l'écrit qui se radicalise en indépendance de l'écrit par rapport à l'auteur. C'est d'ailleurs dans l'histoire de l'herméneutique ce dernier point qui passe souvent pour le premier : avoir affaire à un texte qui appelle la compréhension et l'interprétation.

On a pu voir dans ces trois moments autant d'étapes du processus du sens. Dans le premier moment le sens est compris à partir du producteur, comme extériorisation d'un intérieur. Dans le deuxième moment, le lieu du sens est celui de l'échange entre deux sujets, dans une processualité ouverte. Et dans le troisième, il s'agit du sens objectivé par-delà l'expression et le dialogue, la situation et le sujet, d'un texte autonomisé et donc d'un sens qui s'est détaché de son auteur. Ces trois moments ont été importants dans l'histoire et la conceptualité herméneutique, et c'est par rapport à eux que nous voudrions exposer notre question.

De l'expression au dialogue

Une théorie de l'expression, telle qu'on la trouve non seulement classiquement chez Dilthey, mais aussi dans des travaux relevant de l'anthropologie ou de la philosophie de l'esprit, s'inscrit certes dans le rattachement du sens à la vie. La vie ne se présente en effet pas simplement comme l'animation immédiate du vivant, mais également comme un retour sur soi à partir des expressions et des extériorisations, retour qui permet de mener sa vie en la prenant en main. Dilthey, dans la triade « vie-expression-compréhension (*Verstehen*) » ou « expérience vécue, expression, signification (*Bedeutung*) »,[1] articule de manière remarquable les moments de ce processus du sens. Ce faisant, il ne s'agit pas simplement de dire que la vie produit des œuvres et forge un monde, mais que la vie se constitue elle-même comme configuration. L'expression n'est pas simplement à rapporter après-coup à une intention expressive, mais elle est aussi le lieu propre de sa réalisation. Cette expression ou expressivité peut bien évidemment se manifester sous diverses figures, comme geste, comme attitude, comme énoncé linguistique, comme œuvre d'art etc. Il n'est pas dit par ailleurs que ces strates se laissent clairement distinguer. Elles collaborent souvent, se complètent, comme on le voit par exemple précisément dans le champ de l'oralité où mouvement du corps, geste et énoncé linguistique interagissent. C'est pourquoi nous devons tout d'abord aborder la parole concrète, où sens et corps sont intimement liés.

Nous pouvons pour ce faire nous attacher un instant à la phénoménologie de Merleau-Ponty.[2] Ce dernier part du corps, du corps-propre, et analyse le langage sous l'aspect de l'expression. Un chapitre important de la *Phénoménologie de la perception* est consacré au « corps comme expression et la parole »[3] et relie explicitement la réflexion sur le langage à la théorie de l'expression corporelle. Dans toutes ses manifestations, le corps, nous dit-il, a un pouvoir de signification : il n'est perçu comme tel que lorsqu'il manifeste, dans ses fonctions et son comportement, une force capable de signifier. C'est à partir de là que se comprend l'articulation de l'expression en gestes, langage, etc., donnant ce que Merleau-Ponty appelle une « signification gestuelle »[4] : « la parole est un véritable geste et elle contient son sens comme le geste contient le sien ».[5] Ce point est essentiel en régime d'oralité, car les différents aspects du processus du sens y sont liés de manière intime à l'expression corporelle, tant pour le communiquer que pour le saisir, appelant une herméneutique appropriée.

Ce qu'il faut retenir, c'est que le sens reste lié et dépendant de l'expression pour être un sens défini et avoir une forme déterminée. C'est d'ailleurs ce thème du rapport dynamique entre la pensée et la parole

---

1. Wilhelm Dilthey, *L'Edification du monde historique dans les sciences de l'esprit*, tr. fr. S. Mesure, Paris, Cerf, 1988, p. 38.
2. Maurice Merleau-Ponty, *Phénoménologie de la perception* (1945), Paris, Gallimard, TEL, 1981. Nous aurions pu faire une analyse similaire en nous attachant aux travaux de Cassirer.
3. *Ibid.*, p. 203-233.
4. *Ibid.*, p. 209.
5. *Ibid.*, p. 214.

que Merleau-Ponty approfondit. Parler ne se réduit pas à la transposition extérieure d'une pensée intérieure. Il n'y a pas quelque chose comme un sens préexistant qui est ensuite communiqué. La « pensée, écrit-il, tend vers l'expression comme vers son achèvement ».[6] Le premier mouvement de l'expression n'est pas de s'extérioriser et de se séparer de l'intérieur, mais de prendre une forme matérielle, de s'incarner dans l'expression. Le signe pénétré de l'intention signifiante est le devenir réel du sens. « L'orateur ne pense pas avant de parler, ni même pendant qu'il parle ; sa parole est sa pensée ».[7] C'est par l'expression, dit Merleau-Ponty, que nous nous approprions le sens : « la parole, chez celui qui parle, ne traduit pas une pensée déjà faite, mais l'accomplit. A plus forte raison faut-il admettre qui celui qui écoute reçoit la pensée de la parole elle-même ».[8] C'est dans cette expression physique que le sens se donne à nous comme pouvant être interprété, argumenté, corrigé, reconstruit etc. Autrement dit, le sens devient compréhensible et saisissable pour nous : il n'est pas simplement la traduction d'un donné, mais le moyen même dans lequel s'accomplit la recherche du sens. Dit autrement et plus classiquement, le mot et son sens n'existent pas en dehors de l'énergie – *energeia* – du langage, c'est-à-dire du langage en train de se réaliser. C'est là la leçon de Humboldt.

Mais en même temps qu'elle est énergie, l'expression est intimement réflexion : dans l'expression comme objectivation nous clarifions ce que nous visons et ce vers quoi nous nous efforçons, et nous parvenons alors à une meilleure intelligence de nous-mêmes. Comme l'a montré Dilthey, se comprendre ne consiste en effet pas à se retirer en son for intérieur, mais à s'objectiver en configurant un monde du sens.

Cette extériorisation de l'expression comme formation réfléchie du sens doit être doublée par la prise en compte la fonction communicationnelle. L'expression rend en effet le sens communicable. C'est par l'extériorisation, à laquelle participent les autres, dans laquelle nous nous exposons, que s'ouvre la signification. Autrement dit, le langage ne s'achève pas dans l'expression, mais s'ouvre sur la dimension idéale du discours, sur une objectivité partagée dans la communication. On sait que ce caractère constructif du langage a été au cœur des théories linguistiques du 20e siècle et qu'en philosophie il a ouvert sur le paradigme de la raison communicationnelle. Ce qui n'a pas été sans influence sur le dévelop-

---

6. *Ibid.*, p. 206.
7. *Ibid.*, p. 209.
8. *Ibid.*, p. 207.

pement de l'herméneutique, dont Habermas a rappelé qu'elle était une version complémentaire du tournant linguistique par rapport à la philosophie analytique du langage.[9] Sans entrer dans la problématique de cette complémentarité, on retiendra comme thèse que le sens, que nous exprimons lorsque nous parlons, existe comme sens linguistique et qu'il ne tient son être que du processus de la communication et de l'interprétation. Le sens n'est est effet ni dans les objets, ni dans l'intériorité de la pensée : il est dans la pratique intersubjective. Ce qui n'est évidemment pas sans rapport avec l'idée suivant laquelle les mots n'ont de sens que dans leur usage, dans la théorie des actes de langage. Là aussi, s'il y a quelque chose qui importe, ce n'est pas simplement ce que nous disons, mais comment nous le disons et quelles sont nos attentes, autant de choses que notre interlocuteur doit interpréter et saisir pour comprendre. Cette dimension communicationnelle conduit tout naturellement à la seconde dimension à prendre en compte, après l'expression, le dialogue, souvent présenté lui aussi comme un paradigme herméneutique.

Le dialogue est sous maints rapports la dimension fondamentale dans laquelle les hommes se rencontrent. En son essence, le langage est communication, tant dans son origine que dans sa finalité, dans sa fonction. Cela pose bien entendu la question de la relation entre la compréhension et la communication, c'est-à-dire des formes de connaissance qui s'accomplissent dans la dimension du langage. Posséder les mots, le langage, c'est pouvoir réfléchir, se rapporter au monde, à soi, aux autres, et communiquer. Communiquer non seulement la connaissance, mais aussi la compréhension elle-même. C'est-à-dire un sens. Les mots permettent de dépasser la dimension simplement perceptive pour doter le monde de sens. Cela est vrai non seulement du monde des choses, mais aussi du monde social qui est lui aussi configuré par le langage et la discussion dans laquelle nous parvenons à nos accords ou à nos compromis. Car même à titre d'instrument pour former des pensées, connaître les choses, construire ou configurer un monde, le langage n'est pas indépendant de son enracinement social : personne à qui l'on ne parle pas n'apprend la langue, et personne ne l'utilise si elle ne peut être comprise par d'autres. La discussion philosophique sur la langue privée, qui dit l'impossibilité d'une langue qui ne serait fondée que dans le sujet, et qui ne serait donc pas déterminable dans sa fonction argumentative

---

9. Jürgen Habermas, « Philosophie herméneutique et philosophie analytique. Deux versions complémentaires du tournant linguistique », dans *Vérité et justification*, tr. fr. R. Rochlitz, Paris, Gallimard, p. 11-42.

puisque les significations et la prétention à la vérité ne pourraient être fixées, en est un témoignage. Les autres sont impliqués dans la parole car « un langage ne peut être maintenu qu'à l'intérieur d'une communauté linguistique ».[10] Aussi doit-on souligner le caractère essentiellement dialogique de l'existence humaine comme condition de constitution de soi, c'est-à-dire de définition de soi, et de compréhension réciproque de soi et d'autrui, comme l'avait en son temps souligné Hegel dans la formule disant du je qu'il est « un *Nous* et le *Nous* qui est un *Je* ».[11] Bref, par le dialogue, le monde se transforme en ensemble structuré de significations, en champ et domaine du sens dans lequel nous vivons et où s'accomplissent notre compréhension des choses, de nous-mêmes et des autres.

Platon avait montré, par la forme dialogique de ses écrits,[12] que la connaissance ne repose pas d'abord sur une quelconque intuition intellectuelle, mais qu'elle s'élabore dans la conversation humaine. C'est là la force du dialegesthai, qui repose sur l'échange des raisons dans la conversation, auquel participe de façon centrale, on le sait depuis le Phèdre, la revalorisation du discours vivant, et donc de l'oralité. L'épistémologie contemporaine insiste elle aussi sur le fait que savoir et vérité ne s'atteignent pas de manière solipsiste. Il s'agit, pour saisir la vérité, de savoir varier les perspectives et points de vue, et non pas seulement de manière idéelle, mais concrète, dans le débat scientifique et l'obligation de publicité. Il faut, se confronter à l'opinion d'autrui. On en a des exemples dans la théorie de la communauté de communication ou d'interprétation illimitée qui prend pour modèle la recherche scientifique, même s'il ne faut pas pour autant confondre dialogue et oralité. Des dialogues peuvent être écrits, comme nous le montrent les nombreuses controverses philosophiques ou scientifiques, de même qu'il est des productions orales non dialogiques.

En herméneutique, il s'agit cependant moins du fondement du savoir que de savoir concrètement dans quelle mesure la compréhension et la compréhension de soi se fondent dans la conversation, le dialogue et la rencontre réelle avec l'autre. Karl Löwith avait fait ressortir cette dimen-

---

10. Charles Taylor, *Les Sources du Moi. La formation de l'identité moderne*, tr. fr. Ch. Melançon, Paris, Seuil, 1998, p. 55.

11. G.W.F. Hegel, *Phénoménologie de l'esprit*, tr. fr. J.-P. Lefebvre, Paris, Aubier, 1997, p. 149.

12. Même si le dialogue n'est pas nécessairement là où on l'attend, dans l'alternance des propos de Socrate et de ses interlocuteurs, tant ces derniers, hormis peut-être le fougueux Calliclès, qui ne dialogue pas, sont dociles.

sion comme correctif de la pensée de Heidegger, en accordant un privilège à l'oral, soulignant ce qu'est une compréhension incarnée.[13] En effet, tout en faisant sa thèse d'habilitation sous la houlette de Heidegger, Löwith a repris son interprétation de l'être-au-monde en un sens orienté sur le dialogue vivant et concret alors que Heidegger privilégiait la situation générale dans l'être. L'« être-avec » (*Mitsein*) est décliné par Löwith en « être-l'un-avec-l'autre » (*Miteinandersein*), Löwith soulignant l'altérité réciproque de l'un et de l'autre. Les existentiaux du comprendre et de la parole (*Verstehen, Rede*), se trouvent alors complétés : être-l'un-avec-l'autre, c'est parler-l'un-avec-l'autre (*Miteinandersprechen*). Dans cette relation dialogique entre celui qui parle et celui qui entend, ce dernier se laisse vraiment dire quelque chose par son interlocuteur.

Le paradigme herméneutique du dialogue

En philosophie herméneutique, cette reprise de la dimension du dialogue est le plus souvent rattachée à Gadamer, même si sa conception est à notre sens rendue confuse par sa conception du langage trop orientée sur Heidegger. Gadamer ne tire en effet pas simplement profit, comme Löwith, de la parole comme existential, mais il adopte la conception du langage du Heidegger plus tardif, où l'écoute devient beaucoup plus métaphorique, puisqu'il faut entendre dans la parole la voix de l'être. Quoiqu'il en soit, Gadamer va jusqu'à affirmer que la compréhension d'un texte est une relation dialogique. Pour lui, comprendre ne consiste pas d'abord à déchiffrer des signes, mais à être pris dans un dialogue : c'est la question qu'il approfondit comme clé de la compréhension, en assimilant la compréhension d'un texte à la saisie de la question à laquelle le texte apporte une réponse.[14] S'il y a quelque chose à comprendre, c'est en effet qu'il y a des réponses à des questions. Ce faisant, il faut remarquer qu'une telle approche fonctionne mieux pour certains types de textes que d'autres, par exemple mieux en philosophie qu'en poésie. Pour Gadamer, avoir affaire à quelque chose à comprendre, c'est être confronté à des questions. Dans le dialogue, nous répondons à des questions qui sont celles des autres et nous reconnaissons nos propres questions dans les réponses qu'ils nous apportent. Cet entrecroisement de questions et de réponses est une exposition de la structure du dialogue où s'inscrivent tant la rencontre de l'autre, que Schleiermacher déclinait en attention et

---

13. Karl Löwith, *Das Individuum in der Rolle des Mitmenschen*, Darmstadt, Wissenschaftliche Buchgesellschaft, 1969, p. 103-126.

14. Hans-Georg Gadamer, *Vérité et méthode*, tr. fr. P. Fruchon, J. Grondin et G. Merliot, Paris, Seuil, 1996, p. 385-402

respect porté à l'autre (« *die Achtung des Fremden* »).[15] Car en herméneutique, il ne s'agit pas seulement de la dimension logique, mais aussi de la rencontre existentielle de l'autre, que l'on trouve même lorsqu'on a affaire à des documents porteurs de sens. Selon Gadamer ou Ricœur, même l'absence de l'auteur ou son incognito ne m'interdisent pas de prendre le texte comme une expression de sens qui s'adresse à moi et avec lequel je peux entrer en dialogue. Il n'en demeure pas moins que comprendre en général notre rapport au texte comme un dialogue est problématique lorsque nous avons affaire à des textes écrits : dans un dialogue, l'écoute des raisons d'autrui me permet, le cas échéant, de changer d'opinion et vice versa, or c'est là ce qu'un texte précisément ne peut jamais. Platon l'avait relevé : le texte écrit est orphelin. Il n'est donc absolument pas évident que le modèle du « dialogue » convienne à notre approche des textes, même si nous dialoguons avec nous-mêmes en nous servant des textes. En revanche, l'interaction effective reste l'apanage de l'oralité, même lorsque la forme n'est pas le dialogue, mais le récit : le conteur ou narrateur, le rhéteur intègre la présence et la réaction des auditeurs et s'adapte constamment à son public.

La puissance du langage qui me révèle le monde est une faculté qui existe dans le « parler-l'un-avec-l'autre ». Il y a compréhension parce que parler est parler avec d'autres. Cette dimension communicationnelle révèle des aspects essentiels de la compréhension et de l'herméneutique. Parmi eux, nous pouvons relever la réflexivité de la compréhension et de la compréhension de soi, la confrontation avec l'autre ou l'étranger, l'interaction entre la production et la réception dans le processus du sens. C'est là ce que Schleiermacher formule de manière exemplaire lorsqu'il parle de l'action réciproque de la langue et de la pensée au cœur de l'individu :

> Chaque homme, pour une part, est dominé par la langue qu'il parle ; lui et sa pensée sont un produit de celle-ci. Il ne peut rien penser avec une totale précision qui soit hors de ses limites ; la forme de ses concepts, le mode et les limites de leur combinabilité sont tracés au préalable par la langue dans laquelle il est né et a été élevé ; notre entendement et notre imagination sont liées à celle-ci. Mais, par ailleurs, tout homme pensant librement, de manière indépendante, contribue à former la langue. Car comment se serait-elle développée

---

15. Friedrich Schleiermacher, *Des Différentes Méthodes du traduire et autre texte*, tr. fr. A. Berman et Ch. Berner, Paris, Seuil, 1999, p. 90-91.

sans ce type d'action, comment serait-elle passée de son état grossier et primitif à l'état d'élaboration le plus accompli de la science et de l'art ? En ce sens, c'est la force vivante de l'individu qui produit de nouvelles formes dans la matière ductile de la langue, initialement avec pour seul propos momentané de communiquer une conscience passagère ; mais ces formes demeurent dans la langue à un degré plus ou moins grand, et, recueillies par des tiers, étendent leur effet formateur.[16].

Nous ne pouvons pas non plus approfondir ici ces diverses dimensions. La première est illustrée par exemple par le dialogue psychanalytique, où l'interprétation n'est pas laissée à un spécialiste, mais est élaborée dans un dialogue qui inclut la relation personnelle et montre comment on approfondit réflexivement l'objet tout en conduisant à une meilleure compréhension de soi. Concernant la seconde dimension, la rencontre avec l'autre en tant qu'autre, elle marque une autre dimension fondamentale de l'herméneutique qui est la question de la compréhension de l'étranger. Qu'il s'agisse d'une autre langue, d'une autre époque, d'un monde étranger, il s'agit à chaque fois, en herméneutique, de rétablir une familiarité à travers un sens acceptable. Les causes de l'étrangeté qui interpelle et appelle l'interprétation peuvent être multiples, mais le problème fondamental est finalement toujours de savoir si et jusqu'où la compréhension signifie une résorption ou une domination de cet élément étranger, par assimilation ou intégration, ou alors si cet élément ne reste pas toujours un peu étranger. Ne serait-ce que par l'élément individuel qui imprègne toute situation de parole. Car le caractère inévitable de l'infinité de ce processus de compréhension tient en dernier ressort aux relations complexes entre la langue et le locuteur qui, dans son individualité, est en rapport unique avec elle et, lorsqu'il veut dire quelque chose et non pas simplement répéter, imprime un écart aux structures linguistiques générales dans lesquelles il s'inscrit. C'est là ce que disait la citation précédente de Schleiermacher. Cette présence de l'individuel inaccessible dans l'usage de la langue fait dire, par exemple, à Humboldt :

> Personne ne pense précisément et exactement la même chose que l'autre en présence d'un même mot, et cette différence, si ténue soit-elle, vibre à travers toute la langue comme une onde sur l'eau. C'est pourquoi toute compréhension est en

---

16. Friedrich Schleiermacher, *Des Différentes Méthodes du traduire...*, p. 41

même temps non-compréhension, tout accord dans les pensées et les sentiments est en même temps divergence.[17]

Cela vaut évidemment tant de l'écrit que de l'oral. Le caractère étranger qui demeure dans ce que nous comprenons signifie que nous ne sommes pas les maîtres absolus du sens, que nous nous laissons dire quelque chose. Il y a donc dans cette dimension une « responsivité », comme dit Bernhard Waldenfels dans sa phénoménologie de l'étranger,[18] où l'autre appelant la réponse participe à la création de ce qui pour moi est sens. C'est ce qu'avait affirmé la philosophie dialogique de Karl Löwith que nous avons évoquée : la rencontre avec l'autre qui me parle et qui se communique à moi devient un paradigme de la compréhension. C'est là ce qui conduit au troisième point qui fait du dialogue un paradigme central de l'herméneutique, parce qu'il n'y a pas de création solitaire du sens, aucune interprétation purement individuelle n'ayant la force d'ouvrir le regard. Autrement dit : le dialogue est le point où se concentre la production du sens. Voilà ce que nous allons reprendre en nous attachant plus particulièrement à l'herméneutique.

Pour l'essentiel, nous l'avons rappelé, l'herméneutique se fonde traditionnellement sur l'interprétation des textes, qui sont l'objet par excellence de l'interprétation. L'herméneutique classique est en effet art d'interpréter les textes, de l'Antiquité, religieux, juridiques... La lecture, l'analyse, l'interprétation, la reconstruction des textes est le cœur de son travail. La question est de savoir si le texte peut être un paradigme justifié de l'interprétation et quelles en sont les conséquences.

Si l'on en croit l'un des pères de l'herméneutique, Friedrich Schleiermacher, qui était un homme de l'oral, l'herméneutique n'est pas réservée aux textes, même si les textes sont son objet privilégié. La généralisation du problème de la compréhension conduit en effet Schleiermacher à envisager tout discours étranger, que beaucoup ont à tort assimilé au seul texte. Et d'ailleurs, si l'on se réfère aux textes de la tradition, qu'il s'agisse des textes anciens, ceux d'Homère par exemple, ou religieux, beaucoup sont difficilement compréhensibles si l'on ne tient pas compte qu'ils ne sont souvent que la transcription de discours, c'est-à-dire des textes qui ne sont pas faits pour être simplement lus mais également entendus. Ils sont faits pour être dits, voire pour être mis en scène dans des situations

---

17. Wilhelm von Humboldt, « Über die Verschiedenheit des menschlichen Sprachbaus », in *Werke in fünf Bänden*, Wissenschaftliche Buchgesellschaft Darmstadt, 1979, t. 3, p. 224.

18. Bernhard Waldenfels, *Topographie des Fremden. Studien zur Phänomenologie des Fremden 1*, Frankfurt am Main, Suhrkamp, 1997, p. 52.

souvent complexes et devant des publics définis. Rien d'étonnant donc à ce que Schleiermacher généralise en affirmant que nous sommes pris dans des opérations herméneutiques dès le langage ordinaire, dès que nous nous surprenons à vouloir comprendre quelque chose d'inédit, que nous ne comprenons pas immédiatement.

Si l'on veut trouver les marques qui distinguent discours oral et écrit, la première et la plus souvent évoquée est que le texte semble être une figure du sens postérieure qui se serait détachée de l'expression et du dialogue. C'est en effet ce que l'on souligne souvent et qui, souligne-t-on, rend possible la distanciation nécessaire à l'interprétation. C'est ainsi que Ricœur écrit :

> Ce que l'écriture apporte, c'est la *distanciation* qui détache le message de son locuteur, de sa situation initiale et de son destinataire primitif. Grâce à l'écriture, la parole s'étend jusqu'à nous et nous atteint par son « sens » et par la « chose » dont il s'agit en elle, et non plus par la « voix » de son proclamateur.[19]

Voilà qui est très gadamérien : en effet, c'est la « chose » qui importe et non plus les interlocuteurs, la situation de dialogue devenant *ipso facto* très abstraite. C'est là ce qui permet à Ricœur de dire que la « chose du texte » est l'objet de l'herméneutique, par effacement du dialogue. En cela, Ricœur sera d'ailleurs plus conséquent que Gadamer :

> [...] le rapport écrire-lire n'est pas un cas particulier du rapport parler-répondre. Ce n'est pas un rapport d'interlocution ; ce n'est pas un cas de dialogue. Il ne suffit pas de dire que la lecture est un dialogue avec l'auteur à travers son œuvre ; il faut dire que le rapport du lecteur au livre est d'une tout autre nature ; le dialogue est un échange de questions et de réponses ; il n'y a pas d'échange de cette sorte entre l'écrivain et le lecteur ; l'écrivain ne répond pas au lecteur ; le livre sépare plutôt en deux versants l'acte d'écrire et l'acte de lire qui ne communiquent pas ; le lecteur est absent à l'écriture ; l'écrivain est absent à la lecture. Le texte produit ainsi une double occultation du lecteur et de l'écrivain ; c'est de cette façon qu'il se substitue à la relation de dialogue qui noue immédiatement la voix de l'un à l'ouïe de l'autre.[20]

---

19. Paul Ricœur, *Du Texte à l'action*, Paris, Seuil, 1986, p. 125
20. *Ibid.*, p. 138-139

Il n'y a donc pas réception directe, on ne peut pas se référer à des compléments venant de l'orateur qui nous assurerait du sens. On sait que Ricœur a privilégié dans son herméneutique le modèle du texte. C'est là, d'après lui, que se joue l'essence de la compréhension, car le texte permet le détour de la réflexion, la possibilité de « revenir sur ». Mais cela se fait au prix de l'abandon du dialogue au bénéfice de la seule écoute. L'herméneutique aurait selon lui affaire à des objectivations de sens qui sont plus ou moins éloignées de la source du sens, dont le texte semble cependant être le plus proche. En cela il est pour Ricœur un objet exemplaire : il est un document manifeste du sens – plus explicite que des traces ou des monuments – qui prétend donner quelque chose à comprendre alors qu'il ne peut cependant, en raison de la distance avec l'origine du sens, pas être immédiatement compris. Et, à la différence du dialogue ordinaire ou de l'oralité, nous ne partageons pas nécessairement les conditions données de la compréhension (la langue commune, l'horizon culturel, la connaissance contextuelle etc.) et n'avons plus la présence de l'interlocuteur qui pourrait nous aider. La question est alors de savoir comment nous comprenons, comment nous parvenons à nous saisir de ces conditions. Et c'est là la tâche spécifique de l'herméneutique.

Nous ne pouvons pas reconstituer ici tout ce qui caractérise cette approche, les règles auxquelles elle donne lieu pour trouver l'intention de l'auteur. Nous pourrions le faire en reprenant des herméneutiques classiques, comme celle de Schleiermacher dont les moments essentiels sont la comparaison de la partie et du tout pressenti (ce qu'on appelle le « cercle herméneutique », qui n'est qu'une variante de la méthode hypothétique), la connaissance de la langue, la traduction, la recherche de passages parallèles, la connaissance du contexte, du genre etc. Il faut y combiner la connaissance dite « grammaticale », qui est la connaissance des données générales, et la connaissance dite « technique », qui montre comment l'écrivain a modifié ce contexte général pour parvenir à une œuvre singulière. Ici, oral et écriture ne se distinguent que parce qu'on peut plus facilement revenir sur le texte écrit pour l'analyser. Mais dès que l'oral est transcrit, il semblerait qu'on puisse le faire tout autant. Il faut, tant pour l'écrit que pour l'oral – et c'est là ce que disait Schleiermacher qui les distinguait non pas par nature, mais parce que l'un rend la chose plus facile – tenir compte de tout ce qui individualise le discours et qui guide son interprétation. Les linguistes et psycholinguistes analysent, notamment à l'oral, la gestuelle, toute l'expression du corps qui accompagne le discours (le visage, bien sûr, mais aussi les mains, les bras, les pieds...), tout ce qui ponctue, souligne, commente etc., et qui donne des indications pour l'interprétation. Dans l'écrit, on perd cependant le plus souvent toutes les indications que donnent l'oral, la voix, l'intonation et les gestes (parfois ces indications sont données en vue d'être portées à l'oral, comme au théâtre). De ce fait, les enregistrements, sonores ou visuels, peuvent apporter des éléments précieux contribuant à la détermination du sens. Mais il faut noter aussi, ce qui explique une différence de nature, tenant compte des mécanismes de la production orale, que même enregistré, noté, le discours oral conservera une forme orale malgré l'habileté de la transcription. Le style s'accorde aux moyens.

Une approche herméneutique radicalisée de l'indépendance du texte vise non pas un sujet ou son intention, mais le sens objectif immanent au texte. Le modèle en présenté par les grands écrits religieux : ce n'est pas le dire, mais ce qui est dit qui désormais importe. L'écrivain n'est que le porte-parole d'un message qui est cela même qui doit être compris. La langue acquiert ainsi une certaine indépendance. C'est là ce que Gadamer rattache aux grands textes, aux textes éminents, aux textes classiques qui font tradition. C'est parce qu'ils sont fixés dans leur lettre qu'ils peuvent être répétés et repris dans leur identité ou origine, conduisant à la possibilité de ce que Heidegger et Gadamer appellent la *Wiederholung*, qui est reprise. Bien entendu, à l'oral cela ne semble pas être aussi facile. Car dans la tradition orale, les textes ne se sont pas répétés à l'identique : une tradition orale ne retransmet pas ce qui est dit tel quel, elle ne se récite pas seulement, elle se reformule, se transforme, s'adapte et est plus sensible au contexte. C'est en ce sens qu'en Grèce ancienne les aèdes se distinguent des rhapsodes : l'aède improvise, réassemble, reconstruit les unités, alors que le rhapsode répète. Bref, il n'est pas dit que le discours puisse ainsi devenir un sujet de sens *sui generis*.

Cette autonomisation du texte écrit a été critiquée dès l'Antiquité, comme nous l'avons rappelé. Mais plutôt que reprendre les réflexions bien connues du *Phèdre* de Platon, évoquons les analyses moins connues de Fichte. D'après Löwith, si la grande différence entre l'oral et l'écrit tient à l'autonomisation du discours dans l'écrit, elle a pour prix la perte d'un véritable échange :

> L'auteur et le lecteur ne parlent pas l'un avec l'autre, ni écrivent-ils l'un à l'autre [comme dans une correspondance], mais l'un écrit pour lui-même et l'autre lit pour lui-même et

au moyen de l'indépendance de l'écrit, l'un est indépendant de l'autre.[21]

Et cela même si l'auteur pense à un public, le lecteur à un auteur : la rencontre de l'un avec l'autre reste aléatoire et entièrement ancrée soit dans l'auteur, soit dans le lecteur. La réciprocité de l'auteur et du lecteur n'est pas celle d'une situation de dialogue. Dans l'écrit, ce qui importe, c'est la chose. La situation de dialogue est bien plus complexe. Dans *Le caractère de l'époque actuelle*, cours que Fichte fit à Berlin en 1804-1805, années où Schleiermacher développait, à Halle, son herméneutique, Fichte analyse les rapports de l'écrit et de l'oral. S'agissant de caractériser *l'époque actuelle*,[22] il constate et déplore une inflation d'ouvrages rendue possible par l'imprimerie. Le lecteur ne peut plus lire. Voilà qui invite Fichte à réhabiliter la communication orale. Pour ne garder que l'essentiel qui nous importe ici, Fichte rappelle que le discours était dans l'Antiquité principalement oral, parole dite et entendue et non pas écrite et lue. A l'origine, dit-il, ce qui est écrit l'est pour rendre le discours oral accessible même aux absents. Mais cette finalité a été perdue avec l'invention de l'imprimerie : la parole est devenue universelle sous la forme de la parole écrite. Et cette même forme autonomisée a garanti son indépendance. Chacun qui sait lire peut s'approprier la parole écrite indépendamment de celui qui l'a écrite et donc soustraite à l'autorité. Cette possibilité de lire et d'écrire a déterminé le concept de *Bildung*, de « culture-formation ». La signification autonome de l'écriture se serait développée, d'après Fichte, par la tendance de la Réforme de rendre l'« Ecriture », c'est-à-dire la Bible, individuellement accessible à chacun,[23] s'opposant de fait à l'idée suivant laquelle la Bible n'était pas compréhensible en dehors de la tradition orale garantie par l'Eglise.[24] En faisant d'un livre écrit le chemin de la vérité, le protestantisme a attribué à la lettre une valeur suprême, qu'elle a gardé jusqu'à présent. Chacun devait désormais pouvoir lire la Bible par lui-même (indépendamment des interprètes malicieux), pour devenir un chrétien libre et indépendant.[25] Mais cet accès général au discours imprimé qui affirme son indépendance provoque l'inverse de ce qui est visé, c'est-à-dire une appropriation indépendante : car ce qui n'était que moyen, le livre, est

---

21. Karl Löwith, *Das Individuum in der Rolle des Mitmenschen*, p. 121
22. Johann Gottlieb Fichte, *Die Grundzüge des gegenwärtigen Zeitalters* (1806), in *Fichtes Werke*, Berlin, de Gruyter, 1971, t. VII.
23. *Ibid.*, p. 101.
24. *Ibid.*, p. 102.
25. *Ibid.*, p. 103.

devenu fin en soi.²⁶ Le lecteur ne peut plus lire et perd la connaissance directe des écrits de manière indirecte, au moyen des recensions, au point que les livres ne semblent plus n'être là que pour elles. En dehors de l'auteur, il n'y a plus de connaissance des livres qui restent inconnus dans ces mémoires publiques et mortes que sont les bibliothèques. Et c'est pourquoi Fichte dit qu'il faut réhabiliter l'oral.²⁷

C'est à l'inverse de ce mouvement, l'herméneutique nous a montré le renversement du privilège traditionnel de l'oralité comme dimension originaire de la compréhension, ce qui a conduit les modernes à mettre la potentialité de l'écriture au centre du processus du sens. Et dans la pensée la plus contemporaine, le paradigme du texte, avec la distanciation et la réflexion critique qu'elles appellent, a été souvent utilisé pour présenter le moment de la différence (Gadamer, Derrida, Ricœur), alors que l'oral, la discussion et l'échange public seraient plus marqués par la recherche d'accords (Apel, Habermas). L'herméneutique de l'écriture a ainsi été davantage philosophie théorique de la différence, une herméneutique de l'oralité, plus attentive aux conditions pragmatiques de la conversation, débouchant sur une éthique et politique de la discussion. Les deux ne sont cependant pas exclusives, car si l'herméneutique est l'art de rendre aux discours en général la précision de leur dire, celle-ci peut se trouver à même les textes, mais tout autant dans les déterminations des situations et des régimes d'oralité.

Bibliographie

1999, *Des Différentes Méthodes du traduire et autre texte*, Paris : Seuil. Tr. fr. A. Berman et Ch. Berner.

Dilthey, W. 1988, *L'Edification du monde historique dans les sciences de l'esprit*, Paris : Cerf. Tr. fr. S. Mesure.

Fichte, J. 1806, *Die Grundzüge des gegenwärtigen Zeitalters*, Berlin : de Gruyter. In *Fichtes Werke*, 1971, t.VII.

Gadamer, H.-G. 1996, *Vérité et méthode*, Paris : Seuil. Tr. fr. P. Fruchon, J. Grondin et G. Merliot.

Habermas, J. 2001, *Philosophie herméneutique et philosophie analytique. Deux versions complémentaires du tournant linguistique*, Paris : Gallimard, pages 11–42. Tr. fr. R. Rochlitz.

---

26. *Ibid.*, p. 103.
27. *Ibid.*, p. 61 et 106 s.

Hegel, G. 1997, *Phénoménologie de l'esprit*, Paris : Aubier. Tr. fr. J.-P. Lefebvre.

von Humboldt, W. *Über die Verschiedenheit des menschlichen Sprachbaus*, Darmstadt : Wissenschaftliche Buchgesellschaft.

Löwith, K. 1969, *Das Individuum in der Rolle des Mitmenschen*, Darmstadt : Wissenschaftliche Buchgesellschaft.

Merleau-Ponty, M. 1981, *Phénoménologie de la perception*, Paris : Gallimard.

Ricœr, P. 1986, *Du Texte à l'Action*, Paris : Seuil.

Taylor, C. 1998, *Les Sources du Moi. La formation de l'identité moderne*, Paris : Seuil. Tr. fr. Ch. Melançon.

Waldenfels, B. 1997, *Topographie des Fremden. Studien zur Phänomenologie des Fremden 1*, Frankfurt am Main : Suhrkamp.

From Dialogue to Dialogue : Conversations and the Dialogical Theory of Meaning[*]

SHAHID RAHMAN[†]

Introduction

In his book *The Interactive Stance*, J. Ginzburg (2012) stresses the utmost importance of taking conversational (interactive) aspects into account in order to develop a theory of meaning. Relying on various examples of actual conversations, Ginzburg argues that a significant part of meaning cannot be accounted for if the interactive features are ignored. From this Ginzburg concludes that grammar must link up directly with interaction. Conversations, that is every day dialogues, present two main challenges to a theory of meaning namely

(a) that meaning is constituted during the interaction. If that is so there is no way to ground the meaning of a language outside language. The roots of this perspective are based on Wittgenstein's *Un-Hintergehbarkeit der Sprache*. Language-games are purported to accomplish the task of displaying this "internalist feature of meaning". It is a challenge to the standard approaches to semantic since, as pointed out by Göran Sundholm the standard approaches turn semantics into a meta-mathematical formal object where syntax is linked to semantics by the assignment of truth values to uninterpreted strings of signs (formulae). Language does not any more *express content* but it is rather conceived as system of signs

---

[*]. The present paper is part of an ongoing project in the context of the network-project LACTO associatied to the research programme "Argumentation, Decision, Action" (ADA) supported by the Maison Européenne des Sciences de l'Homme et de la Société (MESHS) - USR 3185 and UMR 8163 STL (Savoirs, Textes et Langage).

[†]. Univ Lille Nord de France, F-59000 Lille France ;
UdL3, STL, F-59653 Villeneuve d'Ascq France ;
CNRS UMR8163.

that speaks *about* the world — provided a suitable metalogical link between signs and world has been fixed.

(b) that meaning is the result of a dynamic process in the course of which phenomena such as clarification questions and/or non semantic (but meaningful) elements such as gestures take place.

Ginzburg tackles the first question by making use of Constructive Type Theory (CTT) where the so called "metalogical" rules that constitute meaning are imported into the object language. In relation to the second one he designs a specific language games for conversational interaction that take account of the dynamic aspects of meaning.

Charles Zaccharias Bowao (2013)[1] points out that nowadays orality cannot be studied independently of written systems. Indeed, oral aspects of meaning contain quite often traces of written systems, and some oral traditions import into the native oral practices aspects of a — sometimes — foreign alphabetic system. Prof. Kabirou Gano (2013)[2] discusses interesting examples of the other sense of the relation, that is, from the orality to the written. In the present paper I will centre my attention to the direction from orality to the written system. Or more precisely, the point is how to express some of the dynamic aspects of the meaning of conversation within a formal approach to meaning. In fact this is one way to see what the work of Ginzburg is about. Now, if we take seriously the claim that meaning is constituted by and within interaction then we expect that the semantics of the underlying logical elements is also understood dialogically. My aim is to link both of the challenges mentioned above by means of a dialogical approach to constructive type theory.

The main idea behind is quite simple : the type-theoretical meaning (with or without records) is linked to moves in a dialogue where a thesis has been posited by the player called the Proponent and tested by the player called the Opponent. In the course of such a dialogue players make moves that challenge or defend some sentence(s) of involving posits of some type. The meaning of these sentences is a result of laying down the moves that indicate how to challenge such a posit and how to defend it. In such a setting, positing of a sentence always requires the explicit exhibition of the (play) object that supports the posited type. Certainly the result will not yield purely "formal dialogues" with universal validity but contentual and contextually dependent dialogues but this is what conversation is about.

---

1. « Et si l'écriture n'était pas l'avenir de l'orature ? », this volume.
2. « De la parole proverbiale dans un contexte de néo-oralité », this volume.

The present paper is part of an ongoing project : herewith I will only present the first elements and the main motivations behind. I will only sketch the underlying formal system.

1 Some study cases

Let us start with the following sentence (for the moment let me not distinguish the oral from its written form).

Oukama loves-spying-telephone-calls-of Bernadette

According to the standard view, **non conversational** semantic, the sentence above is a list of signs; in principle without meaning. Meaning results when we link the signs with objects of a *certain domain* by the means of an interpretation function i. Thus, let the domain of discourse be the set $\{a, b, c, d\}$, where a, b, c, d are individuals (not signs!)

To keep things simple, let us consider only the complex two places relation.

x loves-spying-telephone-calls-of y.

We can now build a *model* in the following way

- $i(\textbf{\textit{Oukama}})= a$ — the interpretation of the sign (proper name) ***Oukama*** is the individual a (for short : a is "called" ***Oukama***)

- $i(\textbf{\textit{Bernadette}})= d$ — d is "called" **Bernadette**

- $i(x$ ***loves-spying-telephone-calls-of*** $y)= \{<a,b>,<a,c>,<a,d>\}$ — the interpretation of the sign (two places predicate) x ***loves-spying-telephone-calls-of*** y is the set of pairs of individuals $<x, y>$ of the domain of discourse such that a loves spying everyone else, he does not love spying himself, and nobody loves spying a.

So in this model the uninterpreted sentence obtains the *meaning* that

> *the object a called "Oukama" loves spying the telephone calls of the object d called "Bernadette".*

Notice that the interpretation function is given in the metalanguage level : it is a function that tells us what the signs are speaking about. But usually language expresses a content it is not *about* a content. It is during the conversation itself that language gets its meaning.

> *Angela : Oukama loves spying telephone calls of Bernadette*
> *David : Bernadette who ?*
> *Angela : Ah, <u>she</u> is the Ivorian doctorate student of Rahman <u>who</u> drinks coffee with 6 cubes of sugar*

The point is here that the background information on the meaning is product of the interaction. The context varies during the interaction. The answer to the question, who is Bernadette, is not given beforehand but during the conversation. The written form of the conversation above keeps the traces of this oral dynamics. Moreover, Angela must have understood the question. The very possibility to being able to provide an answer manifests that Angela has grasped the meaning of the question and this also means, as we will discuss with more detail below, that somehow is able to link the question of David to Angela's own assertion.

The underlined words signalize anaphora, one typical aspect of conversations, such as in

> *Oukama : Everyone diplomat has a <u>cell-telephone</u>*
> *Angela : Is <u>it</u> secure ?*
> *Oukama : yes, <u>it</u> is*

As mentioned above, I will propose a formal semantics for expressing the meaning of such kind of examples by the means of a dialogical approach to CTT. Thus let us start with the dialogical approach.

2 Dialogical Logic and the interface between syntax, semantics and pragmatics [3]

The dialogical approach to logic is not a specific logical system but rather a rule-based semantic framework in which different logics can be developed, combined and compared. An important point is that the rules that fix meaning are of more than one kind. This feature of its underlying semantics quite often motivated the dialogical approach to be understood as a *pragmatist* semantics. More precisely, in a dialogue two parties argue about a thesis respecting certain fixed rules. The player that states the thesis is called Proponent (**P**), his rival, who contests the thesis, is called Opponent (**O**). In their original form, dialogues were designed in such a way that each of the plays ends after a finite number of moves with one player winning, while the other loses. Actions or moves in a dialogue are often understood as speech-acts involving *declarative utterances or posits and interrogative utterances or requests*. The point is that the rules of the dialogue do not operate on expressions or sentences isolated from the act of uttering them. The rules are divided into particle rules or rules for logical constants (*Partikelregeln*) and structural rules (*Rahmenregeln*). The structural rules determine the general course of a dialogue game,

---

3. This section is essentially part of the paper Rahman et Clerbout (2013).

whereas the particle rules regulate those moves (or utterances) that are requests (to the moves of a rival) and those moves that are answers (to the requests).
Crucial for the dialogical approach are the following points : [4]

1. The distinction between *local* (rules for logical constants) and *global* meaning (included in the structural rules that determine how to play);
2. The player independence of local meaning;
3. The distinction between the play level (local winning or winning of a play) and the strategic level (existence of a winning strategy);
4. A notion of validity that amounts to winning strategy *independently of any model* instead of winning strategy for *every* model;
5. The distinction between non formal and formal plays — the latter notion concerns plays that are played independently of knowing the meaning of the elementary sentences involved in the main thesis.

In the framework of constructive type theory propositions are sets whose elements are called proof-objects. When such a set is not empty, it can be concluded that the proposition has a proof and that it is true. In his 1988 paper, Ranta proposed a way to make use of this approach in relation to game-theoretical approaches. Ranta took Hintikka's Game Theoretical Semantics [5] as a case study, but the point does not depend on this particular framework. Ranta's idea was that in the context of game-based approaches, a proposition is a set of winning strategies for the player positing the proposition. [6] Now in game-based approaches, the notion of truth is to be found at the level of such winning strategies. This idea of Ranta's should therefore enable us to apply safely and directly methods taken from constructive type theory to cases of game-based approaches.

But from the perspective of game theoretical approaches, reducing a game to a set of winning strategies is quite unsatisfactory, all the more when it comes to a theory of meaning. This is particularly clear in the dialogical approach in which different levels of meaning are carefully distinguished. There is thus the level of strategies which is a level of meaning analysis, but there is also a level prior to it which is usually called the level of plays. The role of the latter level for developing an

---

4. Cf. Rahman (2012).
5. Cf. Hintikka et Sandu (1997).
6. That player can be called Player 1, Myself or Proponent.

analysis is, according to the dialogical approach, crucial, as pointed out by Kuno Lorenz in his 2001 paper :

> "[...] for an entity [A] to be a proposition there must exist a dialogue game associated with this entity [...] such that an individual play where A occupies the initial position [...] reaches a final position with either win or loss after a finite number of moves [...]"

For this reason we would rather have propositions interpreted as sets of what we shall call *play-objects*, reading an expression

$$p : \phi$$

as "p is a play-object for ϕ".

Thus, Ranta's work on proof objects and strategies constitutes the end not the start of the dialogical project.

2.1 The Formation of Propositions

Before delving into the details about play-objects, let us first discuss the issue of the formation of expressions and in particular of propositions in the context of dialogical logic.

In standard dialogical systems, there is a presupposition that the players use well-formed formulas. One can check the well formation at will, but only with the usual meta reasoning by which one checks that the formula indeed observes the definition of wff. The first enrichment we want to make is to allow players to question the status of expressions, in particular to question the status of something as actually standing for a proposition. Thus, we start with rules giving a dialogical explanation of the *formation* of propositions. These are local rules added to the particle rules which give the local meaning of logical constants (see next section).

Let us make a remark before displaying the formation rules. Because the dialogical theory of meaning is based on argumentative interaction, dialogues feature expressions which are not posits of sentences. They also feature requests used for challenges, as illustrated by the formation rules below and the particle rules in the next section. Now, by the no entity without *type* principle, the type of these actions, which we may write "*formation-request*", should be specified during a dialogue. Nevertheless we shall consider that the force symbol $?_F$ already makes the type explicit. Indeed a request in a dialogue should not be confused with a move by the means of which it is posited that some entity is of the type request.[7] Hence the way requests are written in rules and dialogues in this work.

Posit	Challenge (if different challenges are possible, the challenger chooses)	Defence
$\mathbf{X}\,!\,\Gamma : set$	$\mathbf{Y}\,?_{can}\,\Gamma$ or $\mathbf{Y}\,?_{gen}\,\Gamma$ or $\mathbf{Y}\,?_{eq}\,\Gamma$	$\mathbf{X}\,!\,a_1 : \Gamma, \mathbf{X}\,!\,a_2 : \Gamma, \ldots$ $\mathbf{X}$ gives the canonical elements of Γ $\mathbf{X}\,!\,a_i : \Gamma \Rightarrow a_j : \Gamma$ $\mathbf{X}$ gives a generation method for Γ $\mathbf{X}$ gives the equality rule for Γ
$\mathbf{X}\,!\,\varphi \vee \psi : prop$	$\mathbf{Y}\,?_{F_{\vee 1}}$ or $\mathbf{Y}\,?_{F_{\vee 2}}$	$\mathbf{X}\,!\,\varphi : prop$ respectively $\mathbf{X}\,!\,\psi : prop$
$\mathbf{X}\,!\,\varphi \wedge \psi : prop$	$\mathbf{Y}\,?_{F_{\wedge 1}}$ or $\mathbf{Y}\,?_{F_{\wedge 2}}$	$\mathbf{X}\,!\,\varphi : prop$ respectively $\mathbf{X}\,!\,\psi : prop$
$\mathbf{X}\,!\,\varphi \rightarrow \psi : prop$	$\mathbf{Y}\,?_{F_{\rightarrow 1}}$ or $\mathbf{Y}\,?_{F_{\rightarrow 2}}$	$\mathbf{X}\,!\,\varphi : prop$ respectively $\mathbf{X}\,!\,\psi : prop$
$\mathbf{X}\,!\,(\forall x : A)\varphi(x) : prop$	$\mathbf{Y}\,?_{F_{\forall 1}}$ or $\mathbf{Y}\,?_{F_{\forall 2}}$	$\mathbf{X}\,!\,A : set$ respectively $\mathbf{X}\,!\,\varphi(x) : prop\ (x : A)$
$\mathbf{X}\,!\,(\exists x : A)\varphi(x) : prop$	$\mathbf{Y}\,?_{F_{\exists 1}}$ or $\mathbf{Y}\,?_{F_{\exists 2}}$	$\mathbf{X}\,!\,A : set$ respectively $\mathbf{X}\,!\,\varphi(x) : prop\ (x : A)$
$\mathbf{X}\,!\,B(k) : prop$ for atomic B	$\mathbf{Y}\,?_F$	$\mathbf{X}\,sic(n)$ $\mathbf{X}$ indicates that $\mathbf{Y}$ posited it in move n
$\mathbf{X}\,!\,\bot : prop$	— —	— —

By definition the falsum symbol $\bot$ is of type prop. A posit $\bot : prop$ cannot therefore be challenged. The next rule is not formation rules per se but rather a substitution rule.[8] When ϕ is an elementary sentence, the substitution rule helps explaining the formation of such sentences.

Posit-substitution

There are two cases in which $\mathbf{Y}$ can ask $\mathbf{X}$ to make a substitution in the context $x_i : A_i$. The first one is when in a standard play a (list of) variable occurs in a posit with a proviso. Then the challenger posits an instantiation of the proviso.

Posit	Challenge	Defence
$\mathbf{X}\,!\,\pi(x_1, \ldots, x_n)\ (x_i : A_i)$	$\mathbf{Y}\,!\,\tau_1 : A_1, \ldots, \tau_n : A_n$	$\mathbf{X}\,!\,\pi(\tau_1, \ldots, \tau_n)$

---

7. Such a move could be written as $?_{F_{\vee 1}}$: formation-request.
8. It is an application of the original rule from CTT given in Ranta (1994).

The second case is in a formation-play. In such a play the challenger simply posits the whole assumption as in move 7 of the example below :

Posit	Challenge	Defence
$\mathbf{X}\,!\,\pi(\tau_1,\ldots,\tau_n)\ (\tau_i:A_i)$	$\mathbf{Y}\,!\,\tau_1:A_1,\ldots,\tau_n:A_n$	$\mathbf{X}\,!\,\pi(\tau_1,\ldots,\tau_n)$

Remarks on the formation dialogues

(a) *Conditional formation posits* :

One crucial feature of the formation rules is that they allow displaying the syntactic and semantic presuppositions of a given thesis and thus can be examined by the Opponent before the actual dialogue on the thesis is run. Thus if the thesis amounts to positing, say, ϕ, then before an attack is launched, the Opponent can ask for its formation. The defence of the formation of ϕ might conduce the Proponent to posit that ϕ is a proposition, under the condition that it is conceded that, say, A is a set. In such a situation the Opponent might accept to concede A is a set, but only after **P** has displayed the constitution of A.

(b) *Elementary sentences, definitional consistency and material-analytic dialogues* :

If we follow thoroughly the idea of formation rules, one should allow elementary sentences to be challenged : by the formation rules. The defence will make use of the applications of adequate conceded predicator rules (if there are any such concessions). Therefore, what will happen is that the challenge on elementary sentence is based on the definitional consistency in use of the conceded the predicator rules. This is what we think material-dialogues are about : definitional consistency dialogues. This leads to the following material analytic rule *for formation dialogues* :

> **O**'s elementary sentences can not be challenged, however **O** can challenge an elementary sentence (posited by **P**) iff herself (the Opponent) did not posit it before.

Remark : Once the Proponent forced the Opponent to concede the elementary sentence in the formation dialogue, the dialogue will proceed making use of the copy-cat strategy.

(c) *Indoor- versus outdoor-games* :

Hintikka (1973, pp.77–82), who acknowledges the close links between dialogical logic and GTS, launched an attack against the philosophical foundations of dialogic because of their *indoor-* or purely formal approach to meaning as use. He argues that *formal proof* games are not of very much help in accomplishing the task of linking the linguistic rules of meaning with the real world.

> *In contrast to our games of seeking and finding, the games of Lorenzen and Stegmüller are 'dialogical games' which are played 'indoors' by means of verbal 'challenges' and 'responses'. [...]*
>
> *[...] If one is merely interested in suitable technical problems in logic, there may not be much to choose between the two types of games. However, from a philosophical point of view, the difference seems to be absolutely crucial. Only considerations which pertain to 'games of exploring the world' can be hoped to throw any light on the role of our logical concepts in the meaningful use of language.* (Hintikka, 1973, p.81)

Rahman et Keiff (2005, p.379) pointed out that formal proof, that is validity, does not in the dialogical frame provide meaning either : it is rather the other way round, i.e. formal plays furnish the basis for the notion of dialogical validity (that amounts to the notion of a *winning* **P***-strategy*). The formation rules add a crucial edge to this discussion : if the rules that establish meaning are introduced at the object language level, the middle position of the dialogical approach between universalists and anti-universalists mentioned above can be successfully maintained.[9] The latter might also thus suggest that the characterization of dialogical games as *indoor-*games do not apply any more.

By way of illustration, we present a dialogue where the Proponent posits the thesis $(\forall x : A)B(x) \to C(x) : prop$ given that $A : set$, $B(x) : prop(x : A)$ and $C(x) : prop(x : A)$, where the three provisos appear as initial concessions by the Opponent.[10] Good form demands that we first present the structural rules which define the conditions under which a play can start, proceed and end. But we leave them for the next section. They are not necessary to understand the following :

---

9. Tulenheimo (2011) calls this position the *anti-realist anti-universalist position*.
10. The example comes from Ranta (1994, p.31).

	O			P	
I	$!A : set$				
II	$!B(x) : prop\ (x : A)$				
III	$!C(x) : prop\ (x : A)$				
				$!(\forall x : A)(B(x) \to C(x)) : prop$	0
1	$\mathtt{n} := 2$			$\mathtt{m} := 2$	2
3	$?_{F_\forall 1}$	(0)		$!A : set$	4
5	$?_{F_\forall 2}$	(0)		$!B(x) \to C(x) : prop\ (x : A)$	6
7	$!x : A$	(6)		$!B(x) \to C(x) : prop$	8
9	$?_{F_\to 1}$	(8)		$!B(x) : prop$	12
11	$!B(x) : prop$		(II)	$!x : A$	10
13	$?_{F_\to 2}$	(8)		$!C(x) : prop$	16
15	$!C(x) : prop$		(III)	$!x : A$	14

Explanations :
- I to III : **O** concedes that A is a set and that $B(x)$ and $C(x)$ are propositions provided x is an element of A,
- Move 0 : **P** posits that the main sentence, universally quantified, is a proposition (under the concessions made by **O**),
- Moves 1 and 2 : the players choose their repetition ranks,[11]
- Move 3 : **O** challenges the thesis a first time by asking the left-hand part as specified by the formation rule for universal quantification,
- Move 4 : **P** responds by positing that A is a set. This has already been granted with the premise I so even if **O** were to challenge this posit, the Proponent could refer to this initial concession.[12]
- Move 5 : **O** challenges the thesis again, this time asking for the right-hand part,[13]
- Move 6 : **P** responds, positing that $B(x) \to C(x)$ is a proposition provided $x : A$,
- Move 7 : **O** uses the substitution rule to challenge move 6 by granting the proviso,
- Move 8 : **P** responds by positing that $B(x) \to C(x)$ is a proposition,
- Move 9 : **O** then challenges move 8 a first time by asking the left-hand part as specified by the formation rule for material implication.

In order to defend **P** needs to make an elementary move. But since **O** has not played it yet, **P** cannot defend at this point. Thus :
- Move 10 : **P** launches a counterattack against assumption II by applying the first case of the substitution rule,
- Move 11 : **O** answers in move 10 and posits that $B(x)$ is a proposition,
- Move 12 : **P** can now defend in reaction to move 9,

---

11. The device of repetition rank is introduced in the structural rules which we present below. See also Clerbout (2013a,b) for detailed explanations on this notion.
12. Later, we will introduce the structural rule $SR3$ to deal with this phenomenon.
13. This can be done because **O** has chosen 2 for her repetition rank.

- Move 13 : **O** challenges move 8 a second time, this time requiring the right-hand part of the conditional,
- Move 14 : **P** launches a counterattack and challenges assumption III by applying again the first case of the substitution rule ,
- Move 15 : **O** defends by positing that $C(x)$ is a proposition,
- Move 16 : **P** can now answer to the request of move 13 and **O** has no further possible move which, according to the structural rule $SR5$ to be introduced, amounts to **P** winning this dialogue.

From the view point of building a winning strategy, the Proponent's victory only shows that the thesis is justified *in this particular play*. To build a winning strategy we must run all the relevant plays for this thesis under these concessions.

Now that the dialogical account of formation rules has been clarified, we may develop further our analysis of plays by introducing play-objects.

2.2 Play objects

The idea is now to design dialogical games in which the players' posits are of the form "$p : \phi$" and acquire their meaning in the way they are used in the game — i.e., how they are challenged and defended. This requires, among others, to analyse the form of a given play-object p, which depends on ϕ, and how a play-object can be obtained from other, simpler, play-objects. The standard dialogical semantics [14] for logical constants gives us the needed information for this purpose. The main logical constant of the expression at stake provides the basic information as to what a play-object for that expression consists of :

> A play for $\mathbf{X}\,!\,\varphi \vee \psi$ is obtained from two plays p_1 and p_2, where p_1 is a play for $\mathbf{X}\,!\,\varphi$ and p_2 is a play for $\mathbf{X}\,!\,\psi$. According to the standard dialogical approach to disjunction, it is the player **X** who can switch from p_1 to p_2 and vice-versa.
> A play for $\mathbf{X}\,!\,\varphi \wedge \psi$ is obtained similarly, except that it is the player **Y** who can switch from p_1 to p_2.
> A play for $\mathbf{X}\,!\,\varphi \rightarrow \psi$ is obtained from two plays p_1 and p_2, where p_1 is a play for $\mathbf{Y}\,!\,\varphi$ and p_2 is a play for $\mathbf{X}\,!\,\psi$. It is the player **X** who can switch from p_1 to p_2.
> The standard dialogical particle rule for negation rests on the interpretation of $\neg\varphi$ as an abbreviation for $\varphi \rightarrow \bot$, although it is usually left implicit.

As for quantifiers, we give a detailed discussion after the particle rules (see next page). For now, we would like to point out that, just like what

---
14. See Appendix 1.

is done in constructive type theory, we are dealing with quantifiers for which the type of the bound variable is always specified. We thus consider expressions of the form $(Qx : A)\phi$, where Q is a quantifier symbol.

Posit	Challenge	Defence
$\mathbf{X}\,\varphi$ (where no play-object has been specified for φ)	$\mathbf{Y}\,?\,play\text{-}object$	$\mathbf{X}\,!\,p:\varphi$
$\mathbf{X}\,!\,p:\varphi \vee \psi$	$\mathbf{Y}\,?_{prop}$	$\mathbf{X}\,!\,\varphi \vee \psi : prop$
	$\mathbf{Y}\,?\,[\varphi/\psi]$	$\mathbf{X}\,!\,L^{\vee}(p):\varphi$ or $\mathbf{X}\,!\,R^{\vee}(p):\psi$ [the defender has the choice]
$\mathbf{X}\,!\,p:\varphi \wedge \psi$	$\mathbf{Y}\,?_{prop}$	$\mathbf{X}\,!\,\varphi \wedge \psi : prop$
	$\mathbf{Y}\,?\,[\varphi]$ or $\mathbf{Y}\,?\,[\psi]$ [the challenger chooses]	$\mathbf{X}\,!\,L^{\wedge}(p):\varphi$ respectively $\mathbf{X}\,!\,R^{\wedge}(p):\psi$
$\mathbf{X}\,!\,p:\varphi \rightarrow \psi$	$\mathbf{Y}\,?_{prop}$	$\mathbf{X}\,!\,\varphi \rightarrow \psi : prop$
	$\mathbf{Y}\,!\,L^{\rightarrow}(p):\varphi$	$\mathbf{X}\,!\,R^{\rightarrow}(p):\psi$
$\mathbf{X}\,!\,p:\neg\varphi$	$\mathbf{Y}\,?_{prop}$	$\mathbf{X}\,!\,\neg\varphi : prop$
	$\mathbf{Y}\,!\,L^{\bot}(p):\varphi$	$\mathbf{X}\,!\,R^{\bot}(p):\bot$
$\mathbf{X}\,!\,p:(\exists x:A)\varphi$	$\mathbf{Y}\,?_{prop}$	$\mathbf{X}\,!\,(\exists x:A)\varphi : prop$
	$\mathbf{Y}\,?\,L$ or $\mathbf{Y}\,?\,R$ [the challenger chooses]	$\mathbf{X}\,!\,L^{\exists}(p):A$ respectivey $\mathbf{X}\,!\,R^{\exists}(p):\varphi(L^{\exists}(p))$
$\mathbf{X}\,!\,p:\{x:A\,|\,\varphi\}$	$\mathbf{Y}\,?_{prop}$	$\mathbf{X}\,!\,L^{\{\ldots\}}(p):A$ respectively $\mathbf{X}\,!\,R^{\{\ldots\}}(p):\varphi(L^{\{\ldots\}}(p))$
	$\mathbf{Y}\,?\,L$ or $\mathbf{Y}\,?\,R$ [the challenger chooses]	
$\mathbf{X}\,!\,p:(\forall x:A)\varphi$	$\mathbf{Y}\,?_{prop}$	$\mathbf{X}\,!\,(\forall x:A)\varphi : prop$
	$\mathbf{Y}\,!\,L^{\forall}(p):A$	$\mathbf{X}\,!\,R^{\forall}(p):\varphi(L^{\forall}(p))$
$\mathbf{X}\,!\,p:B(k)$ (for atomic B)	$\mathbf{Y}\,?_{prop}$	$\mathbf{X}\,!\,B(k):prop$
	$\mathbf{Y}\,?$	$\mathbf{X}\,sic(n)$ ($\mathbf{X}$ indicates that $\mathbf{Y}$ posited it at move n)

TABLE 1.1. Particle rules

Notice that we have added for each logical constant a challenge of the form '$\mathbf{Y}\,?_{prop}$' by which the challenger questions the fact that the expression at the right-hand side of the semi-colon is a proposition. This makes the connection with the formation rules given in 2.1 via $\mathbf{X}$'s defence. More details are given in the discussion after the structural rules.

It may happen, as we shall see in our example in Section 2, that the form of play-objects is not explicit at first. In such cases we deal with expressions of the form, e.g., "$p : \phi \wedge \psi$". We may then use expressions of the form $L^{\wedge}(p)$ and $R^{\wedge}(p)$ — which we call *instructions* — in the relevant defences. Their respective interpretations are "take the left part of p" and "take the right part of p". In instructions we indicate the logical constant at stake. First it keeps the formulations explicit enough, in particular in the case of embedded instructions. More importantly we must keep in mind that there are important differences between play-objects depending on the logical constant. Remember for example that in the case of conjunction the play-object is a pair, but it is not in the case of disjunction. Thus $L^{\wedge}(p)$ and $L^{\vee}(p)$, say, are actually different things and the notation takes that into account.

Let us focus on the rules for quantifiers. Dialogical semantics highlights the fact that there are two distinct moments when considering the meaning of quantifiers : the choice of a value given to the bound variable, and the instantiation of the formula after replacing the bound variable with the chosen value. But at the same time in the standard dialogical approach there is some sort of presupposition that every quantifier symbol ranges on a unique kind of objects. Now, things are different in the context of the explicit language we borrow from CTT. Quantification is always relative to a set, and there are sets of many different kinds of objects (for example : sets of individuals, sets of pairs, sets of functions, etc). Thanks to the instructions we can give a general form for the particle rules. It is in a third, later, moment that the kind of object is specified, when instructions are "resolved" by means of the structural rule SR4.1 below.

Constructive type theory makes it clear that as soon as propositions are thought of as sets, there is a basic similarity between conjunction and existential quantifier on the one hand and material implication and universal quantifier on the other hand. Briefly, the point is that they are formed in similar ways and their elements are generated by the same kind of operations.[15] In our approach, this similarity manifests itself in the fact that a play-object for an existentially quantified expression is of the same form as a play-object for a conjunction. Similarly, a play-object

---

15. More precisely, conjunction and existential quantifier are two particular cases of the Σ operator (disjoint union of sets), whereas material implication and universal quantifier are two particular cases of the Π operator (indexed product on sets). See for example Ranta (1994, chapter 2).

for a universally quantified expression is of the same form as one for a material implication.[16]

The particle rule just before the one for universal quantification is a novelty in the dialogical approach. It involves expressions commonly used in constructive type theory to deal with separated subsets. The idea is to understand *those elements of A **such that** ϕ* as expressing that at least one element $L^{\cdots}(p)$ of A witnesses $\$hi(L^{(\cdots)}(p))$. The same correspondence that linked conjunction and existential quantification now appears.[17] This is not surprising since such posits actually have an existential aspect : in $\{x : A|\phi\}$ the left part "$x : A$" signals the existence of a play-object.[18] Let us point out that since the expression stands for a set there is no presupposition that it is a proposition when **X** makes the posit. This is why it cannot be challenged with the request "$?_{prop}$".

2.3 From play-objects to strategies

Structural rules govern the way plays globally proceed and are therefore an important aspect of a dialogical semantics. We work with the following structural rules :

SR0 (Starting rule) Any dialogue starts with the Proponent positing the thesis. After that the players each choose a positive integer called repetition ranks.

---

16. Still, if we are playing with classical structural rules, there is a slight difference between material implication and universal quantification which we take from Ranta (1994, Table 2.3), namely that in the second case p_2 always depends on p_1.

17. As pointed out in Martin-Löf (1984), subset separation is another case of the Σ operator. See in particular p. 53 :

> "Let A be a set and $B(x)$ a proposition for $x \varepsilon A$. We want to define the set of all $a \varepsilon A$ such that $B(a)$ holds (which is usually written $\{x \varepsilon A : B(x)\}$). To have an element $a \varepsilon A$ such that $B(a)$ holds means to have an element $a \varepsilon A$ together with a proof of $B(a)$, namely an element $b \varepsilon B(a)$. So the elements of the set of all elements of A satisfying $B(x)$ are pairs (a, b) with $b \varepsilon B(a)$, i.e. elements of $(\Sigma x \varepsilon A) B(x)$. Then the Σ-rules play the role of the comprehension axiom (or the separation principle in ZF)."

18. The link between subset-separation and existentials provides an insight in the much discussed understanding of the comprehension principle of the Erlanger Constructivists, who proposed to develop a constructivist abstraction process from predicator rules to universal quantification — see Lorenzen (1962), Lorenzen et Schwemmer (1975) and Siegwart (1993). Martin-Löf's approach delivers the right keys : a) Instead of predicator transitions, the conjugation between a propositional function and the corresponding set is necessary ; b) the resulting principle has an existential not a universal form.

SR1i (Intuitionistic Development rule) Players move alternately. After the repetition ranks have been chosen, each move is a challenge or a defence in reaction to a previous move, in accordance with the particle rules. The repetition rank of a player bounds the number of challenges he can play in reaction to a same move. Players can answer only against the last non-answered challenge by the adversary.

[SR1c (Classical Development rule)] Players move alternately. After the repetition ranks have been chosen, each move is a challenge or a defence in reaction to a previous move, in accordance with the particle rules. The repetition rank of a player bounds the number of challenges and defences he can play in reaction to a same move.]

SR2 (Formation first) **O** starts by challenging the thesis with the request '?$_{prop}$'. The game then proceeds by applying the formation rules first in order to check that the thesis is indeed a proposition. After that the Opponent is free to use the other local rules insofar as the other structural rules allow it.

SR3 (Modified Formal rule) **O**'s elementary sentences can not be challenged, however **O** can challenge an elementary sentence (posited by **P**) iff herself (the Opponent) did not posit it before.

SR4.1 (Resolution of instructions) Whenever a player posits a move where instructions $I_1, \ldots, I_n$ occur, the other player can ask him to replace these instructions (or some of them) by suitable play-objects.

If the instruction (or list of instructions) occurs at the right of the colon and the posit is the tail of an universally quantified sentence or of an implication (so that these instructions occur at the left of the colon in the posit of the head of the implication), then it is the challenger who can choose the play-object — in these cases the player who challenges the instruction is also the challenger of the universal quantifier and/or of the implication.

Otherwise it is the defender of the instructions who chooses the suitable play-object. That is :

Posit	Challenge	Defence
$\mathbf{X}\,\pi(I_1,\ldots,I_n)$	$\mathbf{Y}\,I_1,\ldots,I_m/?\,(m \leq n)$	$\mathbf{X}\,\pi(b_1,\ldots,b_m)$ If the instruction occurring at the right of the colon is the tail of either a universal or an implication (such that $I_1,\ldots,I_n$ also occur at the left of the colon in the posit of the head), then $b_1,\ldots,b_m$ **are chosen by the challenger** Otherwise **the defender chooses**

Important remark. In the case of embedded instructions $I_1(\ldots(I_k)\ldots)$, the substitutions are thought as being carried out from I_k to I_1 : first substitute I_k with some play-object b_k, then $I_{k-1}(b_k)$ with b_{k-1} etc. until $I_1(b_2)$. If such a progressive substitution has actually been carried out once, a player can then replace $I_1(\ldots(I_k)\ldots)$ directly.

SR4.2 (Substitution of instructions) When during the play the play-object b has been chosen by any of both players for an instruction I, and player $\mathbf{X}$ posits $!\,\pi(I)$, then the antagonist can ask to substitute I with b in any posit $\mathbf{X}\,!\,\pi(I)$:

Posit	Challenge	Defence
$\mathbf{X}\,\pi(I)$ (where I/b has been previously established)	$\mathbf{Y}\,?\,I/b$	$\mathbf{X}\,\pi(b)$

The idea is that the resolution of an instruction in a move yields a certain play-object for some substitution term, and therefore the same play-object can be assumed to result for any other occurrence of the same substitution term : instructions are functions after all and as such they must yield the same play-object for the same substitution term.

SR5 (Winning rule for dialogues) For any p, a player who posits "$p : \bot$" looses the current dialogue. Otherwise the player who makes the last move in a dialogue wins it.

A detailed explanation of the standard rules can be found in Appendix 1. In the rules we just gave there are some additions, namely those numbered SR2 and SR4 here, and also the first part of the winning rule. Since we made explicit the use of $\bot$ in our games, we need to add a rule for it : the point is that positing *falsum* leads to immediate loss ; we could say that it amounts to a withdrawal.[19]

We need the rules SR4.1 and SR4.2 because of some features of CTT's explicit language. In CTT it is possible to account for questions of dependency, scope, etc. directly at the level of the language. In this way various puzzles, such as anaphora, get a convincing and successful treatment. The typical example, which we consider below, is the so-called *donkey sentence* "Every man who owns a donkey beats it". The two rules give a mean to account for the way play-objects can be ascribed to what we have called instructions. See the dialogue below for an application.

The rule SR2 is consistent with the common practice in CTT to start derivations by checking or establishing aspects related to the formation of propositions before proving their truth. Notice that this step also covers the formation of sets — membership, generation of elements, etc. — which occur in hypothetical posits and in quantifiers. This is achieved in dialogues by means of rule SR2 which requires that in a dialogue the players first deal with aspects related to formation rules. With this we introduce some resemblance between our games and the CTT approach that makes the task of investigating their connections easier. However, it looks like we could do with a liberalized version of this rule. Because of the number of rules we have introduced, a careful verification of this is a delicate task that we will not carry out in this paper. For now let us simply mention that it looks sensible in the context of dialogues to let the process related to formation rules be more freely combined with the development of a play on the thesis. In fact it does seem perfectly consistent with actual practices of interaction to question the status of expressions once they are introduced in the course of the game. Suppose for example player **X** has posited '$p : \phi \vee \psi$'. As soon as he has posited the disjunction to be a proposition — i.e., as soon as he has posited '$\phi \vee \psi : prop$' — the other player knows how to challenge the disjunction and should be free to keep on exploring the formation of the expression or to challenge the first posit. The point is that in a way it seems to make more sense to check whether ϕ is a proposition or not after (if) **X** posits it in order to defend the disjunction. Doing so in a 'monological' framework such as CTT would probably bring various confusions, but the dialogical approach to meaning should allow this additional dynamic aspect quite naturally.

---

19. See Keiff (2007).

2.4 From Dialogical Logic to Dialogues
Anaphora

We are now able to deal with the case of anaphora by the sole means of combining dialogical logic with CTT.

Let us take an example for the development of a dialogue related to the notorious donkey sentence. In his 1986 paper, G. Sundholm thoroughly discussed this famous puzzle. As he pointed out, the problem is to give a way to capture the back-reference of the pronoun "it" in the sentence "Every man who owns a donkey beats it". For that we first notice that "a man who owns a donkey" is an element of the set

$$\{x : M | (\exists y : D) Oxy\}$$

making use of subset separation. From there it is easy to use projections to get the following formula for the donkey sentence :

$$(\forall z : \{x : M | (\exists y : D) Oxy\}) B(L(z), L(R(z)))$$

where M is the set of men, D is the set of donkeys, Oxy stands for "x owns y" and $B(x,y)$ stands for "x beats y". In this way we account for the fact that the pronoun "it" refers to the donkey mentioned in the first part of the sentence.

In the following dialogue, the donkey sentence is conceded together wih other posits by the Opponent. Given these concessions, the Proponent posits "$B(m,d)$" as the thesis.

	O			**P**	
I	$!p : (\forall z : \{x : M | (\exists y : D) Oxy\}) B(L(z), L(R(z)))$				
II	$!m : M$				
III	$!d : D$				
IV	$!p' : Omd$				
				$!B(m,d)$	0
1	$\mathbf{n} :=$			$\mathbf{m} :=$	2
3	$?_{play-objet}$	(0)		$!q : B(m,d)$	30
25	$!R^{\forall}(p) : B(L(z), L(R(z)))$	(I)		$!L^{\forall} : \{x : M | (\exists y : D) Oxy\}$	4
5	$L^{\forall}(p) = ?$	(4)		$!z : \{x : M | (\exists y : D) Oxy\}$	6
7	$?_L$	(6)		$!L^{\{\ldots\}}(z) : M$	8
9	$L^{\{\ldots\}}(z) = ?$	(8)		$!m : M$	10
11	$?_R$	(6)		$!R^{\{\ldots\}}(z) : (\exists y : D) Omy$	12
13	$R^{\{\ldots\}}(z) = ?$	(12)		$!(L^{\exists}(R^{\{\ldots\}}(z)), R^{\exists}(R^{\{\ldots\}}(z))) : (\exists y : D) Omy$	14
15	$L^{\exists}(R^{\{\ldots\}}(z)) = ?,$ $R^{\exists}(R^{\{\ldots\}}(z)) = ?$	(14)		$!(d, p') : (\exists y : D) Omy$	16
17	$?_L$	(16)		$!L^{\exists}(d, p') : D$	18
19	$L^{\exists}(d, p') = ?$	(18)		$!d : D$	20
21	$?_R$	(16)		$!R^{\exists}(d, p') : Omd$	22
23	$R^{\exists}(d, p') = ?$	(22)		$!p' : Omd$	24
27	$!R^{\forall}(p) : B(m,d)$		(25)	$m/L^{\{\ldots\}}(z), d/L^{\exists}(R^{\{\ldots\}}(z))$	26
29	$!q : B(m,d)$		(27)	$R^{\forall}(p) = ?$	28

Explanations. We left the repetition ranks unspecified (moves 1 and 2) and simply assume that they are big enough for **O** to play all her challenges and for **P** to answer. We also ignored redundant repetitions and focused on the steps which are relevant for the outcome of the play.

Now, because of the modified formal rule SR3 the Proponent must delay his answer to move 3. He thus counter-attacks by challenging **O**'s first concession (the donkey sentence). Then the Opponent has various choices :[20] in this dialogue she starts with a counterattack, asking **P** to choose a play-object for $L^{\forall}(p)$. The dialogue goes on with **O** playing in accordance with the particle rules and asking for resolutions of instructions during the process. Notice that when answering to challenge 13, the Proponent gives a description of $R^{\{\ldots\}}(z)$: it is a pair consisting of a left part and a right part. This allows him to introduce the instruction $L^{\exists}(R^{\{\ldots\}}(z))$ for the continuation of the play. With move 16 **P** chooses the play-objects d and p' as parts of the pair in order to use concessions III and IV at moves 20 and 24.

After move 24 the Opponent has no other choice but to answer move 4. Then it is easy for **P** to use rules SR4.2 and SR4.1 (with moves 26 and

---

20. The reader may check that **P** has a way to win no matter how the Opponent chooses to react to move 4. The hardest one is probably when **O** chooses to answer directly the challenge. In this case the trick for **P** is to choose the correct order in his moves and to use carefully the substitution rules given in rule SR4.2.

28) in order to get exactly what he needs to play move 30 and win this dialogue.

The meaning of Questions

Let me here present a sketch of the meaning of questions. In dialogical logic the meaning of an expression is explained by explaining the act that is performed by means of an expression of that form. The particle rules provide this kind of explanation in terms of setting the dialogical conditions for the correct performance of an act of that form.

For instance, the meaning of the challenge to a disjunction is a question, the question is of type $?[A, B]$.
The meaning of this question is explained by a rule stating its presupposition :
- it presupposes that the other player posited a disjunction.

how the hearer must react to it
- Answer the question $?[A, B]$ by positing A or B.

In the context of making use of it as a challenge

The first question associated to the challenge on an existential is a bit more tricky. The question $?_L$ on the existential $(\exists x : A)\phi$ should capture the question *who (which) is the individual (object) in the set A we are talking about ?*. That is why, in principle, the hearer (defender) rule is
- Answer the question $?_L$ on the existential $p : (\exists x : A)\phi$, by choosing some element a of A and positing $a : A$

However, choosing and individual is not enough, we must also have *conclusiveness*, that is, we be should be sure that the reply is an answer to the question. We must be sure that the answer is dependent on the first choice.

The first idea is that the relation between the choice of the individual in the set and the individual that satisfies the predicate must be function.

Let us generalize a bit more : the meaning of a question such as *who* or *which* is a function from a set to a proposition.

Putting all together we have the question in a question about who runs away (from this talk)

Who (which) of the individual in the set, runs away ?

Let us assume now that the set has been structured : it is some sort of record where the label *who* has as substitution term some record r that instantiates the type (for a technical introduction to such kind of sets see Appendix 2)

Who

$$\left[\begin{array}{c} x : Individual \\ y : person - in - the - public(x) \end{array} \right].$$

That denotes some individual, who is also a person in the public of this talk. Then this record constitutes the argument of a function the value of which is a record-proposition :

That is a record constituted by the record who and the situation type : run away :

$$\left[\begin{array}{c} sit : r_1 \\ sit\text{-}type : run(x)(x : Who) \end{array} \right].$$

We could and should continue to explore other entities such as context dependent propositions, for example :

This talk is boring

The meaning of such a sentence is again a function from contexts (record-types) to propositions.
I will stop here but allow me still some last words

Conclusion

The dialogic approach is born from the idea that the rational way of dealing disagreements is by the means of an interactive understanding of reasoning and meaning. Meaning is, according to the dialogical approach, constituted by and within interaction. We might not come to an agreement after all but within the interaction new meanings might have come out, and they might change afterwards with other agents and other contexts.

This is on my view one of the lessons of orality : human rationality is dynamic and this dynamism develops in diverse dialogical forms. At the beginnings and the end the dialogue is.

Acknowledgements : Many thanks to Bernadette Dango for her enthusiastic and efficient work in relation to the volume, without her engagement the volume would not have taken place

Many thanks for all the participants to the LACTO-meeting in 7-8 november 2013 in Lille. Indeed during that meeting I profited of the inputs of Christian Berner, Charles Zaccharias Bowao, Michel Crubellier, Kabirou Gano, Oumar Dia, Marcel Nguimbi, Gildas Nzokou, Bernadette Dango, Sebastien Magnier and Juliele Sievers.

In fact the paper is a first result of the researches in the context of the network-project LACTO linked with the research programme "Argumentation, Decision, Action" (ADA) supported by the USR 3185 , MESHS-Nord-pas-de Calais.

Finally many thanks to the director of the MESH mentioned above, Gabriel Galvez-Behar, and to Marie-Aude Depuiset, Ing. De Recherche at the same institution, for the support and organization of such a successful meeting.

Appendix I : Standard Dialogical Logic [21]

Let $\mathcal{L}$ be a first-order language built as usual upon the propositional connectives, the quantifiers, a denumerable set of individual variables, a denumerable set of individual constants and a denumerable set of predicate symbols (each with a fixed arity).

We extend the language $\mathcal{L}$ with two labels **O** and **P**, standing for the players of the game, and the two symbols '!' and '?'. When the identity of the player does not matter, we use variables **X** or **Y** (with $\mathbf{X} \neq \mathbf{Y}$). A move is an expression of the form '**X**-e', where e is either of the form !φ for some sentence φ of $\mathcal{L}$ or of the form '?$[\varphi_1, \ldots, \varphi_n]$'.

The particle (or local) rules for standard dialogical games are given in the following table :

Posit	Challenge	Defence
$\mathbf{X}\,!\varphi \wedge \psi$	$\mathbf{Y}\,?[\varphi]$ or $\mathbf{Y}\,?[\psi]$	$\mathbf{X}\,!\varphi$ $\mathbf{X}\,!\psi$
$\mathbf{X}\,!\varphi \vee \psi$	$\mathbf{Y}\,?[\varphi, \psi]$	$\mathbf{X}\,!\varphi$ or $\mathbf{X}\,!\psi$
$\mathbf{X}\,!\varphi \rightarrow \psi$	$\mathbf{Y}\,!\varphi$	$\mathbf{X}\,!\psi$
$\mathbf{X}\,!\neg\varphi$	$\mathbf{Y}\,!\varphi$	-- --
$\mathbf{X}\,!\forall x \varphi$	$\mathbf{Y}\,?[\varphi(x/a_i)]$	$\mathbf{X}\,!\varphi(x/a_i)$
$\mathbf{X}\,!\exists x \varphi$	$\mathbf{Y}\,?[\varphi(x/a_1), \ldots, \varphi(x/a_n)]$	$\mathbf{X}\,!\varphi(x/a_i)$ with $1 \leq i \leq n$

In this table, the a_is are individual constants and $\varphi(x/a_i)$ denotes the formula obtained by replacing every free occurrence of x in φ by a_i. When a move consists in a question of the form '?$[\varphi_1, \ldots, \varphi_n]$', the other player chooses one formula among $\varphi_1, \ldots, \varphi_n$ and plays it. We can thus distinguish between conjunction and disjunction on the one hand, and universal and existential quantification on the other hand,

---

21. The following brief presentation of standard dialgoical logic is due to Nicolas Clerbout

in terms of which player has a choice. In the cases of conjunction and universal quantification, the challenger chooses which formula he asks for. Conversely, in the cases of disjunction and existential quantification, the defender is the one who can choose between various formulas. Notice that there is no defence in the particle rule for negation.

Particle rules provide an abstract description of how the game can proceed locally : they specify the way a formula can be challenged and defended according to its main logical constant. In this way we say that these rules govern the local level of meaning. Strictly speaking, the expressions occurring in the table above are not actual moves because they feature formulas schemata and the players are not specified. Moreover, these rules are indifferent to any particular situations that might occur during the game. For these reasons we say that the description provided by the particle rules is abstract.

Since the players' identities are not specified in these rules, we say that particle rules are symmetric : that is, the rules are the same for the two players. The fact that the local meaning is symmetric (in this sense) is one of the biggest strengths of the dialogical approach to meaning. In particular it is the reason why the dialogical approach is immune to a wide range of trivializing connectives such as Prior's *tonk*.[22]

The expressions occurring in particle rules are all move schematas. The words "challenge" and "defence" are convenient to name certain moves according to their relationship with other moves. Such relationships can be precisely defined in the following way. Let σ be a sequence of moves. The function p_σ assigns a position to each move in σ, starting with 0. The function F_σ assigns a pair $[m, Z]$ to certain moves N in σ, where m denotes a position smaller than $p_\sigma(N)$ and Z is either C or D, standing respectively for "challenge" and "defence". That is, the function F_σ keeps track of the relations of challenge and defence as they are given by the particle rules. Consider for example the following sequence σ :

$$\mathbf{P}\,!\varphi \wedge \psi,\ \mathbf{P}\,!\chi \wedge \psi,\ \mathbf{O}\,?[\varphi],\ \mathbf{P}\,!\varphi$$

In this sequence we have for example $p_\sigma(\mathbf{P}\,!\chi \wedge \psi) = 1$.

A *play* is a legal sequence of moves, i.e., a sequence of moves which observes the game rules. Particle rules are not the only rules which must be observed in this respect. In fact, it can be said that the second kind of rules named *structural rules* are the ones giving the precise conditions under which a given sentence is a play. The dialogical game for φ, written

---

22. See Rahman *et al.* (2009) and Rahman (2012).

$\mathcal{D}(\varphi)$, is the set of all plays with φ as the *thesis* (see the Starting rule below). The structural rules are the following :

SR0 (Starting rule). Let φ be a complex sentence of $\mathcal{L}$. For every $\varsigma \in \mathcal{D}(\varphi)$ we have :
- $p_\varsigma(\mathbf{P}\,!\varphi) = 0$,
- $p_\varsigma(\mathbf{O}\,\mathtt{n} := \mathtt{i}) = 1$,
- $p_\varsigma(\mathbf{P}\,\mathtt{m} := \mathtt{j}) = 2$.

In other words, any play ς in $\mathcal{D}(\varphi)$ starts with $\mathbf{P}$ positing φ. We call φ the thesis of the play and of the dialogical game. After that, the Opponent and the Proponent successively choose a positive integer called repetition rank. The role of these integers is to ensure that every play ends after finitely many moves, in a way specified by the next structural rule.

SR1 (Classical game-playing rule).
- Let $\varsigma \in \mathcal{D}(\varphi)$. For every M in ς with $p_\varsigma(M) > 2$ we have $F_\varsigma(M) = [m', Z]$ with $m' < p_\varsigma(M)$ and $Z \in \{C, D\}$.
- Let $\mathbf{r}$ be the repetition rank of player $\mathbf{X}$ and $\varsigma \in \mathcal{D}(\varphi)$ such that
    - the last member of ς is a $\mathbf{Y}$ move,
    - M_0 is a $\mathbf{Y}$ move of position m_0 in ς,
    - $M_1, \ldots, M_n$ are $\mathbf{X}$ moves in ς such that $F_\varsigma(M_1) = \cdots = F_\varsigma(M_n) = [m_0, Z]$.

  Consider the sequence [23] $\varsigma' = \varsigma \star N$ where N is an $\mathbf{X}$ move such that $F_{\varsigma'}(N) = [m_0, Z]$. We have $\varsigma' \in \mathcal{D}(\varphi)$ only if $n < \mathbf{r}$.

The first part of the rule states that every move after the choice of repetition ranks is either a challenge or a defence. The second part ensures finiteness of plays by setting the player's repetition rank as the maximum number of times he can challenge or defend against a given move of the other player.

SR2 (Formal rule). Let ψ be an elementary sentence, N be the move $\mathbf{P}\,!\psi$ and M be the move $\mathbf{O}\,!\psi$. A sequence ς of moves is a play only if we have : if $N \in \varsigma$ then $M \in \varsigma$ and $p_\varsigma(M) < p_\varsigma(N)$.

That is, the Proponent can play an elementary sentence only if the Opponent played it previously. The formal rule is one of the characteristic features of the dialogical approach : other game-based approaches do not have it (see comments below).

One way to understand the formal rule is that it establishes a kind of game where one of the players must play without knowing meaning of the elementary sentences involved. Now, if the ultimate grounds of a

---

23. We use $\varsigma \star N$ to denote the sequence obtained by adding move N to the play ς.

dialogical thesis are elementary sentences and if this is implemented by the use of a formal rule, then the dialogues are in this sense necessarily asymmetric. Indeed, if both contenders were restricted by the formal rule no elementary sentence could ever be posited. Thus, we implement the formal rule by designing one player, called the Proponent, whose posits of elementary sentences are, at least at the start of the dialogue, restricted by this rule. Moreover the formal rule triggers a novel notion of validity. Validity is not being understood as being true in every model, but as having a winning strategy independently of any model or more generally independently of any material grounding claim (such as truth or justification). The copy-cat strategy implicit in the formal rule is not copy-cat of groundings but copy-cat of posits involving elementary sentences.[24] The copy-cat of groundings or contents corresponds rather to the modified formal rule for material analytic dialogues of the present paper.[25]

A play is called *terminal* when it cannot be extended by further moves in compliance with the rules. We say it is **X** terminal when the last move in the play is an **X** move.

SR3 (Winning rule). Player **X** wins the play ς only if it is **X** terminal.

Consider for example the following sequences of moves :

$$\mathbf{P} \,!Q(a) \wedge Q(b), \mathbf{O}\,\mathtt{n} := 1, \mathbf{P}\,\mathtt{m} := 6, \mathbf{O}\,?[Q(a)], \mathbf{P}\,!Q(a)$$
$$\mathbf{P} \,!Q(a) \to Q(a), \mathbf{O}\,\mathtt{n} := 1, \mathbf{P}\,\mathtt{m} := 12, \mathbf{O}\,!Q(a), \mathbf{P}\,!Q(a)$$

The first one is not a play because it contravenes the Formal rule : with his last move, the Proponent plays an elementary sentence although the Opponent did not play it beforehand. By contrast, the second sequence is a play in $\mathcal{D}(Q(a) \to Q(a))$.

We often use a convenient table notation for plays. For example, we can write this play as follows :

	O			**P**	
				$!Q(a) \to Q(a)$	0
1	n := 1			m := 12	2
3	$!Q(a)$	(0)		$!Q(a)$	4

---

24. This has been pointed out by Helge Rückert (2011b) during the workshop *Proofs and Dialogues* (Tübingen). See also Rückert (2001) for more discussion on the formal rule.

25. Although Marion et Rückert [forthcoming] suggest that the use of the dialogical formal rule is already present in Aristotle — and perhaps even in Plato —, it seems to us that it is in fact the modified one we formulated for the material-analytic dialogues.

The numbers in the external columns are the positions of the moves in the play. When a move is a challenge, the position of the challenged move is indicated in the internal columns, as with move 3 in this example. Notice that such tables carry the information given by the functions p and F in addition to represent the play itself.

However, when we want to consider several plays together — for example when building a strategy — such tables are not that perspicuous. So we do not use them to deal with dialogical games for which we prefer another perspective. The *extensive form* of the dialogical game $\mathcal{D}(\varphi)$ is simply the tree representation of it, also often called the game-tree. More precisely, the extensive form $\mathfrak{E}_\varphi$ of $\mathcal{D}(\varphi)$ is the tree (T, ℓ, S) such that :

i) Every node t in T is labelled with a move occurring in $\mathcal{D}(\varphi)$

ii) $\ell : T \mapsto \mathbb{N}$

iii) $S \subseteq T^2$ with :
- There is a unique t_0 (the root) in T such that $\ell(t_0) = 0$, and t_0 is labelled with the thesis of the game,
- For every $t \neq t_0$ there is a unique t' such that $t'St$,
- For every t and t' in T, if tSt' then $\ell(t') = \ell(t) + 1$,
- Let $\varsigma \in \mathcal{D}(\varphi)$ such that $p_\varsigma(M') = p_\varsigma(M) + 1$. If t and t' are respectively labelled with M and M', then tSt'.

Many metalogical results concerning dialogical games are obtained by considering them by leaving the level of rules and plays and moving to the level of strategies. Among these results, significant ones are given in terms of the existence of winning strategies for a player. We now define these notions and give examples of results.

A *strategy* for Player **X** in $\mathcal{D}(\varphi)$ is a function which assigns an **X** move M to every non terminal play ς with a **Y** move as last member such that extending ς with M results in a play. An **X** strategy is winning if playing according to it leads to **X**'s victory no matter how **Y** plays.

A strategy can be considered from the viewpoint of extensive forms : the extensive form of an **X** strategy s in $\mathcal{D}(\varphi)$ is the tree-fragment $\mathfrak{S}_\varphi = (T_s, \ell_s, S_s)$ of $\mathfrak{E}_\varphi$ such that :

i) The root of $\mathfrak{S}_\varphi$ is the root of $\mathfrak{E}_\varphi$,

ii) Given a node t in $\mathfrak{E}_\varphi$ labelled with an **X** move, we have $t' \in T_s$ and $tS_s t'$ whenever tSt'.

iii) Given a node t in $\mathfrak{E}_\varphi$ labelled with a **Y** move and with at least one t' such that tSt', then there is a unique s(t) in T_s with $tS_s(t)$ and s(t) is labelled with the **X** move prescribed by s.

Here are some examples of results which pertain to the level of strategies :[26]

- Winning P strategies and leaves. *Let w be a winning **P** strategy in $\mathcal{D}(\varphi)$. Then every leaf in the extensive form $\mathfrak{W}_\varphi$ of w is labelled with a **P** elementary sentence.*
- Determinacy. *There is a winning **X** strategy in $\mathcal{D}(\varphi)$ if and only if there is no winning **Y** strategy in $\mathcal{D}(\varphi)$.*
- Soundness and Completeness of Tableaux. *Consider first-order tableaux and first-order dialogical games. There is a tableau proof for φ if and only if there is a winning **P** strategy in $\mathcal{D}(\varphi)$.*

By soundness and completeness of the tableau method with respect to model-theoretical semantics, it follows that existence of a winning **P** strategy coincides with validity : *There is a winning **P** strategy in $\mathcal{D}(\varphi)$ if and only if φ is valid.*

Appendix II

Record Types and Records

The point of making use of record types is to deal with richer conceptual structures ordered by some kind of dependence between judgements. Such kind of structures have been called by Robin Cooper Record-Types (2005a; 2005b). Record types are quite similar to a Cartesian product. Indeed, the record type

$$\{l_1 : T_1 \,;\, l_2 : T_2\}$$

is very similar to the Cartesian product set $T_1 \times T_2$. The difference is that the elements of the latter are pairs (a, b) where $a : T_1$ and $b : T_2$, whereas the elements of the former are labelled tuples $(l_1 = a, l_2 = b)$. Labels can be thought as a kind of designators (see below). More generally, the elements of record types are tuples of the form $(l_1 = a, l_2 = b, \ldots, l_n = c)$.

If t is one element of the record type $\{l_1 : T_1 \,;\, l_2 : T_2\}$ — that is, if $t : \{l_1 : T_1 \,;\, l_2 : T_2\}$ — the projection function $first(t)$ yields $l_1 = a$ and similarly for $second(t)$.

Let us take as an example of a record type

---

26. These results are proven, together with others, in Clerbout (2013a).

{*Indian citizen*: *NON-CO-OPERATION LEADER*, *place* : *INDIAN VILLAGE*}

Let us further assume that a labelled tuple of this record type is

(*Indian citizen=Gandhi, place=Dandi*)

Such that the following holds :

{*Indian citizen=Gandhi*: *NON-CO-OPERATION LEADER*, *place=Dandi*: *INDIAN VILLAGE*}

In such a case we say that the set *(Indian citizen=Gandhi, place=Dandi)* is a **record** that constitutes a **witness** of the **record type** {*Indian citizen*: *NON-CO-OPERATION LEADER*, *place*: *INDIAN VILLAGE*}. Records and Record types are usually written within boxes (in the style of DRT) :

Record type 1

$$\left[\begin{array}{l} Indian\ citizen : NON\text{-}CO\text{-}OPERATION\ LEADER \\ place : INDIAN\ VILLAGE \end{array} \right]$$

Record 1

$$\left[\begin{array}{l} Indian\ citizen = Gandhi \\ place = Dandhi \end{array} \right]$$

Which assumes the judgements
Gandhi : *NON-CO-OPERATION LEADER*,
Dandi : *INDIAN VILLAGE*.

Each of the lines in the boxes is called a field and the expressions to the left of the colon in the record type and to the left of the equality in the record are called *labels*. As already mentioned, the point is that we can express dependent fields such as

Record type 2

$$\left[\begin{array}{l} Indian\ citizen : NON\text{-}CO\text{-}OPERATION\ LEADER \\ time : TIME \\ place : INDIAN\ VILLAGE \end{array} \right]$$

Record 2

$$\left[\begin{array}{l} Indian\ citizen = Gandhi \\ time = 6:30am,\ April\ 6,\ 1930 \\ place : Dandi \end{array} \right]$$

Which assumes the judgements :
Gandhi : *NON-CO-OPERATION LEADER*,
$6:30am$, *April* 6, 1930 : *TIME*
Dandi : *INDIAN VILLAGE*

This also allows to express situations and events such as

Record type 3

$$\begin{bmatrix} Indian\ citizen : NON\text{-}CO\text{-}OPERATION\ LEADER \\ time : TIME \\ place : INDIAN\ VILLAGE \\ protest : CIVIL\ DISOBEDIENCE(Indian\ citizen, time, place) \end{bmatrix}$$

Where $CIVIL\ DISOBEDIENCE(Indian\ citizen, time, place)$ is of the type *prop* provided *Indian citizen* is of the type $NON\text{-}CO\text{-}OPERATION\ LEADER$, *time* of the type $TIME$ and *place* of the type $INDIAN\ VILLAGE$.

Record 3

$$\begin{bmatrix} Indian\ citizen = Gandhi \\ time = 6:30am,\ April\ 6,\ 1930 \\ place = Dandi \\ protest = Dandi\text{-}Salt\text{-}Protest \end{bmatrix}$$

That this record witnesses the preceding record-type assumes the judgements :

$Gandhi : NON\text{-}CO\text{-}OPERATION\ LEADER$,
$6:30am,\ April\ 6,\ 1930 : TIME$
$Dandi : INDIAN\ VILLAGE$
$Dandi\text{-}Salt\text{-}Protest : CIVIL\ DISOBEDIENCE(Gandhi,\ 6:30am,\ April\ 6,\ 1930,\ Dandi)$

In fact labels could be represented by variables and thus this seems to suggest that fields in a record (that is, the equalities) determine some kind of fixed substitutions : so that the label might be thought as a kind of designator — a non rigid one but with a substitution term fixed by the record at stake — as we will see further on when applied to logical constants they seem to be very close to the notion of *instruction for play-objects* introduced in section 2.1. Indeed, the variable-writing yields :

Record type 4*

$$\begin{bmatrix} x : NON\text{-}CO\text{-}OPERATION\ LEADER \\ time : TIME \\ place : INDIAN\ VILLAGE \\ y : CIVIL\ DISOBEDIENCE(x, time, place) \end{bmatrix}$$

Record 4*

$$\begin{bmatrix} x = Gandhi \\ time = 6:30am,\ April\ 6,\ 1930 \\ place = Dandi \\ y = Dandi\text{-}Salt\text{-}Protest \end{bmatrix}$$

Which assumes the judgements :

- Gandhi : *NON-CO-OPERATION LEADER*
(Gandhi/x : *NON-CO-OPERATION LEADER*),
  - *6 :30am, April 6, 1930* : *TIME* (*6 :30am, April 6, 1930*/time : *TIME*),
  - *Dandi* : *INDIAN VILLAGE* (*Dandi*/place : *INDIAN VILLAGE*),
  - *Dandi-Salt-Protest* : *CIVIL DISOBEDIENCE*
(Gandhi/x, 6 :30am, April 6, 1930/time, Dandi/place)
(Dandi-Salt-Protest/y : *CIVIL DISOBEDIENCE*(Gandhi/x, 6 :30am, April 6, 1930/time, Dandi/place)

More generally we say that the record type

$$\begin{bmatrix} l_1 : T_1 \\ l_2 : T_2 \\ \vdots \\ l_n : T_n \end{bmatrix}$$

(where l_n is a label and T_n is a type) is witnessed by the record

$$\begin{bmatrix} l_1 : a_1 \\ l_2 : a_2 \\ \vdots \\ a_n : T_n \end{bmatrix}$$

Iff the following judgements hold :
  $a_1 : T_1$
  $a_2 : T_2$
  ...
  $a_n : T_n$

One interesting point is to see it the other way round : one and the same record can have several "typing-options" in such a way that a record might witness different record types. Thus, record 4 can be seen as exemplifying each of the 4 record types. Certainly some of the fields of record 4 will be dismissed in the narrower record types 1 to 3, however this does not disqualify record 4 as witnessing, say, record type 1, the fields defined by the labels *time* and *protest* will be considered to be irrelevant for this record type. Moreover, the theory considers that all records witness the empty record type (the record type with any constraints on how the fields have to be defined).

Record Types, Records and TTR-propositions

Ranta (1994, p.54) points out that the application of CTT to natural language naturally follows from the distinction between proof-processes and proof-objects. More precisely, the link between mathematical proposition and propositions of natural language is established by the notion of proof-object. Just as the proposition *that there is a prime number between 212 and 22* has as its proofs-objects prime numbers between those numbers, so the proposition *there is a railway from Moscow* to Hong Kong has as its proof-objects railways from Moscow to Hong Kong. Moreover, Ranta remarks that a rudimentary form is already present in Davidson's (1980) *event-sentences*. Event-sentences are conceived as predicates that are existentially quantified over a universe of events. Accordingly the sentence

$\exists x$ *(Gandhi walked from Ahmedabad to Dandi)*(x)

is true just as if there is an event where Gandhi walked from Ahmedabad to Dandi. In type theory the idea is that the event is just a proof-object of the type *Gandhi walked from Ahmedabad to Dandi*. The idea is that the event of the variable over event does not appear in the proposition itself but it occurs in the judgement the means of which we assert that the type *Gandhi walked from Ahmedabad to Dandi* has a token :

x : *Gandhi walked from Ahmedabad to Dandi*

Thus, in same way that a proposition can be conceived as a type that can be instantiated by proof objects an event-sentence can be conceived as a type of events the tokens of which are suitable events. This has been also linked to Bariwse and Etchemendy's (1987) development of Austin's (1950) approach to propositions in which a proposition is understood as a structured object $prop(s, \sigma)$, such that s is a situation and σ a situation type. Thus, a proposition is true iff $s : \sigma$. This is certainly close to Ranta's approach to event-sentences. Cooper (2005b) implements the situational approach in the context of CTT with Records based on the idea that situation types correspond to record-types and situations to records. Thus, a proposition, constituted by record (= : situation) and record-type (= : situation type) is true iff the record witnesses the adequate record-type at hand. If, following Ginzburg (2012, pp.37–38) we express this correspondence in the object-language we come to the following formation rule for the type of TTR-propositions (for short : TTR-prop) :

> A TTR- prop is formed by a situation (*sit*) and a situation type (*sit-type*) such that sit of the record type and sit-type

of the record type Type :

$$\frac{\begin{array}{l}sit : Record \\ sit\text{-}type : RecType\end{array}}{(sit, sit\text{-}type) : TTR\text{-}prop}$$

A given instance of a TTR-prop, say p, is true iff the concrete situation s_n (the value of the label sit) at hand is of the type ST_n that forms p :

$$\frac{p_{\text{def}} \left[\begin{array}{l} sit = s_n \\ sit - type = ST_n \end{array} \right]}{p \, true \, iff \, s_n : ST_n}$$

Let us take as instantiation of a TTR-prop type the proposition constituted by the following situation and situation type :

$$\left[\begin{array}{l} sit = \text{Gandhi's walk from Ahmedabad to Dandi, from 12/03/1930 to 6/04/1930} \\ sit\text{-}type = \text{Indian leader's walk from Ahmedabad to Dandi} \end{array} \right]$$

is true iff Gandhi's walk from Ahmedabad to Dandi, from 12/03/1930 to 6/04/1930 is an evidence for (is of the type) *Indian leader's walk from Ahmedabad to Dandi*, that is iff

Gandhi's walk from Ahmedabad to Dandi, from 12/03/1930 to 6/04/1930:*Indian leader's walk from Ahmedabad to Dandi*

Functions

The dialogical approach to functions is not that different of the one to predicates : predicates are a special kind of functions after all. Let us see how this work in the slightly sophisticated example of contextual meaning. The TTR-take on this issue is based on the Montague-Kaplan approach to contextual meaning, roughly, it is a function from contexts to the content of a proposition.[27] From the view point of TTR contextual meaning amounts to a function of records of the type *Context*, to record types that instantiate a suitable type TTR-proposition.

Let us take one example, the function M the argument of which is the record type $Context_{I\ see\ Charo}$, and the value is some record type *Content*, such that, since it is a TTR-proposition consists of a situation type and a situation. The records that instantiate the record type $Context_{I\ see\ Charo}$ (for short M) i.e. the arguments of the function, are constituted by fields for the *individual* (x) who is a speaker, utterance *time* (t), the *individual* (y) referred by the speaker, the relation of *speaking at t* (p_1), the relation of *naming y* (p_2) — a relation between Charo

---

27. Ginzburg (2012, pp.40-41).

and the *individual refered by the speaker* —, and the *described situation* (*s*). The values of such a function are records types of the sort TTR-prop (i.e., they are TTR-propositions) constituted by a situation type of the form $see(M.x, M.t, M.y)$ and a situation $M.s$, where the substitutions terms for $M.x$, $M.t$, $M.y$ $M.s$ are exactly those terms fixed by the label-substitutions of records that are suitable arguments of M. This yields the *formation rules* of Table 1.2.

To put it in a notation more familiar to the CTT- approach :
- The value z of the function M ($f^M(r)$), is a type record of the sort *TTR-prop* provided r is a record that witnesses the record type $Context_{I,Charo}$

$$\begin{bmatrix} sit = M.s \\ sit\text{-}type = [c : see(M.x, M.t, M.y)] \end{bmatrix}$$

Provided

$$\begin{bmatrix} x : IND \\ t : Time \\ p_1 : speak(x,t) \\ y : IND \\ p_2 : named(Charo, y) \\ s : Rec \end{bmatrix}$$

Where
- $Cont_{see}$ is a *TTR-prop* (constituted by a *sit-type* and a *sit*), and
- $see(M.x, M.t, M.y) : prop(x,t,y$ are substituted by the terms determined by r)

The idea is then that the value of the function is a record type consisting in only one judgment that states that a given *Cont* is a TTR-prop. It is crucial to see that the value of the function is not a TTR-proposition but the judgement that something is a proposition. This is the TTR-way to deal with propositional abstracts.

The local meaning of function M is given by the following options :

1. Given a record, claimed to be a argument of the function, the challenger requests the defender to produce the necessary judgements. Once the argument has been given, the challenger will proceed to make use of the posit- substitution rule

2. The challenger request the defender to build a suitable record. Once the argument has been given, the challenger will proceed to make use of the posit- substitution rule.

Posit	Challenge	Defence
X!$Context_{I,Charo} \mapsto Content : prop$	Y $?^1_F t_I$	X! $\begin{bmatrix} x : IND \\ t : TIME \\ p_1 : speak(x,t) \\ y : IND \\ p_2 : named(Charo, y) \\ s : Rec \end{bmatrix}$
	Y $?^2_F$	X! $\begin{bmatrix} Cont_{see} \begin{bmatrix} sit = M.s \\ sit\text{-}type = [c : see(M.x, M.t, M.y)] \end{bmatrix} \end{bmatrix} : TTR\text{-}prop$
	Y $?^{see}_F$	X!$see(x,t,y) : prop$ $(x : IND, t : Time, y : IND, (x,t,y) : Context)$

TABLE 1.2. Formation rule for M

Since the second case is a special case of the first we will only present the first case in Table 1.3. Moreover, in order to avoid unnecessary complexity we will assume that the record passed the witnessing test described when we explained the meaning of TTR-predicates.

Posit	Challenge	Defence
M $\begin{bmatrix} x : IND \\ t : TIME \\ p_1 : speak(t,x) \\ y : IND \\ p_2 : named(Charo, y) \\ s : Rec \end{bmatrix}$		
X! $\downarrow$		
X! $\left[Cont_{see} = \begin{bmatrix} sit = s \\ sit\text{-}type = [c : see(x,y,t)] \end{bmatrix} : TTR\text{-}prop \right]$	Y! $\begin{bmatrix} x = a \\ t = 10hs \\ !p_1 = c_1 \\ y = b \\ p_2 = c_2 \\ s = s_1 \end{bmatrix}$	X! $[Cont_{see} : TTR\text{-}prop]$
Argument for M	The challenger posits the argument and requests for the value of the function	where
X! $\begin{bmatrix} x = a \\ t = 10hs \\ !p_1 = c_1 \\ y = b \\ p_2 = c_2 \\ s = s_1 \end{bmatrix}$		$\left[Cont_{see} = \begin{bmatrix} sit = s_1 \\ sit\text{-}type = [c : see(a, 10hs, b)] \end{bmatrix} \right]$

TABLE 1.3. Local meaning of M (Option 1)

Bibliographie

Austin, J. 1961, « Truth », *Proceedings of the Aristotelian Society*, vol. Supplementary Volume 28, pages 111—128.

Barwise, J. et J. Etchemendy. 1987, *The Liar*, New York : OUP.

Blass, A. 1992, « A game semantics for linear logic », *Annals of Pure and Applied Logic*, vol. 56, pages 183–220.

Clerbout, N. 2013a, *Etude sur quelques sémantiques dialogiques. Concepts fondamentaux et éléments de metathéorie*, thèse de doctorat, Université de Lille 3 / Université de Leyden.

Clerbout, N. 2013b, « First-Order Dialogical Games and Tableaux », *Journal of Philosophical Logic*. URL DOI:10.1007/s10992-013-9289-z.

Cooper, R. 2005a, « Austinian truth, attitudes and type theory », *Research on Language and Computation*, vol. 3, pages 333–362.

Cooper, R. 2005b, « Records and records types in semantic theory », *Journal of Logic and Computation*, vol. 15, n° 2, pages 99–112.

Davidson, D. 1980, *Essays on Action and Events*, New York : Clarendon Press.

van Ditmarsch, H., W. van der Hoek et B. Kooi. 2007, *Dynamic Epistemic Logic*, Berlin : Springer.

Ginzburg, J. 2012, *The Interactive Stance : Meaning for Conversation*, Oxford : Oxford University Press.

Ginzburg, J. et I. Sag. 2000, *Interrogative Investigations. The Form, Meaning, and Use of English Interrogatives*, Stanford : CSLI.

Granström, J. 2011, *Treatise on Intuitionistic Type Theory*, Dordrecht : Springer.

Hintikka, J. 1973, *Logic, Language-Games and Information : Kantian Themes in the Philosophy of Logic*, Oxford : Clarendon Press.

Hintikka, J. 1996a, *The Principles of Mathematics Revisited*, Cambridge : Cambridge University Press.

Hintikka, J. 1996b, *Lingua Universalis vs. Calculus Ratiocinator : An Ultimate Presupposition of Twentieth-Century Philosophy*, Dordrecht : Kluwer.

Hintikka, J. et G. Sandu. 1997, « Game-theoretical semantics », dans *Handbook of Logic and Language*, édité par J. van Benthem et A. ter Meulen, Amsterdam : Elsevier, pages 361–410.

Keiff, L. 2007, *Le Pluralisme Dialogique : Approches dynamiques de l'argumentation formelle*, thèse de doctorat, Lille 3.

Keiff, L. 2009, « Dialogical Logic », *Stanford Encyclopedia of Philosophy*. URL http://plato.stanford.edu/entries/logic-dialogical/, (accessed 2013).

Lorenz, K. 2001, « Basic objectives of dialogue logic in historical perspective », *Synthese*, vol. 127, n° 1-2, pages 255–263. Special volume Rahman et Rückert (2001).

Lorenzen, P. 1962, « Gleicheit und Abstraktion », *Ratio*, vol. 4, pages 77–81.

Lorenzen, P. 1973, « Semantisch normierte Orthosprachen », dans *Zum normativen Fundament der Wissenschaft*, édité par F. Kambartel et J. Mittlestrass, Frankfut am Main : Athenäum, pages 231–249.

Lorenzen, P. et K. Lorenz. 1978, *Dialogische Logik*, Darmstadt : Wissenschaftliche Buchgesellschaft.

Lorenzen, P. et O. Schwemmer. 1975, *Konstruktive Logik, Ethik und Wissenschaftstheorie*, 2e éd., Mannheim : Bibliographisches Institut.

Marion, M. et H. Rückert. « Aristotle on Universal Quantification », Forthcoming.

Martin-Löf, P. 1984, *Intuitionistic Type Theory. Notes by Giovanni Sambin of a series of lectures given in Padua, June 1980*, Naples : Bibliopolis.

Nordström, B., K. Petersson et J. Smith. 1990, *Programming in Martin-Löf's Type Theory : An Introduction*, Oxford : Oxford University Press.

Prawitz, D. 1979, « Proofs and the meaning and completeness of the logical constants », dans *Essays on Mathematical and Philosophical Logic*, édité par J. Hintikka et alii, Dordrecht : Reidel, pages 25–40.

Primiero, G. 2008, *Information and Knowledge. A constructive type-theoretical approach*, Dordrecht : Springer.

Rahman, S. 1993, *Über Dialoge, Protologische Kategorien und andere Seltenheiten*, Frankfurt, Paris and New York : P. Lang.

Rahman, S. 2009, « A non normal logic for a wonderful world and more », dans *The Age of Alternative Logics*, édité par J. van Benthem et alii, Dordrecht : Kluwer-Springer, pages 311–334. (Second Edition).

Rahman, S. 2012, « Negation in the Logic of first degree entailment and tonk : A dialogical study », dans *Rahman et al. (2012)*, pages 213–250.

Rahman, S. et N. Clerbout. 2013, « Constructive type theory and the dialogical approach to meaning », *Baltic International Yearbook of Cognition, Logic and Communication*, vol. 8, doi :10.4148/1944-3676.1077. URL http://dx.doi.org/10.4148/1944-3676.1077.

Rahman, S., N. Clerbout et L. Keiff. 2009, « On dialogues and natural deduction », dans *Acts of Knowledge : History, Philosophy and Logic : Essays Dedicated to Gïan Sundholm*, édité par G. Primiero et S. Rahman, London : College Publications, pages 301–336.

Rahman, S. et L. Keiff. 2005, « On how to be a dialogician », dans *Logic, Thought, and Action*, édité par D. Vanderveken, Dordrecht : Kluwer, pages 359–408.

Rahman, S., G. Primiero et M. Marion, éd.. 2012, *The Realism-Antirealism Debate in the Age of Alternative Logics*, Dordrecht : Kluwer-Springer.

Rahman, S. et H. Rückert, éd.. 2001, *New Perspectives in Dialogical Logic*, Springer (*Synthese* 127(1-2) : special volume).

Ranta, A. 1988, « Propositions as games as types », *Synthese*, vol. 76, pages 377–395.

Ranta, A. 1994, *Type-Theoretical Grammar*, Oxford : Clarendon Press.

Rückert, H. 2001, « Why dialogical logic ? », dans *Essays on Non-Classical Logic*, édité par H. Wansing, Singapore : World Scientific, pages 165–185.

Rückert, H. 2011a, *Dialogues as a Dynamic Framework for Logic*, London : College Publications.

Rückert, H. 2011b, « The Conception of Validity in Dialogical Logic », Talk at the workshop *Proofs and Dialogues*, Tübingen.

Siegwart, G. 1993, « Die fundamentale Methode der Abstraktion. Replik auf Dirk Hartmann und Christian Thiel », *Zeitschrift für Philosophische Forschung*, vol. 47, n° 4, pages 606–614.

Sundholm, G. 1983a, « Constructions, proofs and the meaning of the logical constants », *Journal of Philosophical Logic*, vol. 12, n° 2, pages 151–172.

Sundholm, G. 1983b, « Systems of Deduction », dans *Handbook of Philosophical Logic*, vol. 1, édité par D. Gabbay et F. Guenthner, Dordrecht : Reidel, pages 133–188.

Sundholm, G. 1986, « Proof-Theory and Meaning », dans *Handbook of Philosophical Logic*, vol. 3, édité par D. Gabbay et F. Guenthner, Dordrecht : Reidel, pages 471–506.

Sundholm, G. 1997, « Implicit epistemic aspects of constructive logic », *Journal of Logic, Language and Information*, vol. 6, n° 2, pages 191–212.

Sundholm, G. 1998, « Inference versus Consequence », dans *The Logica Yearbook 1997*, édité par T. Childers, Prague : Filosofia, pages 26–36.

Sundholm, G. 2001, « A plea for logical atavism », dans *The Logica Yearbook 2000*, édité par O. Majer, Prague : Filosofia, pages 151–162.

Sundholm, G. 2009, « A century of judgement and inference : 1837–1936 », dans *The Development of Modern Logic*, édité par L. Haaparanta, Oxford : Oxford University Press, pages 236–317.

Sundholm, G. 2013, « Containment and Variation. Two stands in the development of analyticity from Aristotle to Martin-Löf », dans *Judgement and the Epistemic Foundation of Logic*, édité par M. van der Schaar, Dordrecht : Springer, pages 23–35.

Tulenheimo, T. 2011, « On some logic games in their philosophical context », dans *Ludics, Dialogues and Interaction. PRELUDE Project 2006-2009. Revised Selected Papers*, édité par A. Lecomte et S. Tronçon, Berlin / Heidelberg : Springer, pages 88–113.

Des dialogues aux tableaux dans le contexte de révision de croyances : De l'oralité à l'écriture

BERNADETTE DANGO [*]

RÉSUMÉ. Le système dialogique contient sa propre théorie de la preuve. Plus précisément, la preuve d'une proposition se construit à partir d'une stratégie de victoire adéquate. Dès les origines de la logique dialogique, la notion de stratégie de victoire a été mise en relation d'abord avec le calcul des séquents, puis avec le système des tableaux sémantiques. Mais pour obtenir un algorithme qui transforme toute stratégie de victoire en un tableau fermé, il a fallu attendre les travaux de Nicolas Clerbout (2013 a,b) qui ont permis ainsi de mettre en évidence les difficultés inhérentes à la notion dialogique de stratégie de victoire.

Notre présente contribution est consacrée à une tâche difficile : exprimer dans les tableaux les aspects interactifs qui sont indispensables à la théorie dialogique de la signification. Pour cette tâche, nous nous plaçons dans le cadre de l'approche dialogique de la formulation de Bonanno de la révision des croyances proposée par Bonanno, une approche qui requiert une structure interactive à la fois riche et complexe. Ce cadre nous permet d'aborder la question complexe du passage de l'oralité à l'écriture que nous envisageons dans la perspective de l'axiome No Drop de Bonanno.

Mots clés : Système dialogique, système de tableaux, oralité, écriture, interaction.

Introduction

La révision des croyances decrit le changement de croyances qui résulte de la prise en compte de nouvelles données d'informations. Dans les années 1980, plusieurs chercheurs se sont efforcés de rendre compte formellement de ce processus. C'est en 1985, dans un article célèbre,

---

[*]. Univ Lille Nord de France, F-59000 Lille France ;
UdL3, STL, F-59653 Villeneuve d'Ascq France ;
CNRS UMR8163.

Carlos Alchourrón, Peter Gärdenfors et David Makinson ont proposé, pour la première fois, une axiomatisation du processus de révision des croyances.[1]

Cet article a ouvert la voie à de nouveaux programmes de recherche en science de la computation, en logique ainsi qu'en philosophie. Dans les travaux les plus récents, la dynamique de la révision des croyances est exprimée dans le formalisme de la logique modale. Giacomo Bonanno (2009, 2012) formule ainsi la théorie de la révision des croyances dans le cadre d'une logique multimodale et temporelle. Virginie Fiutek, quant à elle, a exploré le cadre dialogique de la sémantique de Bonanno.[2] L'idée qui prévaut dans ses recherches est que la révision des croyances ne consiste pas seulement en une réception d'informations passives. Elle ne se borne pas à une réception passive des informations. Elle engage une participation active.

Notre contribution se situe à l'intersection des approches multimodale et dialogique. Nous étudions l'interface entre l'oralité et l'écriture à partir de l'approche dialogique de la révision des croyances. Plus précisément, En effet, nous nous sommes fixés pour objectif d'étudier l'interface entre l'oralité et l'écriture à partir de l'approche dialogique dans la révision de croyances. Plus précisément, notre étude envisage d'analyser le processus d'extraction des tableaux sémantiques dans le cadre de dialogues afin de montrer les difficultés propres à l'expression écrite des aspects interactifs fondamentaux de la signification.

Pour ce faire, nous nous limitons à l'axiome No Drop qui stipule que si l'information reçue n'est pas en contradiction avec les croyances initiales de l'agent alors celui-ci les conserve.

1 Approche multimodale et temporelle de la révision de croyances chez Bonanno

Bonanno développe un cadre formel multimodal et temporel dans plusieurs de ses articles. Notre travail est basé sur son dernier article traitant de la théorie AGM intitulé « Belief change in branching time : AGM-consistency and iterated revision ».

1.1 La syntaxe

Le langage de Bonanno est une extension du langage de la logique propositionnelle classique. Ce langage est construit à partir des propositions atomiques $p, q, r \ldots$, deux opérateurs de temporalité F et P, un

---

[1]. Cf. Alchourron *et al.* (1985).
[2]. Pour plus d'informations, voir Fiutek *et al.* (2010); Fiutek (2013).

opérateur de croyance B, un opérateur d'information I et un opérateur de tous les états A.

$$\varphi := p \mid \neg\varphi \mid \varphi \wedge \psi \mid F\varphi \mid P\varphi \mid B\varphi \mid I\varphi \mid A\varphi$$

L'interprétation intuitive de ces opérateurs est la suivante :
- $F\varphi$: Pour chaque instant futur il est le cas que φ.[3]
- $P\varphi$: Pour chaque instant précédent il a été le cas que φ.[4]
- $B\varphi$: l'agent croit que φ.
- $I\varphi$: l'agent est informé que φ.
- $A\varphi$: il est vrai dans tous les états que φ.

1.2 La sémantique de Bonanno

Dans la sémantique de Bonanno, un modèle s'obtient par adjonction de la fonction de valuation V à un cadre de la forme $\langle T, R^T, W, R^{Bt}, R^{It} \rangle$ où $\langle T, R^T \rangle$ représente un cadre de temps branché.

Dans le cadre $\langle T, R^T \rangle$:
- T représente l'ensemble non vide d'instants t tel que $t \in T$.
- R^T la relation binaire sur T qui détermine le successeur et le prédécesseur immédiats d'un instant quelconque t. Elle satisfait les conditions suivantes pour chaque t_1, t_2 et $t_3 \in T$:

    1. Si $t_1 R t_3$, $t_2 R t_3$ alors $t_1 = t_2$.
    2. Si $< t_1, ..., t_n >$ est une sequence avec $t_i R^T t_{i+1}$ pour chaque $i = 1, ..., n-1$, alors $t_1 \neq t_n$

  La condition 1 signifie que chaque instant a un unique prédécesseur. La condition 2 exclut les cycles dans le cadre.
- $t R^T t_1$ signifie que t_1 est le successeur immédiat de t ou t est le prédécesseur immédiat de t_1.

  Chaque instant peut avoir plusieurs successeurs immédiats.
- $\langle R^T \rangle$ dénote l'ensemble de tous les successeurs immédiats de t.

Dans un cadre $\langle T, R^T, W, R^{Bt}, R^{It} \rangle$:
- $\langle T, R^T \rangle$ est un cadre de temps branché comme décrit plus haut,
- W est l'ensemble non vide de mondes possibles w tel que $w \in W$,
- $R^{Bt}(w_n)$ est une relation binaire sur W qui représente les croyances de l'agent à t. Cette relation exprime l'ensemble des mondes w_n qui sont B-accessible à l'instant t.

---

3. Dans la logique temporelle standard, F a une porté existentielle mais nous l'utilisons ici, comme ayant une porté universelle.

4. Dans la logique temporelle standard, P a une porté existentielle mais nous l'utilisons ici, comme ayant une porté universelle.

- $R^{It}(w_n)$ est une relation binaire sur W modélisant l'information qu'un agent peut recevoir à t. Cette relation exprime l'ensemble des mondes w_n qui sont I-accessible à l'instant t.
  La relation de croyance peut être considérée comme une relation KD45 dans la logique modale et la relation d'information comme la relation S4 ou S5 mais nous notons que Bonanno laisse ces options ouvertes.

Un modèle M est représenté par l'ensemble $\langle T, R^T, W, R^{Bt}, R^{It}, V \rangle$, où :
- $M,(w,t) \models p$ si et seulement si $w \in V(p)$ à t
- $M,(w,t) \models \neg p$ si et seulement si $M,(w,t) \not\models p$
- $M,(w,t) \models p \wedge q$ si et seulement si $M,(w,t) \models p$ et $M,(w,t) \models q$
- $M,(w,t) \models p \vee q$ si et seulement si $M,(w,t) \models p$ ou $M,(w,t) \models q$
- $M,(w,t) \models p \rightarrow q$ si et seulement si $M,(w,t) \models \neg p$ ou $M,(w,t) \models q$
- $M,(w,t) \models Fp$ si et seulement si $M,(w,t_n) \models p$ pour chaque instant futur $t_n \in T$ tel que $(tR^T t_n)$
- $M,(w,t) \models Pp$ si et seulement si $M,(w,t_n) \models p$ pour chaque instant précédent $t_n \in T$ tel que $(t_n R^T t)$
- $M,(w,t) \models Bp$ si et seulement si $M,(w_n,t) \models p$ pour chaque $w_n \in W$ tel que $(wR^{Bt}w_n)$
- $M,(w,t) \models Ip$ si et seulement si $M,(w_n,t) \models p$ pour chaque $w_n \in W$ tel que $(wR^{It}w_n)$ et qu'il n'y a pas d'autre mondes dans lesquels p est vrai à t.
- $M,(w,t) \models Ap$ si et seulement si $M,(w_n,t) \models p$ pour chaque $w_n \in W$

1.3 Axiomatique

L'axiomatique de Bonanno est défini à partir des axiomes et règles suivantes.

Axiomes
- Axiome K pour B : $B(\varphi \rightarrow \psi) \rightarrow (B\varphi \rightarrow B\psi)$
- Axiome K pour F : $F(\varphi \rightarrow \psi) \rightarrow (F\varphi \rightarrow F\psi)$
- Axiome K pour P : $P(\varphi \rightarrow \psi) \rightarrow (P\varphi \rightarrow P\psi)$
- Axiome K pour A : $A(\varphi \rightarrow \psi) \rightarrow (A\varphi \rightarrow A\psi)$
- **Axiomes temporels**
  - $\varphi \rightarrow F(\neg P \neg \varphi)$
  - $\varphi \rightarrow P(\neg F \neg \varphi)$
- Axiome T pour A : $A\varphi \rightarrow \varphi$
- Axiome S5 pour A : $\neg A\varphi \rightarrow A \neg A\varphi$
- Inclusion axiome B : $A\varphi \rightarrow B\varphi$
- Axiomes exprimant le caractère non-standard de I :

- $(I\varphi \wedge I\psi) \to (A\varphi \leftrightarrow \psi)$
- $A(\varphi \leftrightarrow \psi) \to (I\varphi \leftrightarrow I\psi)$

Règles d'inférences
- Modus ponens : Si φ et $\varphi \to \psi$ alors ψ
- Necessitation pour A : si φ alors $A\varphi$
- Necessitation pour F : si φ alors $F\varphi$
- Necessitation pour P : si φ alors $P\varphi$

En plus des axiomes et règles d'inférences mentionnés plus haut, Bonanno ajoute les axiomes No Drop, No Add, Acceptance, Équivalence et Consistance.[5] Mais comme nous l'avons annoncé dans l'introduction, nous ne nous intéresserons qu'à l'axiome No Drop.

$$(\text{No Drop}) : (\neg B \neg \varphi \wedge B\psi) \to F(I\varphi \to B\psi)$$

Cet axiome stipule que si l'information reçue n'est pas en contradiction avec les croyances initiales de l'agent alors il ne laisse pas tomber ses croyances.

2 Approche dialogique de la révision de croyances

La dialogique fut initiée par Paul Lorenzen dans les années 50 et par la suite développée par Kuno Lorenz[6] (Erlangen-Nürnberg-Universität, puis Saarland) pour différencier entre la logique classique et logique intuitionniste. Depuis lors, Shahid Rahman et ses collaborateurs ont développés la dialogique comme un cadre général pour systématiser différentes logiques.[7]

La dialogique est une approche à la logique basée sur la notion de signification comme usage.[8] Plus précisément, elle étudie la logique comme une interaction qui se déroule dans un processus argumentatif. Il est possible d'établir une correspondance entre la notion logique de validité et celle d'une stratégie de victoire pour **P**, c'est à dire qu'une proposition est valide lorsque **P** a une stratégie de victoire pour tous les coups de **O**. Le jeu dialogique est régi par deux types de règles qui sont les règles particules et les règles structurelles.

---

5. Les axiomes ont été nommés par Fiutek car Bonanno n'a pas donné de nom à ces axiomes. Cf. Fiutek (2012)

6. Nous pouvons consulter Lorenzen et Lorenz (1978).

7. Voir par exemple : Rahman (1993), Rahman et Rückert (1999), Fontaine et Redmond (2008), Keiff (2009).

8. Dans ce sens, la théorie dialogique est très proche de la théorie du "meaning as use" Cf. Wittgenstein *et al.* (2004)

2.1 Les règles de particule

Une règle de particule est une forme argumentative, une description abstraite de la façon dont on peut critiquer une proposition, en fonction de son connecteur (ou particule) principal, et les réponses possibles à ces critiques. Cette description donne une sémantique locale du simple fait qu'elle ne contient aucune référence à un contexte de jeu déterminé et ne fournit pas la manière d'attaquer ou de défendre une proposition.

On peut aborder ces règles en supposant que l'un des joueurs (**X** ou **Y**) affirme une proposition qu'il doit ensuite défendre face aux attaques de l'autre joueur (**Y** ou **X**, respectivement).[9]

Ce qui fait, de façon générale, qu'on ait deux types de coups dans les dialogues :

a/ les attaques (qui peuvent consister en questions ou concessions) et

b/ les défenses (qui sont des réponses à ces attaques).

Nous pouvons voir le déroulement de cette interaction argumentative entre les deux joueurs dans les deux tables suivantes.

Connecteurs standards avec contexte modal	Assertion **X**	Attaque **Y**	Défense **X**
$\neg$, pas de défense	$\mathbf{X}!\neg\varphi_{c,t}$	$\mathbf{Y}!\varphi_{c,t}$	$\otimes$
$\wedge$, l'attaquant choisit un conjoint	$\mathbf{X}!(\varphi \wedge \psi)_{c,t}$	$\mathbf{Y}?\wedge_1$ ou $\mathbf{Y}?\wedge_2$	$\mathbf{X}!\varphi_{c,t}$ respectivement $\mathbf{X}!\psi_{c,t}$
$\vee$, le défenseur choisit le disjoint	$\mathbf{X}!(\varphi \vee \psi)_{c,t}$	$\mathbf{Y}?\vee$	$\mathbf{X}!\varphi_{c,t}$ ou $\mathbf{X}!\psi_{c,t}$
L'attaquant concède l'antécédent et le le défenseur affirme le conséquent	$\mathbf{X}!(\varphi \to \psi)_{c,t}$	$\mathbf{Y}!\varphi_{c,t}$	$\mathbf{Y}!\psi_{c,t}$

TABLE 1.1. Règles de particule des connecteurs standards

Quand **X** affirme la négation d'une proposition, **Y** attaque la négation en assertant la proposition. Il n'a y pas de défense. Cela est exprimé dans le dialogue par le symbole $\otimes$.

---

[9]. Les règles sont symétriques, c'est à dire que les coups sont les mêmes pour le proposant et l'opposant

Quand **X** affirme une conjonction, **Y** a le choix du conjoint que **X** doit défendre.

Quand **X** affirme une disjonction, **X** a le choix du disjoint qu'il veut défendre.

Quand **X** affirme une implication, **Y** concède l'antécédent et **X** doit affirmer le conséquent.

Dans la table suivante, nous présentons la sémantique locale des opérateurs modaux.

Les opérateurs modaux	Assertion **X**	Attaque **Y**	Défense **X**
L'attaquant choisit un instant futur t_n	**X**!$F\varphi_{c,t}$	**Y**?F_{t_n} $(tR^T t_n)$	**X**!φ_{c,t_n}
L'attaquant choisit un instant passé t_n	**X**!$P\varphi_{c,t}$	**Y**?P_{t_n} $(t_n R^T t)$	**X**!φ_{c,t_n}
L'attaquant choisit un contexte c_n	**X**!$B\varphi_{c,t}$	**Y**?B_{c_n} $(cR^{Bt} c_n)$	**X**!$\varphi_{c_n,t}$
Attaque standard	**X**!$I\varphi_{c,t}$	**Y**?I_{c_n} $(cR^{It} c_n)$	**X**!$\varphi_{c_n,t}$
Attaque non-standard	**X**!$I\varphi_{c,t}$	**Y**!φ_{c_n}	$cR^{It} c_n$
L'attaquant choisit un contexte c_n	**X**!$A\varphi_{c,t}$	**Y**?A_{c_n}	**X**!$\varphi_{c_n,t}$

TABLE 1.2. Règles de particule des opérateurs modaux

Quand **X** affirme Fφ dans le contexte c et à l'instant t, **Y** choisit un instant futur t_n dans lequel **X** doit se défendre. En effet, si **X** affirme qu'à chaque instant futur il est le cas que φ, alors il s'engage à défendre φ à n'importe quel instant futur.

Quand **X** affirme Pφ dans le contexte c et à l'instant t, **Y** choisit un instant précédent t_n dans lequel **X** doit se défendre. En effet, si **X** affirme qu'à chaque instant passé il a été le cas que φ, alors il s'engage à défendre φ à n'importe quel instant passé.

Quand **X** affirme Bφ dans le contexte c et à l'instant t, **Y** choisit un contexte c_n dans lequel **X** doit se défendre car si **X** affirme que l'agent croit que φ à (c,t) alors, **X** doit s'engager à défendre φ dans tous les contextes dans lesquels cet agent a des croyances.

Quand **X** affirme A φ dans le contexte c et à l'instant t, **Y** choisit un contexte c_n dans lequel **X** doit affirmer. En effet, si **X** affirme qu'il est toujours le cas que φ, il s'engage à défendre φ à n'importe quel contexte.

Quand **X** affirme I φ dans le contexte c et à l'instant t, **Y** a le choix entre deux attaques : il choisit soit une attaque standard soit une attaque non-standard.

Dans l'attaque standard, **Y** choisit le contexte dans lequel **X** doit défendre φ, car **X** doit être capable de défendre φ dans n'importe contexte choisi par **Y**. Dans l'attaque non-standard, **Y** affirme la proposition dans un contexte c_n qu'il choisit et **X** doit être capable d'affirmer que le contexte c_n choisi par **Y** lui est I-accessible. En effet, l'idée de cette attaque est que **Y** défie **X** à montrer qu'il est aussi informé que φ est le cas dans ce contexte c_n.

2.2 Les règles structurelles

Les règles structurelles établissent l'organisation générale du dialogue qui commence avec la « thèse ». La thèse est jouée par le Proposant qui se doit de la justifier, en la défendant contre les critiques (ou attaques) possibles de l'Opposant. Ainsi, lorsque ce qui est en jeu est de tester s'il y a une preuve de la thèse, les règles structurelles doivent fournir les bases pour construire une stratégie gagnante. Elles seront choisies de manière à ce que le Proposant réussisse à défendre sa thèse contre toutes les critiques possibles de l'Opposant si et seulement si la thèse est valide. Toutefois, différents types de systèmes dialogiques peuvent avoir différents types de règles structurelles. Pour ce qui est de notre système, les différentes règles structurelles sont mentionnées ci-après.

(RS-0)Règle de commencement Toute partie d'un dialogue commence avec le joueur **P** qui énonce la thèse. Après l'énonciation de la thèse par **P**, **O** doit choisir un rang de répétition. **P** choisit son rang de répétition juste après **O**. Un rang de répétition est un entier positif correspondant au nombre qu'un joueur peut répéter une même attaque ou une même défense.

(RS-1) Règle de déroulement du jeu Les joueurs jouent chacun à leur tour. Tout coup faisant suite au choix de répétition de **P** est soit une attaque soit une défense vis-à-vis d'une attaque précédente.

(RS-2) Règle formelle P est autorisé à énoncer une proposition atomique si et seulement si **O** a énoncé cette proposition en premier.

(RS-3) La règle formelle pour les instants P ne peut pas introduire d'instants, il ne peut que réutiliser ceux introduits par **O**. Cependant, l'utilisation de la règle formelle pour les instants a besoin des précisions suivantes :
- Pour attaquer un coup de la forme $\langle \mathbf{P}\text{-}c, t : \mathrm{F}\varphi \rangle$, **O** peut choisir n'importe quel instant t_n dans le futur.
- Pour attaquer un coup de la forme $\langle \mathbf{P}\text{-}c, t : \mathrm{P}\varphi \rangle$, **O** peut choisir n'importe quel instant t_n dans le passé à condition qu'il n'ait jamais été choisi pour attaquer un coup de la forme $\langle \mathbf{P}\text{-}c, t : \mathrm{P}\ \varphi \rangle$.
- Pour attaquer un coup de la forme $\langle \mathbf{O}\text{-}c, t : \mathrm{F}\varphi \rangle$, **P** peut seulement choisir un instant t_n déjà choisit par **O** pour attaquer un coup de la forme $\langle \mathbf{P}\text{-}c, t : \mathrm{F}\ \varphi \rangle$.
- Pour attaquer un coup de la forme $\langle \mathbf{O}\text{-}c, t_n : \mathrm{P}\varphi \rangle$, **P** peut seulement choisir un instant t_n déjà choisi par **O** pour attaquer un coup de la forme $\langle \mathbf{P}\text{-}c, t : \mathrm{P}\ \varphi \rangle$.

Cependant, **P** peut choisir l'instant initial t pour attaquer un opérateur F ou un opérateur P sous certaines conditions :
  - **(RS-3.1)**
    P peut choisir l'instant initial t pour attaquer un coup de la forme $\langle \mathbf{O}\text{-}c, t.t_n : \mathrm{F}\varphi \rangle$ si **O** a choisi l'instant t_n pour attaquer un coup de la forme $\langle \mathbf{P}\text{-}c, t : \mathrm{P}\varphi \rangle$.
  - **(RS-3.2)**
    Dans ce cas précis, **P** peut réutiliser les propositions atomiques et les contextes, déjà introduits par **O**, dans un instant différent de celui de leur utilisation.
  - **(RS-3.3)**
    P peut choisir l'instant initial t pour attaquer un coup de la forme $\langle \mathbf{O}\text{-}c, t.t_n : \mathrm{P}\varphi \rangle$ si **O** a choisi l'instant t_n pour attaquer un coup de la forme $\langle \mathbf{P}\text{-}c, t : \mathrm{F}\varphi \rangle$.

(RS-4) La règle formelle pour les contextes P ne peut pas introduire de contextes, il ne peut que réutiliser ceux introduits par **O**. Cependant, l'utilisation de la règle formelle pour les contextes a besoin des précisions suivantes :

- Pour attaquer un coup de la forme $\langle \mathbf{O}\text{-}c, t : B\varphi \rangle$, $\mathbf{P}$ peut choisir un contexte c_n déjà utilisé par $\mathbf{O}$ pour attaquer un coup de la forme $\langle \mathbf{P}\text{-}c, t : B\varphi \rangle$.
  Si $\mathbf{O}$ n'a pas choisit de contexte pour attaquer un coup de la forme $\langle (\mathbf{P})\text{-}c, t : B\varphi \rangle$ alors, $(\mathbf{P})$ peut choisir un nouveau contexte c_n.
- Pour attaquer un coup de la forme $\langle (\mathbf{O})\text{-}c, t : B\varphi \rangle$, $(\mathbf{P})$ peut seulement choisir un contexte c_n déjà choisi par $(\mathbf{O})$ pour attaquer un coup de la forme $\langle (\mathbf{P})\text{-}c, t : I\varphi \rangle$ ou $\langle (\mathbf{P})\text{-}c, t : B\varphi \rangle$.
- Pour attaquer un coup de la forme $\langle (\mathbf{O})\text{-}c, t : A\varphi \rangle$, $(\mathbf{P})$ peut seulement choisir un contexte c_n déjà choisi par $(\mathbf{O})$ pour attaquer un coup de la forme $\langle (\mathbf{P})\text{-}c, t_n : I\varphi \rangle$ ou $\langle (\mathbf{P})\text{-}c, t_n : B\varphi \rangle$ ou $\langle (\mathbf{P})\text{-}c, t_n : A\varphi \rangle$ ou peut choisir un contexte c.
- Cependant, $(\mathbf{P})$ peut choisir un contexte c_n pour attaquer un coup de la forme $\langle (\mathbf{O})\text{-}c, t : B\varphi \rangle$ sous plusieurs conditions :
  Considérons trois instants t, t_n et t_{n+1} tels que t_n, t_{n+1} ont été choisis par $(\mathbf{O})$ pour attaquer un coup de la forme $\langle (\mathbf{P})\text{-}c, t : F\varphi \rangle$ et trois contextes c, c_n et c_{n+1}.
  - (RS-4-1)
    $\mathbf{P}$ peut réutiliser le contexte initial pour attaquer un opérateur I ou un opérateur A.
  - (RS-4-2)
    Si $(\mathbf{O})$ a utilisé un contexte c_{n+1} pour attaquer l'opérateur B à (c, t), alors $(\mathbf{P})$ peut réutiliser ce contexte c_{n+1} pour attaquer un opérateur I à (c, t_n) dans une attaque non-standard.
  - (RS-4-3)
    Si $(\mathbf{O})$ a utilisé c_{n+1} pour attaquer un opérateur B à (c, t), s'il se défend de l'attaque d'un opérateur I à (c_{n+1}, t_n) et s'il choisit c_n pour attaquer un opérateur B (c, t_n) alors, $(\mathbf{P})$ peut réutiliser c_n pour attaquer un opérateur B à (c, t).

(RS-5) **Règle de Victoire** Un joueur $\mathbf{X}$ gagne une partie si et seulement si l'adversaire ne peut plus jouer de coups.

2.3 Un exemple de dialogue : No Drop

$$(\neg B \neg p \wedge Bq) \rightarrow F(Ip \rightarrow Bq)$$

Cet axiome stipule que si l'information reçue n'est pas en contradiction avec les croyances initiales de l'agent alors il ne laisse pas tomber ses croyances.

		(O)				(P)			
						$(\neg B\neg p \wedge Bq) \to$			
						$F(Ip \to Bq)$	c	t	0
			$m := 1$			$n := 2$			
1	c	t	$\neg B\neg p \wedge Bq$	0		$F(Ip \to Bq)$	c	t	2
3	c	t	$?F_{t_1}\ (tR^T t_1)$	2		$Ip \to Bq$	c	t_1	4
5	c	t_1	Ip	4		Bq	c	t_1	6
7	c	t_1	$?B_{c_1}(cR^{Bt_1}c_1)$	6		q	c_1	t_1	20
9	c	t	$\neg B\neg p$		1	$?\wedge_1$	c	t	8
			$\otimes$		9	$B\neg p$	c	t	10
11	c	t	$?B_{c_2}(cR^{Bt}c_2)$	10		$\neg p$	c_2	t	12
13	c_2	t	p	12		$\otimes$			
15	c	t	Bq		1	$?\wedge_2$	c	t	14
17	c_1	t	$cR^{It_1}c_2$		5	p	c_2	t_1	16
19	c_1	t	q		15	$?B_{c_1}$	c	t	18

Explications

Selon la **RS-0**, la thèse est énoncée par (**O**) au coup 0. Au coup 1, (**O**) attaque l'implication en concédant l'antécédent et (**P**) affirme le conséquent. Au coup 3, (**O**) attaque l'opérateur temporel F et choisit comme instant futur t_1. **O** attaque l'implication du coup 4, en concédant Ip et (**P**) affirme le conséquent Bq. Au coup 7, (**O**) attaque l'opérateur B du coup 6, il choisit c_1.

P ne peut pas répondre à l'attaque car (**O**) n'a pas encore introduit la proposition atomique q : selon la règle formelle **RS-2**, (**P**) ne peut pas introduire de propositions atomiques, il peut seulement réutiliser celles que (**O**) a déjà introduites. Il contre-attaque. (**P**) attaque la conjonction du coup 1 et choisit le premier conjoint. (**O**) se défend alors en affirmant le premier conjoint.

Au coup 10, (**P**) attaque la négation de coup 9. **O** ne peut pas se défendre. Selon les règles de particules de la négation, il n'y a pas de défense lors de l'attaque d'une négation alors il se produit un changement de rôle du défenseur en attaquant. (**O**) attaque l'opérateur de croyance et choisit c_2 et (**P**) affirme $\neg p$ à c_2, t.

Au coup 13, (**O**) attaque la négation du coup 12. (**P**) ne peut pas se défendre, alors, il passe à une attaque de la conjonction du coup 1, il choisit le deuxième conjoint. (**O**) répond en assertant le deuxième conjoint.

Au coup 16, (**P**) attaque l'opérateur d'information I par une attaque non-standard et choisit le contexte c_2, il demande à (**O**) de confirmer que ce contexte c_2 peut être réutilisé pour attaquer l'opérateur d'information. Cette attaque de (**P**) a été possible grâce à la règle structurelle **RS 4-2** : Si (**O**) a utilisé un contexte c_2 pour attaquer l'opérateur B à (c, t), alors (**P**) peut utiliser c_2 pour attaquer un opérateur I à (c, t_1) dans une attaque non-standard. Après cette attaque, (**O**) se défend à (c_2, t_1).

Au coup 19, (**P**) attaque l'opérateur B et choisit c_1 déjà introduit par (**P**). Cette attaque a été possible grâce à la **RS 4-3** : Si (**O**) a utilisé c_2 pour attaquer un opérateur B à (c, t), s'il se défend de l'attaque non-standard d'un opérateur I à (c_2, t_1) et s'il choisit c_1 pour attaquer un opérateur B c, t_1, alors (**P**) peut réutiliser c_1 pour attaquer un opérateur B à (c, t)

(**O**) répond en affirmant q à (c_1, t). La formule atomique q étant introduite par (**O**) au coup 20, (**P**) répond à l'attaque antérieure du coup 6, il pose q à c_1 mais cette fois à t_1. Ce coup 20 a été possible grâce à la **RS 3-2** : (**P**) peut réutiliser les formules atomiques et les contextes, déjà introduits par (**O**) dans un instant différent de celui de leur utilisation.

(**O**) ne peut plus faire de mouvement, alors (**P**) gagne la partie selon la règle de victoire **RS-5**.

3 Des dialogues aux tableaux

La logique dialogique contient sa propre théorie de la preuve. Dans sa perspective, la preuve d'une proposition se construit à partir d'une stratégie de victoire. Dès les origines de la logique dialogique, la notion de stratégie de victoire a été mise en relation d'abord avec le calcul des séquents, puis avec le système de tableaux sémantiques. Il fallut toutefois attendre les travaux de Nicolas Clerbout [10] pour obtenir un algorithme qui transforme toute stratégie de victoire en un tableau fermé.

C'est à une autre difficulté, celle qui concerne le passage des stratégies de victoire aux tableaux, que nous voulons ici porter notre attention. En effet, si les travaux de Nicolas Clerbout et autres mettent en évidence les difficultés qu'il y a à rendre compte des propriétés métalogiques de la notion dialogique de stratégie de victoire, [11] nous nous concentrerons sur une autre difficulté, celle qui concerne l'expression dans les tableaux sémantiques d'aspects interactifs fondamentaux pour la théorie dialogique

---

10. Lorenzen et Lorenz (1978), Felscher (1985) et Rahman (1993) ont développés les premières approches de la relation entre stratégie de victoire et calcul de séquent. Magnier (2013) a prouvé la correspondance entre la logique dialogique et la logique épistémique dynamique. Fiutek (2013) quant à elle, a établi une correspondance entre la logique dialogique et le système de Bonanno basé sur la révision des croyances. Clerbout (2013a), a fourni le premier développement détaillé d'un algorithme qui met en relation une stratégie de victoire et un tableau sémantique fermé.

11. Le lecteur peut aussi consulter cet article récent intitulé « First-Order Dialogical Games and Tableaux ». Clerbout (2013b)

de la signification. Pour tenter de résoudre cette difficulté, nous adoptons l'approche dialogique du système de revision des croyances, laquelle requiert une structure interactive riche et complexe. Nous nous limitons à l'axiome No Drop comme annoncé dans l'introduction.

3.1 Les conditions des règles structurelles du dialogue No Drop

Les règles structurelles qui correspondent à l'axiome No Drop sont **RS 4-2** et **RS 4-3** comme présentées plus haut.

La règle structurelle **RS 4-3** dit ceci :

> **P** peut réutiliser le contexte c_1 pour attaquer un opérateur B à (c,t) si :
> - (i) (**O**) a utilisé c_2 pour attaquer un opérateur B à (c,t).
> - (j) (**O**) se défend d'une attaque non-standard de l'opérateur I à (c_2, t_1).
> - (k) (**O**) a choisi c_1 pour attaquer un opérateur B (c, t_1).

Le schéma suivant décrit l'attaque de (**P**) au coup (**O**) Bp à (c,t), les conditions de l'attaque et la défense de (**O**).

(**O**) $Bp\ (c,t)$	
(i)(**O**) $[cR^{Bt}c_2]$	utilisation préalable de c_2
(j)(**O**) $[cR^{It_1}c_2]$	défense de l'attaque de I
(k)(**O**) $[cR^{Bt_1}c_1]$	choix de c_1
(**P**) $\langle ?B(c_1,t)\rangle$	
(**O**) $p\ (c_1,t)$	

La règle structurelle **RS 4-3** ainsi formulée, nous allons en faire de même pour la règle structurelle **RS 4-2**.

La règle structurelle **RS 4-2** nous dit ceci :

> (**P**) peut réutiliser le contexte c_2 pour attaquer un opérateur I à (c,t_1) dans une attaque non-standard si :
>
> (**O**) a utilisé auparavant ce contexte c_2 pour attaquer l'opérateur B à (c,t).

Le schéma ci-dessous décrit l'attaque de (**P**) au coup (**O**) Ip à (c,t_1), la condition de l'attaque et la défense de (**O**).

(**O**) $Ip\ (c,t_1)$	
(**O**) $[cR^{Bt}c_2]$	utilisation préalable de c_2.
(**P**) $\langle p(c_2,t_1)\rangle$	
(**O**) $cR^{It_1}c_2$	

3.2 Des règles structurelles aux règles de tableaux

Dans cette dernière étape de notre travail, nous allons montrer les difficultés de formuler une règle de tableau de l'axiome No Drop à partir des schémas développés dans la section antérieure.

$$\begin{array}{l} \textbf{(O)}\ Bp\,(c,t) \\ \hline (i)\textbf{(O)}\ [cR^{Bt}c_2] \quad \text{utilisation préalable de } c_2 \\ (j)\textbf{(O)}\ [cR^{It_1}c_2] \quad \text{défense de l'attaque de I} \\ (k)\textbf{(O)}\ [cR^{Bt_1}c_1] \quad \text{choix de } c_1 \\ \textbf{(P)}\ \langle ?B\,(c_1,t)\rangle \\ \textbf{(O)}\ p\,(c_1,t) \end{array}$$

Tableau sémantiques de la RS 4-3

$$\frac{\textbf{(T)}Bp\,(c,t)}{\textbf{(T)}p\,(c_1,t)}$$

c_1 ne doit pas être nouveau.

En considérant les deux schémas ci-dessus, nous notons des différences remarquables qui convient d'être spécifier. Ces différences constituent les difficultés à incorporer les aspects interactifs dans les règles de tableaux. Dans l'algorithme qui transforme les stratégies de victoire en tableaux en général, les signatures **(O)** et **(P)** sont transformées respectivement en **(T)** et **(F)**. Dans notre cas, nous avons **(O)**, **(P)**, **(T)** mais pas **(F)**. L'affirmation **(O)** !$Bp(c,t)$ dans le premier schéma est représentée dans le deuxième schéma par **(T)** $Bp\,(c,t)$, l'utilisation préalable de c_2 désignée par le coup (i) dans le premier schéma n'a pas de correspondance dans le schéma 2. La défense de **(O)** de l'attaque de l'opérateur I désigné par le coup (j) dans le premier schéma n'est pas exprimée dans le schéma 2. Le choix du contexte c_1 par **(O)** désigné par le coup (k) dans le premier schéma n'est pas, non plus, exprimé dans le deuxième schéma. Aussi, l'attaque de **(P)** de l'opérateur B n'est pas exprimée non plus dans le deuxième schéma. La réponse à l'attaque à **(P)** donnée par **(O)** dans le premier schéma correspond à **(T)** $p\,(c_1,t)$ dans le deuxième schéma. Que l'expression c_1 ne doit pas être nouveau veut dire tout simplement que le contexte c_1 doit déjà être utilisé. Nous venons de relever les différences que nous constatons dans les deux schémas précédents. Nous en ferons de même pour les schémas suivants.

$$\frac{\textbf{(O)}\ Ip\,(c,t_1)}{\begin{array}{l}\textbf{(O)}\ [cR^{Bt}c_2]\\ \textbf{(P)}\ \langle p\,(c_2,t_1)\rangle\\ \textbf{(O)}\ cR^{It_1}c_2\end{array}}\quad \text{utilisation préalable de } c_2.$$

Tableau sémantique de la RS 4-2

$$\frac{\textbf{(T)}\ Ip\,(c,t_1)}{\textbf{(T)}\ cR^{It_1}c_2}$$

c_2 ne doit pas être nouveau.

Dans le premier schéma, l'affirmation **(O)** !$Ip\,(c,t_1)$ correspond à **(T)** $Ip\,(c,t_1)$ dans le deuxième schéma. L'utilisation préalable du contexte c_2 qui correspond à la condition de l'attaque de l'opérateur I par **(P)** n'est pas exprimée dans le deuxième schéma. Également, l'attaque de **(P)** de l'opérateur I n'est pas non plus exprimée dans le deuxième schéma. La réponse de **(O)** dans le premier schéma correspond à **(T)** $cR^{It_1}c_2$ dans le deuxième schéma. L'affirmation : « le contexte c_2 ne doit pas être nouveau » mentionnée dans le schéma 2 stipule que c_2 doit avoir fait l'objet d'une utilisation préalable. Toutefois, que traduisent toutes ces différences ?

Ces différences s'expliquent par le fait que les tableaux ne prennent pas en compte la notion d'acte de langage. Ils sont monologiques. Le langage est dirigé vers un seul sens, c'est ce qui explique le fait que dans les deuxièmes schémas qui correspondent aux tableaux, nous n'avons pas la signature **(F)**. Nous assistons à une absence totale d'interaction, qui se justifie par le manque d'échanges argumentatifs.

Les conditions des attaques et les attaques elles-mêmes ne sont pas identifiées dans les tableaux. Après analyse, nous pouvons affirmer qu'il est très difficile, dans notre exemple, d'exprimer dans les tableaux, les aspects interactifs indispensables pour la modélisation de la révision des croyances dans le cadre de la sémantique de Bonanno. Puisque nous parlons d'interaction, quel rapport pouvons nous en faire avec l'oralité et l'écriture ?

3.3 De l'orature du dialogue à l'écriture des tableaux

Dans la section précédente, nous avons évoqué la difficulté à incorporer les aspects interactifs dans les règles de tableaux. Cette difficulté se retrouve dans le passage de l'oralité à l'écriture. En effet, l'oralité est purement interactive. En effet, l'oralité est un phénomène purement interactif. Dans le langage oral, les marques du discours tels que les interjections ou encore les intonations sont présentes car ce langage est essentiellement pratique. La parole se caractérise par les gestes qui explicitent le sens de ce qui est dit, par exemple, montrer du doigt, suivre du regard, froncer les sourcils. L'oralité est fondamentalement interactive. Contrairement au langage écrit qui lui, est decontextualisé, dénué de toute interactivité. C'est cette absence d'interactivité de l'écriture que dénonce Platon dans le *Phèdre*. L'écriture dit-il est trop rigide pour exprimer exactement la pensée.[12] Dans ce contexte, ce n'est pas étonnant que Platon choisisse la forme dialogique comme forme adéquate de la manifestation de la vérité.

Il découle de ce que nous avons vu précédemment que l'écriture est pour l'oralité ce que les tableaux sont pour les dialogues. Ainsi que nous l'avons décrit plus haut, la logique dialogique consiste en un échange d'arguments et de contre-arguments entre deux joueurs. C'est un véritable échange d'arguments qui se joue au cours du dialogue. Avec l'algorithme qui transforme les stratégies de victoire en tableaux, l'intraction exprimée ne se laisse pas facilement exprimer dans les tableaux. En effet, les aspects logiques de cette interaction restent dans le metalangage. Si nous voulons rendre compte de ces aspects interactifs de la signification dans les tableaux, nous devons avoir un système suffisamment riche pour les exprimer dans le langage-objet. Il faut également que le système soit assez souple pour incorporer ces interactions dans les nouveaux contextes. Ce processus constitue une sorte de cercle "vertueux" pour l'oralité qui doit fournir de nouvelles formes d'interaction afin de pouvoir les exprimer dans le nouveau langage. En retour, ce nouveau langage transformerait l'interaction constitutive de l'oralité.

Il nous semble qu'une façon de formaliser ce cercle vertueux pourrait être le développement d'une version dialogique de la révision des croyances dans laquelle les aspects interactifs seront introduits au moyen de la théorie constructive des types (CTT). Autrement dit, il s'agirait de proposer une formulation dialogique et constructive de la sémantique multimodale de Bonanno. C'est à cette tâche que consacrerons la suite de nos travaux de recherche.

Bibliographie

Alchourron, C., P. Gärdenfors et D. Makinson. 1985, « On the logic of theory change : Partial meet contraction and revision functions »,

---

12. Pour plus de détails, voir Jouanna (1977).

Journal Symbolic Logic, vol. 50, n° 2, pages 510–530.

Bonanno, G. 2009, « Belief revision in a temporal framework », *New Perspectives on Games and Interaction*, vol. 4, pages 45–80.

Bonanno, G. 2012, « Belief change in branching time : AGM-consistency and iterated revision », *Journal of philosophical logic*, vol. 41, n° 1, pages 201–236.

Clerbout, N. 2013a, *Etude sur quelques sémantiques dialogiques : concepts fondamentaux et éléments de metathéorie*, thèse de doctorat, Universités de Lille et de Leiden.

Clerbout, N. 2013b, « First-Order Dialogical games and Tableaux », *Journal of Philosophical Logic*. DOI : 10.1007/s10992-013-9289-z.

Felscher, W. 1985, « Dialogues, strategies, and intuitionistic provability », *Annals of Pure and Applied Logic*, vol. 28, n° 3, pages 217–254.

Fiutek, V. 2012, « A Dialogical approach of iterated belief revision », dans *Logic of Knowledge. Theory and Applications*, édité par C. e. a. Barés, London : College Publications, pages 141–157.

Fiutek, V. 2013, *Playing with knowledge and belief*, thèse de doctorat, Institute for Logic, Language and Computation, Université d'Amsterdam.

Fiutek, V., H. Rückert et S. Rahman. 2010, « A Dialogical Semantics for Bonanno's System of Belief Revision », dans *Construction. Festschrift for Gerhard Heinzmann*, édité par P. Bour, M. Rebuschi et L. Rollet, College Publications, Londres, pages 315–334.

Fontaine, M. et J. Redmond. 2008, *Logique dialogique : une introduction. Méthode de dialogique règles et exercices*, Londres : College publications.

Jouanna, J. 1977, « La collection hippocratique et Platon (Phèdre 269c-272a) », *Revue des études grecques*, vol. 90, n° 428-429, pages 15–28.

Keiff, L. 2009, « Dialogical Logic », *Stanford Encyclopedia of Philosophy*. URL http://plato.stanford.edu/entries/logic-dialogical/, (accessed 2013).

Lorenzen, P. et K. Lorenz. 1978, *Dialogische Logik*, Darmstadt : Wissenschaftliche Buchgesellschaft.

Magnier, S. 2013, *Approche dialogique de la dynamique épistémique et de la condition juridique*, Londres : College publications.

Rahman, S. 1993, *Über Dialoge, Protologische Kategorien und andere Seltenheiten*, Frankfurt, Paris and New York : P. Lang.

Rahman, S. et H. Rückert. 1999, « Dialogische Modallogik (für T, B, S4, und S5) », *Logique et analyse*, vol. 167, n° 168, pages 243–282.

Wittgenstein, L., F. Dastur et E. Rigal. 2004, *Recherches philosophiques*, Paris : Gallimard.

Dire ou vouloir dire les rêves ? Réflexion sur la narration du rêve chez Sigmund Freud.

Dieu-donné Limikou Bikiela [*]

Résumé. Peut-on raconter ses rêves sans les modifier ? Cette question posée à Maury par Le Lorrain et Egger dans la *Revue philosophique* — fondée par Théodule Ribot — suscite un intérêt croissant à la fin du XIXème siècle. La critique qui est formulée contre Maury remet en cause l'authenticité des récits des rêves, en montrant que la remémoration des scénarios oniriques ne s'effectue que de manière lacunaire. Le Lorrain et Egger soutiennent l'idée selon laquelle, au cours de la narration du rêve, l'imagination ajoute à notre insu des éléments nouveaux, modifiant ainsi le scénario onirique initial. La réappropriation freudienne de cette discussion le conduira à se situer à égale distance des deux parties antagonistes. D'une part, Freud apparait comme un allié de Maury en soutenant que le récit du rêve — indépendamment des modifications qu'il subit — appartient au cercle des pensées latentes qui a donné naissance au rêve lui-même. D'autre part, Freud est proche de Le Lorrain et Egger en affirmant que les rêves racontés sont une « élaboration secondaire » et subissent toujours des modifications, en raison de l'activité de la censure.

Introduction

Dans la *Revue philosophique*[1] fondée par Théodule Ribot[2] en 1876, une discussion intéressante éclate sur la capacité du sujet à restituer

---

[*]. Univ Lille Nord de France, F-59000 Lille France ;
UdL3, STL, F-59653 Villeneuve d'Ascq France ;
CNRS UMR8163.

1. Dans une note de bas de page, Sigmund Freud précise que la *Revue philosophique* dans laquelle Jacques Le Lorrain et Victor Egger publièrent leurs travaux avait été fondée par Théodule Ribot (1839-1916) Cf. Freud (2004, p.55).

2. Théodule Ribot (1839-1916) est un philosophe français. La qualité de ses travaux sur la maladie mentale lui confère aujourd'hui le statut de pionnier de la psychologie française.

fidèlement le contenu du rêve par le langage. Cette discussion, qui prendra la forme d'un « feuilleton »,[3] oppose l'érudit autodidacte français Alfred Maury au poète et romancier Jacques Le Lorrain.[4] Ce dernier sera soutenu dans la controverse par une génération de philosophes, en tête desquels le Professeur de philosophie à l'Université de Nancy, Victor Egger.[5] La critique de ces auteurs contre les travaux de Maury sur les rêves s'articule autour d'un ensemble de questions, à la racine desquelles se trouvent celles-ci : est-il possible de raconter ses rêves sans les « réinventer », compte tenu de l'évanescence des « visions nocturnes »[6] ? La suppression ou l'addition de nouveaux éléments dans le langage, au cours de la narration du rêve, implique-t-elle nécessairement l'intention du locuteur ? Quelle est la part des processus psychologiques dans les modifications qui surviennent au cours de la mise en parole du scénario onirique ?

Pour Le Lorrain et Egger, les rêves présentés par Maury dans son célèbre ouvrage de 1861 — réédité plusieurs fois[7] — *Le sommeil et les rêves*, ont subi des modifications au cours de leur remémoration. Autrement dit, ces rêves sont des « reconstitutions après coup »[8] dans la mesure où ils ne proviennent pas des « souvenirs immédiats ».[9] La critique consiste à dire que les capacités intellectuelles que sollicite le sujet pendant la remémoration du rêve sont quasiment inertes durant la période du sommeil. Il faut donc tenir compte de ce « relâchement mental »[10] qui survient avec l'endormissement. Les conditions psychologiques n'étant pas identiques — celle du sommeil dans laquelle se produit le rêve et celle de l'état d'éveil dans laquelle le rêve est raconté —, il serait judicieux de supposer que notre imagination ajoute à notre insu des éléments nouveaux au contenu du rêve. Cette critique formulée contre les travaux de Maury aura alors une grande portée dans la mesure où elle remet en cause l'authenticité de chaque discours qui prétend exposer le contenu du rêve, tel qu'il a été perçu au cours du sommeil.

Les discussions de la *Revue philosophique* relatives à la valeur des travaux de Maury sur les rêves, notamment le rêve de « guillotine »,

---

3. Carroy (2009).
4. Jacques Le Lorrain (1856-1904).
5. Victor Egger (1848-1909), Professeur de philosophie à l'Université de Nancy.
6. *Ibid.*, p.137.
7. *Ibid.*, p.140. Jacqueline Carroy évoque trois rééditions du livre de Maury : 1862, 1865 et 1878.
8. *Ibid.*, p.139.
9. *Ibid.*, p.139.
10. *Ibid.*, p.142.

appartiennent à l'onirologie de la fin XIXème siècle. Jacqueline Carroy inscrit ses travaux les plus récents dans une approche historique qui se caractérise par un intérêt manifeste pour l'étude du rêve au XIXème siècle en Europe.[11] Elle publie en effet une succession d'articles — « Savants rêveurs et rêveurs savants : Freud lecteur de la science française des rêves » (« *Dreaming scientists and scientists dreamers : Freud as reader of French dream science* ») en 2007 ; « Observer, raconter ou ressusciter les rêves ? Maury "guillotiné" en question » en 2009 — sur les relations de Freud avec l'onirologie française de son temps. Plus récemment encore, elle publie en 2012 un ouvrage intitulé *Nuits savantes. Une histoire de rêves (1800-1945)* dans lequel elle présente Freud comme un hériter de la science française des rêves. L'approche historico-critique que développe Jacqueline Carroy rend compte de la manière avec laquelle les investigations de Freud sur les rêves s'inscrivent dans certains débats de son époque. C'est en quelque sorte la dette de Freud, à l'égard de l'onirologie française, qui transparait dans ses textes et elle parvient par exemple à démontrer que, loin d'être une invention, *L'interprétation du rêve* est le prolongement de certaines discussions abordées dans la science française des rêves.[12]

Toutefois, si elle parvient à démontrer, conformément à ses attentes, l'appartenance de Freud à une communauté d'onirologues du XIXème siècle, son compte rendu de la réponse du psychanalyste sur les discussions entamées dans la *Revue philosophique* est sujet à caution. Autrement dit, la réponse de Freud donnée par Jacqueline Carroy, dans la controverse qui oppose Maury aux auteurs de la *Revue philosophique* est, à notre avis, incomplète. Toute proportion gardée, elle ne présente dans ses recherches qu'une réponse partielle de la contribution de Freud dans la discussion, en relevant que les rêves sont « des récits trompeurs dont il faut déconstruire l'apparente cohérence pour en fragmenter les éléments, à la manière d'un rebus ».[13] En donnant cette réponse incom-

---

11. Depuis le début des années 2000, on assiste à un regain d'intérêt chez les auteurs pour l'étude des rêves au XIXème siècle. On en voudra pour preuve les travaux de Lydia Marinelli et Andreas Mayer en 2000 et en 2009, ou encore ceux de Shamdasani en 2003.

12. Dans une lettre de Freud à Fliess datant du 22/07/ 1899, on retrouve l'idée que le premier chapitre de la *Traumdeutung* a été rédigé en dernier lieu, c'est-à-dire après que Freud ait découvert les processus psychiques inconscients de la formation du rêve. Mais Jacqueline Carroy démontre que, loin d'être une pure invention, *L'interprétation du rêve* s'inspire de certaines discussions qui alimentent l'onirologie française du XIXème siècle.

13. Carroy (2012, p.319).

plète, elle range inévitablement Freud du côté de Le Lorrain et Egger qui critiquent le caractère invraisemblable des récits de rêves chez Maury. Sur cette base, notre contribution consiste à démontrer que, certes, Freud reconnaît que chaque compte rendu du rêve est une version approximative du scénario perçu au cours du sommeil, mais, conformément à sa théorie des rêves, il apporte des nouveaux éléments dans sa réponse. Notre travail a donc pour but de montrer que Freud adopte une position nuancée, en se tenant à égale distance des deux parties antagonistes. En effet, lorsque Jacqueline Carroy tente de présenter la position de Freud — dans le débat qui oppose Maury à Le Lorrain et Egger — certains éléments essentiels du discours freudien ont été omis, notamment la notion de déterminisme psychique. En omettant dans son exposé l'importance capitale que Freud accorde au déterminisme psychique dans la narration du rêve, Jacqueline Carroy ne permet pas au lecteur de saisir la pertinence du propos de Freud. Notre objectif dans cet article sera alors de réintroduire cette notion de déterminisme psychique — oubliée par Jacqueline Carroy — afin de décrire précisément la position de Freud dans le débat qui oppose Maury à Le Lorrain et Egger. L'intention qui est la nôtre est d'apporter des explications supplémentaires afin de clarifier ou lever les zones d'ombres qui apparaissent dans l'exposé de Jacqueline Carroy. Plus précisément, il s'agira pour nous d'apporter des explications qui ne sont pas développées dans le texte de Jacqueline Carroy afin de rendre compte de la position de Freud dans la controverse.

En effet, devant le caractère presque indicible des rêves, Freud tentera d'apporter des réponses aux questions posées par Le Lorrain et Egger. Dans son livre de 1900 intitulé *L'interprétation du rêve*, Freud remet à l'ordre du jour cette discussion et adopte une position originale, en exerçant une critique à la fois contre les auteurs de la « Revue philosophiques » et contre Maury. Il se fait proche de Maury en soutenant que les comptes rendus des rêves sont indispensables pour accéder aux « pensées latentes »[14] qui ont donné naissance au rêve lui-même. Autrement dit, les souvenirs lacunaires du rêve et le rêve lui-même sont issus d'un même cercle de représentations psychologiques, de sorte que l'étude approfondie de l'un débouche inévitablement sur la connaissance de l'autre. La critique que Freud formule contre Le Lorrain et Egger trouve sa légitimation dans le fait que ces auteurs « sous-estiment le déterminisme dans le psychisme ».[15] Dans les modifications qui ont lieu au cours de la

---

14. Freud (1936, p.15).
15. Freud (2004, p.567).

remémoration du rêve, selon Freud, « il n'y a là rien d'arbitraire ».[16] Durant la remémoration du rêve, chaque élément du langage ne souffre pour ainsi dire d'aucune contingence,[17] y compris les doutes que le locuteur exprime lui-même sur la fiabilité de son récit.

Mais Freud sera aussi proche de Le Lorrain et Egger en affirmant qu'indépendamment des intentions du sujet, l'oralisation du scénario onirique ne produit jamais qu'une version approximative de ce qui a été perçu au cours du sommeil. Dans la mesure où l'activité de la censure est « amoindrie »[18] au cours du sommeil, les images du rêve sont régies par un type d'associations différent de celui de l'état d'éveil. Cela signifie que la censure qui régit le fonctionnement de l'activité mentale, quand le sujet est en état d'éveil, s'est vue « dépouillée d'une partie de sa puissance pendant la nuit ».[19] Or, la remémoration du rêve est conditionnée par le retour de l'état d'éveil qui suppose un rétablissement de la force de la censure, diminuée au cours du sommeil. En effet, selon Freud, après le réveil du sujet, la censure reprend son activité qui consiste à examiner chaque élément psychique qui veut avoir accès à la conscience. Ainsi, au cours de la remémoration du rêve, chaque élément du scénario onirique devra se soumettre aux exigences de la censure au risque d'être refoulé dans l'inconscient. La principale conséquence de ce refoulement est alors la reconstitution du rêve, laquelle reconstitution se fait généralement par la suppression de certaines parties du scénario onirique à travers le phénomène de l'oubli. A ce niveau du problème, Freud expose une technique d'interprétation par laquelle il sera possible de déceler dans le langage du sujet des indices qui nous permettront de reconnaitre non seulement l'élément refoulé, mais aussi le sens caché du rêve. Il ressort que les modifications que subit le rêve dans le langage sont des ouvertures permettant d'accéder, non seulement aux éléments qui ont été substitués dans le contenu manifeste du rêve, mais aussi au contenu latent. Dans cet ordre d'idées, le rêve possède au moins trois versions : la version exprimée oralement qui connait des modifications, la version originale perçue au cours du sommeil, tenue pour indicible, et ce que Freud appelle le « contenu de rêve latent ».[20] Les deux premières versions du

---

16. *Ibid.*, p.567.
17. *Ibid.*, pp.568-569. Freud consacre des paragraphes entiers à cette question quand il étudie « l'oubli des rêves » dans le chapitre VII intitulé « Sur la psychologie des processus du rêve ».
18. *Ibid.*, p.578.
19. *Ibid.*, p.578.
20. *Ibid.*, p.170.

rêve peuvent aussi être regroupées dans ce que le psychanalyste nomme le « contenu de rêve manifeste ».[21]

Le but de cet article n'est pas de mettre en évidence l'interface entre l'oralité et l'écriture des rêves, en tant que telle. Il ne s'agira pas de montrer les différences entre un rêve consigné par écrit et un rêve exprimé verbalement. Notre intention est de décrire, à partir des investigations freudiennes, les expériences psychiques qui rendent possible l'oralité et l'écriture du rêve. Comment émergent à la conscience les mots qui nous permettent de rendre compte des rêves, soit par l'écriture, soit par l'oralité? Autrement dit, que le mode d'expression choisi soit l'écriture ou l'oralité, ce qui nous intéresse dans cette étude se situe à un niveau antérieur même à la restitution des scénarios oniriques. Il s'agira de mettre en exergue les conditions de possibilité de l'écriture et l'oralisation du rêve, de sorte que notre investigation porte sur les questions qui sont au-delà du clivage entre oralité et écriture. Ainsi, dans un premier temps, nous présenterons dans une approche historique la conception du rêve chez Maury, ses tenants et ses aboutissants, afin de mieux comprendre la critique qu'elle suscitera à la fin du XIXème siècle. En second lieu, nous ferons état de la réappropriation freudienne du problème de Maury. L'intérêt ici est de montrer la perspective ouverte par Freud — pour tenter de départager les deux parties antagonistes dans la controverse — qui aboutit à la réévaluation du statut du langage, dans sa capacité à nous renseigner sur les rêves.

1 Maury et les auteurs de la *Revue philosophique*
1.1 La conception de Maury

Mais qui est donc cet autodidacte, au profil très varié, dont les travaux sur les rêves suscitent autant d'intérêt chez toute une génération de philosophes, de psychologues et de littérateurs?[22] Ancien bibliothécaire et membre de l'Académie des inscriptions et belles-lettres dès 1857, Alfred Maury est un homme de grande culture, mû par une soif de connaitre « aux intérêts encyclopédiques ».[23] Le temps énorme qu'il passe dans les bibliothèques — notamment celle de l'Institut et celle des Tuileries[24] — lui offre l'occasion de consulter des ouvrages se rapportant à des champs disciplinaires très variés tels que la médecine, la philosophie, l'archéo-

---

21. *Ibid.*, p.170.
22. Carroy (2012, p.265).
23. Carroy (2009, p.137).
24. *Ibid.*, p. 138.

logie, l'anthropologie, l'histoire... [25] Professeur titulaire en 1862 de la chaire « d'histoire et de morale » [26] de Michelet au Collège de France, cet ami de Napoléon III [27] côtoie aussi d'éminents psychiatres de son époque, en tête desquels Jacques-Joseph Moreau de Tours. [28] Maury s'intéresse beaucoup à la pathologie mentale, sans avoir le statut de médecin, et cette passion pour l'étude des manifestations de l'esprit le conduira à mener des réflexions sur le sommeil et les rêves. En effet, Maury sera confronté de manière inaugurale à la question de la périodicité du rêve au cours du sommeil : à quelle période du sommeil rêvons-nous précisément ? [29] Cette question amène Maury à mettre en place un dispositif expérimental et une méthode de travail qui consistent à observer pendant un intervalle de temps déterminé le sujet endormi. Lorsque le temps fixé est écoulé, l'observateur devra réveiller le sujet endormi et recueillir le récit du rêve de ce dernier. Après la conversion du scénario onirique en parole narrative, les expérimentateurs tenteront aussi de faire correspondre les parties du contenu du rêve aux attitudes observées chez le dormeur (mimiques, mouvements des paupières au cours du sommeil, expressions changeantes du visage, etc). C'est ainsi que Maury parviendra à élaborer progressivement une carte des différentes périodes du rêve au cours du sommeil. Il faut dire que la méthode de travail de Maury s'inscrit en quelque sorte dans la mouvance du XIXème siècle, notamment avec la science psychologique naissante qui, à travers l'introspection, [30] invitait les chercheurs des laboratoires à observer leurs propres états mentaux. Maury observait pour ainsi dire ses propres rêves et cherchait à en tirer une connaissance scientifique.

Contrairement à l'idée répandue, à son époque, selon laquelle le rêve est un phénomène qui poursuit son cours tout au long du sommeil, [31] Maury découvre que les scénarios oniriques ne se produisent que dans

---

25. *Ibid.*, p. 137.
26. *Ibid.*, p.138.
27. *Ibid.*, p.138.
28. *Ibid.*, p.138. Moreau de Tours est surtout connu pour ses travaux sur le cannabis et les états seconds.
29. Jouvet (1992, p.14).
30. Au XIXème Siècle, l'introspection, c'est-à-dire cette sorte d'auto-observation des états mentaux, fut une pratique courante dans de nombreux laboratoires de psychologie en Europe. L'une des illustrations les plus retentissantes est celle du philosophe Allemand Wilhelm Wundt (1832-1920) qui observe ses propres états de conscience dans son laboratoire de psychologie à Leipzig.
31. On retrouve une telle idée par exemple chez le sinologue français Hervey de Saint-Denys (1822-1892) qui pense « qu'il ne saurait exister un sommeil sans rêve, non plus qu'un état de veille sans pensée » (Cf. de Saint-Denys 1964, p.54).

les périodes du sommeil léger, c'est-à-dire la somnolence ou le moment qui précède le réveil. [32] Il appelle « images hypnagogiques » [33] les images de rêve qui accompagnent l'état de somnolence, alors que celles qui apparaissent à la conscience avant le réveil sont dites « images hypnopompiques ». [34] Avec Maury, le rêve acquiert son caractère physiologique et temporel dans la mesure où il n'est plus considéré comme le « voyage » [35] qu'effectue l'esprit — cette substance immatérielle qu'abriterait notre corps. Une conception en vogue à l'époque enseignait en effet que le rêve était l'ensemble des paysages visités par l'esprit pendant que « le corps fatigué est écrasé par le sommeil [36] ». On le voit, la conséquence de cette hypothèse est que la durée du rêve est proportionnelle à celle du sommeil. Dans la conception de Maury cependant, le rêve se produit en un laps de temps et dans les périodes où il y a changement d'état de conscience, c'est-à-dire le passage de l'état d'éveil au sommeil — avec la somnolence — ou encore au cours du passage du sommeil à l'état d'éveil — c'est-à-dire le réveil du sujet. Etant donné que les rêves se produisent exclusivement au cours du sommeil léger, Maury fait également remarquer la fréquence avec laquelle s'immiscent dans la sphère du rêver les « bruits » [37] qui ont lieu autour du dormeur, c'est-à-dire « les stimuli sensoriels externes ». [38] Ce phénomène sera d'ailleurs la source de l'un de ses rêves parvenu à la célébrité : « Maury guillotiné ». [39] Ce rêve qu'il raconte plusieurs fois, au fil des années, jouit d'un accueil favorable auprès des lecteurs. Le rêve est une scène atroce, qui remonte au temps de la *Révolution française*, dans laquelle l'auteur est égorgé en public sur une planche, après des négociations infructueuses avec les autorités politiques de cette « affreuse époque ». [40] Attaché par un bourreau sur la planche à exécution, en présence des acteurs historiques de cette période de terreur tels que Robespierre, Marat ou encore Fouquier-Tinville, Maury ne peut échapper au couteau qui se place entre la tête et le tronc du corps, le séparant en deux parties. Le réveil en sursaut qui met fin au rêve est suscité par la chute du baldaquin du lit à la « vertèbre cervicale » [41] ; un

---

32. Jouvet (1992, p.41).
33. *Ibid.*, p.41.
34. *Ibid.*, p.41.
35. *Ibid.*, p.38.
36. *Ibid.*, p.38.
37. *Ibid.*, p.41.
38. Freud (2004, p.50).
39. Carroy (2012, p.272).
40. Freud (2004, p.54).
41. *Ibid.*, p.55.

incident survenu autour du dormeur qui s'immisce pour ainsi dire dans la sphère du rêver. Ce rêve qui doit sa popularité à l'atrocité des scènes du récit et à la notoriété de son auteur fera l'objet de vives critiques vers la fin du XIXème siècle.

1.2 Critiques des auteurs de la *Revue philosophique*

Pour avoir affirmé que toutes les scènes du rêve se sont produites en un laps de temps, soit l'intervalle qui sépare le moment où le baldaquin du lit tombe sur lui et le réveil, le récit suscite l'étonnement de certains lecteurs : le coup d'envoi du rêve a-t-il été donné par le choc du baldaquin du lit tombé sur le rêveur ? Ou bien certaines images du rêve sont-elles antérieures à cet incident ? Le rêve est-il un phénomène accidentel qui dépend des événements qui ont lieu autour du dormeur ? Par ailleurs, sachant l'inertie des lois physiologiques qui prévaut dans la vie mentale au cours du sommeil, l'énonciation des scènes du rêve au réveil ne sollicite-t-elle pas des facteurs cognitifs dont l'activité est abolie pendant le sommeil ? En effet, Maury reconnait avoir souvent reconstitué la forme de ses rêves, avoir c'est-à-dire donné une nouvelle structure au rêve lorsqu'il le raconte, notamment quand se présente à lui l'obstacle de l'oubli : « Il m'arrive souvent, à mon réveil, de recueillir mes souvenirs et de chercher par la réflexion à reconstruire les songes qui ont occupés ma nuit (...) ».[42] Cette sollicitation des facultés intellectuelles — qui sont au repos au cours du sommeil — pour la reconstitution du scénario onirique suggère que la transposition du rêve dans la parole narrative conduit inévitablement à des modifications.[43] Le courant critique qui s'élève contre les travaux de Maury sera orchestré par le philosophe Théodule Ribot qui invite l'écrivain Jacques Le Lorrain à publier en 1894 et en 1895 dans la *Revue philosophique de la France et de l'étranger*[44] dont il est le Directeur. Le jeune poète et romancier brandit dans sa critique « la vraisemblance du récit du rêve de la guillotine »,[45] en soutenant que toutes les scènes du rêve énoncées par Maury ne peuvent être produites en une fraction de seconde. Il critique donc la « vitesse vertigineuse »[46] avec laquelle le rêve se produit dans la mesure où les facultés de l'esprit tournent au ralenti au cours du sommeil. Tout se passe comme si « en disant ses rêves », ou précisément « en voulant dire ses rêves »,

---

42. Maury, *Le sommeil et les rêves*, cité par Carroy (2009, p.139).
43. Carroy (2012, p.271).
44. *Ibid.*, p.270.
45. *Ibid.*, p.271.
46. *Ibid.*, p.271.

Maury a été le jouet de son imagination qui ajoute au scénario onirique de départ une multitude de scènes, falsifiant ainsi le contenu du rêve. Au sujet du rêve de la guillotine, alors que Maury soutient l'hypothèse que le rêve a été engendré par le coup du baldaquin du lit, Le Lorrain avance plutôt que cet incident est probablement la cause de la scène d'exécution, et non pas de la totalité du rêve : « Que le coup reçu ait déterminé le tableau final, oui ; mais tout le rêve, non. C'est lui, Maury, c'est son imagination qui, par une sorte d'action rétrograde, a soudé en une seule chaîne des anneaux de provenance diverse ».[47] Cette critique entamée dans la *Revue philosophique de la France et de l'étranger* par Le Lorrain aura un retentissement international et de nombreux auteurs tenteront de prendre part à la discussion. Le rôle de « *l'outsider* »[48] que Ribot fait jouer à Jacques Le Lorrain dans la controverse donne à ce dernier la sympathie de nombreux philosophes. On en voudra pour preuve le ralliement des philosophes Victor Egger et Ludovic Dugas[49] dans les épisodes du feuilleton qui reprennent en 1895 dans la *Revue philosophique*.[50]

La critique du philosophe Victor Egger souligne d'emblée que « Maury s'est trompé et a, sans le vouloir, trompé ses lecteurs ».[51] Dans son argumentation, Victor Egger développe une critique historique du rêve de la guillotine en démontrant que Maury a consigné par écrit un rêve qui date de plusieurs années. Egger situe le rêve autour de 1840,[52] alors qu'il fut publié pour la première fois en 1853, soit une douzaine d'années après les faits. Connaissant l'évanescence des images du rêve au réveil, pour Victor Egger, il est impossible que ce rêve évoqué plusieurs années après n'ait pas subi de modifications. Selon Victor Egger, une douzaine d'années s'étant écoulées avant la publication du rêve de la guillotine et, connaissant le caractère éphémère des images oniriques, l'imagination a dû arrondir certains aspects du rêve. Dans un passage de Victor Egger que reprend Freud, on peut lire que « *(...) l'observation des rêves a ses difficultés spéciales et le seul moyen d'éviter toute*

---

47. Jacques Le Lorrain, cité par Carroy (2012, p.272).
48. *Ibid.*, p.271.
49. Ludovic Dugas (1857-1942) Professeur agrégé de philosophie à l'Université de Bastia. Il est surtout connu pour ses travaux sur la timidité qu'il envisage comme une pathologie mentale.
50. Carroy (2012, p.273).
51. *Ibid.*, p.273.
52. V. Egger s'appuie sur les souvenirs des rapports amicaux de Maury et son père l'helléniste Emile Egger. A cette époque lointaine, dit-il, Maury ne détenait pas encore de cahier pour écrire ses rêves comme il prétend l'avoir toujours eu (Cf. Carroy 2012, p.273).

erreur en pareille matière est de confier au papier sans le moindre retard ce que l'on vient d'éprouver et de remarquer ; sinon l'oubli vient vite, ou total ou partiel ; l'oubli total est sans gravité ; mais l'oubli partiel est perfide, car si l'on se met ensuite à raconter ce que l'on n'a pas oublié, on est exposé à compléter par imagination les fragments incohérents et disjoints fournis par la mémoire... ; on devient artiste à son insu, et le récit périodiquement répété s'impose à la créance de son auteur, qui, de bonne foi, le présente comme un fait authentique, dûment établi selon les bonnes méthodes... ».[53] Ces propos de Victor Egger tentent de démontrer l'inauthenticité du rêve consigné par écrit après une longue période. Le facteur temporel est pour Victor Egger un élément décisif dans la restitution fidèle du rêve. Lorsqu'il évoque l'oubli total du rêve, il se représente que cette facette de l'oubli n'offre aucune occasion de spéculer sur le scénario onirique ; l'oubli s'apparente ici à la négation du rêve. Quant à ce que Victor Egger nomme « l'oubli partiel », il laisse des bribes de rêve dans la mémoire et la tentation de combler le scénario onirique par des productions fictives spontanées est inévitable. Victor Egger veut démontrer que l'oubli partiel est l'occasion de faire un récit falsifié dans la mesure où il s'agira d'arranger les lacunes du souvenir. La principale inquiétude de Victor Egger réside dans le fait que le narrateur du rêve accorde de la créance à la traduction du rêve qu'il s'est forgée après coup. Selon lui, il vaut mieux s'abstenir que de raconter des rêves après une longue période au risque de paraître comme un peintre dont les œuvres découlent de l'imagination. La critique que Victor Egger formule contre Maury peut également s'appliquer à Freud qui, dans son livre, raconte des rêves qui remontent à ses années de jeunesse. Par exemple, « le rêve *princeps* de la psychanalyse »,[54] c'est-à-dire l'injection faite à Irma, date de juillet 1895,[55] soit environ 5 années avant sa publication. Autrement dit, dans l'auto-analyse de Freud, ainsi que dans les rêves de ses patients, on retrouve des rêves datant d'une époque relativement éloignée. Cela signifie que la critique historique du philosophe Egger peut aussi être appliquée à Freud dans la mesure où ce dernier évoque dans ses travaux des rêves lointains.

La critique du philosophe Ludovic Dugas, quant à elle, s'inscrit dans la logique de Le Lorrain qui condamne l'idée d'une vitesse vertigineuse avec laquelle se déroulent les productions oniriques. Ce philosophe s'illustre

---

53. *Ibid.*, pp.76-77.
54. Castel (1998, p.114).
55. Freud (2004, p.142).

dans la critique en démontrant, un peu comme Le Lorrain, que le choc du baldaquin du lit n'engendre que les images qui s'insèrent dans un rêve déjà préexistant. On peut toujours s'interroger sur la façon harmonieuse avec laquelle l'insertion des stimuli du monde extérieur est faite, mais la totalité du rêve ne peut dépendre d'un incident qui a lieu autour du dormeur. Ces événements accidentels sont tout au plus la cause des images qui s'immiscent tardivement dans le « bloc antérieurement formé mais encore fluide du rêve ». [56]

Ces différentes critiques qui mettent à mal l'autorité scientifique de Maury développeront un scepticisme ambiant autour de l'étude des rêves. On le voit chez le philosophe, logicien et sociologue français Edmond Goblot (1858-1935) qui admet en 1896 le caractère indicible des rêves. Pour lui, « le rêve dont on se souvient est la pensée du réveil » [57] qui est distincte du rêve en tant que tel. D'autres auteurs, philosophes et psychologues notamment, prolongeront encore la discussion. [58] En réponse au scepticisme installé dans les consciences par la notation du rêve au réveil, Freud élabore à Vienne une doctrine du rêve qui révolutionne la compréhension de ce phénomène. Dans le premier chapitre de *L'interprétation du rêve*, il expose d'abord les théories existantes [59] et les problèmes qu'elles posent, avant de présenter sa contribution.

1.3 Pourquoi la rédaction de cet article ?

Notre article tente d'apporter des réponses aux questions suivantes : quelle est la réponse de Freud dans la discussion qui oppose Maury à Le Lorrain été Egger ? Se range-t-il du côté de Maury ou du côté des auteurs de la Revue philosophique ? Si nous interrogeons les investigations de Jacqueline Carroy, nous trouverons des réponses en apparence contradictoires. Le sentiment d'une contradiction ici est engendré par la non prise en compte de certains arguments décisifs développés par Freud.

---

56. *Ibid.*, p.275.
57. *Ibid.*, p.279.
58. Nous vous renvoyons au récent ouvrage de Jacqueline Carroy, publié en 2012 aux éditions de l'Ecole des hautes études en sciences sociales de Paris, sur lequel nous nous sommes appuyés pour la rédaction de ce travail. Un exposé exhaustif de ces discussions est dans le chapitre 9, intitulé « Observations, récits littéraires et narrations critiques ».
59. Le premier chapitre de *L'interprétation du rêve* s'intitule « La littérature scientifique sur les problèmes du rêve ». Ici, Freud passe en revue les grands courants de pensée en onirologie, depuis l'Antiquité jusqu'au XIXème siècle. C'est dans ce chapitre qu'il évoque aussi pour la première fois la controverse suscitée par les travaux de Maury. Il reviendra sur cette discussion dans le dernier chapitre du livre, soulignant ainsi l'intérêt qu'il attache au litige.

C'est le cas par exemple de l'argument freudien du déterminisme psychique, au cours de la narration du rêve, qui ne figure nulle part dans le texte de Jacqueline Carroy. Mais en quoi y a-t-il contradiction dans son texte, au sujet de la réponse de Freud dans la controverse qui oppose Maury à Le Lorrain et Egger ? Dans son article de 2009, intitulé « Observer, raconter ou ressusciter les rêves ? » elle affirme au niveau dans le Prologue ce qui suit au sujet de Freud : « Ce dernier a défendu la vraisemblance du rêve de Maury contre Le Lorrain et Egger. Pour ce faire, à la façon de Le Lorrain, Freud a fait preuve d'imagination et a littéralement rêvé à partir de ce rêve célèbre en lui ajoutant des épisodes de son cru : il a affirmé que le rêveur montait à l'échafaud après avoir baisé la main d'une dame et évoqué Danton et les Girondins alors que Maury ne parlait que de figures de Montagnards (ibid., p.423 ; Carroy, 2006) ».[60] Cela veut dire que Jacqueline Carroy place Freud du côté de Maury dans la controverse qui oppose ce dernier aux auteurs de la *Revue philosophique*. Ici, Jacqueline Carroy apporte une information importante en soulignant que Freud a repris le rêve de la guillotine en y ajoutant des nouveaux éléments qui n'étaient pas présents dans le texte de Maury. Pour elle, Freud se met ici à la place de Maury — c'est-à-dire comme un défenseur de Maury — en transformant « une vision nocturne accompagnée de la « plus vive angoisse » en un rêve de défi et d'ambition.[61]

Sur ce point, la critique que nous formulons contre Jacqueline Carroy est que cette modification du rêve de la guillotine par Freud n'est pas en faveur de Maury, mais plutôt en faveurs de Le Lorrain et Egger. Autrement dit, en ajoutant au rêve de la guillotine des nouveaux éléments, Freud critique en quelque sorte la prétention de Maury qui consiste à observer et à décrire exactement le contenu du rêve. C'est parce que Freud reconnait que cette entreprise de Maury est illusoire qu'il s'autorise à modifier ouvertement le rêve de la guillotine. Contrairement à Jacqueline Carroy, nous pensons que cet argument n'est pas en faveur de Maury, mais plutôt en faveur de Le Lorrain et Egger qui brandissent dans leur critique le caractère invraisemblable des récits des rêves. Dans cette discussion, elle ne peut donc présenter Freud comme un allié de Maury en s'appuyant sur cet argument. Finalement, la question demeure : en quoi Freud est-il un défenseur de Maury dans cette discussion sur la narration des rêves ? D'après nos lectures, indépendamment de nombreuses analogies entre Maury et Freud qu'elle souligne — dans le but de dé-

---

60. Carroy (2009, p.146).
61. Carroy (2012, p.324).

montrer la dette du second envers le premier — les tentatives de réponse de Jacqueline Carroy sont soit incomplètes, soit tout simplement inexistantes. Dans un autre passage censé établir la proximité intellectuelle de Freud et Maury, dans cette discussion sur la narration des rêves, elle écrit : « Freud présente Maury comme un jeune historien captivé par les descriptions de l'époque de la Terreur, en se remémorant probablement sa lecture d'Egger. Cependant, à l'inverse de celui-ci, il opte pour la vraisemblance du rêve de Maury. Si ce rêve représente « une production imaginaire conservée telle quelle dans sa mémoire depuis des années », il est plausible que la chute du morceau de bois sur le cou du dormeur ait déclenché un rêve aussi long en si peu de temps ».[62] Jacqueline Carroy affirme ici que Freud reconnait comme Maury l'authenticité des observations oniriques. Selon ses investigations, Freud réenchante les rêves en admettant la véracité des récits racontés au réveil. Ceux qui se sont familiarisés avec les textes de Freud savent que cette information est sujette à caution. Ainsi que nous le verrons dans la suite de notre exposé, Freud considère les récits des rêves comme des élaborations de seconde main. Pourtant, Jacqueline Carroy semble avoir compris que chez Freud, les récits des rêves ne sont pas authentiques lorsqu'elle écrit : « « La discussion intéressante » de la *Revue philosophique* a très probablement conforté la distinction entre manifeste et latent. Freud évoque en tout cas celle-ci, là encore, à deux reprises dans le premier chapitre où il cite longuement et reprend à son compte le début de l'article d'Egger. Comme ce dernier et comme Le Lorrain, il remet en cause le statut des observations oniriques. Le rêve devient pour lui des récits trompeurs dont il faut déconstruire l'apparente cohérence pour en fragmenter les éléments, à la manière d'un rébus ».[63] Il ressort, de l'exposé de Jacqueline Carroy, que Freud défend deux points de vue contradictoires : tantôt il défend « la vraisemblance du rêve de Maury »,[64] tantôt il remet en cause, comme Le Lorrain et Egger, « le statut des observations oniriques ».[65] En présentant ainsi la position de Freud dans cette controverse, Jacqueline Carroy ne fait pas preuve de cohérence et ne permet pas au lecteur de saisir la pertinence de la réponse de Freud. Notre contribution, dans cet article, consistera à clarifier ce qui apparait comme une confusion dans le texte de Jacqueline Carroy. Il s'agira pour nous de bien préciser en quoi Freud apparait à la

---

62. *Ibid.*, p.323.
63. *Ibid.*, p.318-119.
64. *Ibid.*, p.323.
65. *Ibid.*, p.319.

fois comme un allié de Maury et comme un défenseur de Le Lorrain et Egger, en nous appuyant sur les arguments issus de la pratique clinique.

2 La réappropriation freudienne

2.1 De la narration du souvenir à la narration du rêve

C'est par un détour — l'étude des manifestations hystériques — que Freud investit l'univers du rêve et apporte sa contribution aux discussions en cours. A travers de la « méthode associative »,[66] le rêve deviendra pour Freud un objet d'étude au même titre que les symptômes hystériques. En effet, après l'abandon de la « méthode cathartique »[67] qui consistait à faire parler le patient sous hypnose, en lui répétant les paroles prononcées au cours de la crise, Freud met en place une technique thérapeutique invitant le patient à s'exprimer librement. Dans cette nouvelle approche, le sujet est en état d'éveil et exprime oralement toutes les impressions et les pensées qui traversent la conscience, avec la consigne de ne rien omettre.[68] On assiste au phénomène selon lequel, « une idée ou image suscite la venue à la conscience d'une autre idée ou image »[69] ; c'est-à-dire qu'un état de conscience p induit un état de conscience q, et ce dernier à son tour devient l'état inducteur de r, et ainsi de suite. Bien souvent, une seule idée directrice fait monter à la conscience plusieurs autres. Dans ces conditions, chaque état de conscience est à la fois un « état de conscience inducteur »[70] et un « état de conscience induit ».[71] Autrement dit, chaque « idée incidente »[72] (*Einfäll*) qui émerge à la conscience est toujours déterminée par une autre, d'où la notion de « déterminisme » psychique. Selon Freud, la condition nécessaire à la montée libre de ces idées incidentes est « la renonciation à la critique des formations de pensées perçues, il faut expressément la lui imposer ».[73] C'est la règle de non-omission dans la mesure où Freud interprète chaque omission au cours de la cure comme une résistance, c'est-à-dire un ensemble de procédés psychiques inconscients qui se caractérise par la dissimulation de certaines pensées. C'est ici qu'intervient donc le processus de refoulement qui se manifeste par le rejet dans l'inconscient de certaines

---

66. Filloux (1994, p.38).
67. *Ibid.*, p.36.
68. Freud (2004, p.136).
69. Filloux (1994, p.38).
70. *Ibid.*, p.38.
71. *Ibid.*, p.38.
72. Freud (2004, p.136).
73. *Ibid.* p. 136.

idées. Lorsque le patient observe la règle de non-omission, l'esprit critique qui accompagne régulièrement l'état d'éveil est fortement atténué et l'émergence spontanée de ces idées incidentes l'entraîne dans une sorte de rêverie, une espèce de rêve éveillé. La suspension de la critique autorise une montée « pêle-mêle »[74] à la conscience des pensées les plus enfouies dans la vie mentale ; il s'agit d'une atmosphère semblable à celle du sommeil.

Si l'on tient compte du contexte historique[75] dans lequel la méthode de la libre association vit le jour, on admettra que le premier objectif de cette technique était de permettre au patient de retrouver lui-même,[76] par cette errance intellectuelle, les souvenirs « traumatiques » inconscients. Car, dans la première moitié des années 1890, Joseph Breuer et Sigmund Freud considéraient la crise hystérique comme le retour à la conscience d'un souvenir traumatique.[77] Cela signifie que lorsque Freud emploie la méthode associative, l'intention est d'abord d'extirper de la vie inconsciente du patient le souvenir pathogène. Autrefois, les patients évoquaient ces scènes traumatiques[78] pendant la crise ou encore en plein hypnose cathartique. Avec l'innovation technique de l'association libre, ils sont invités à parler librement de leurs souvenirs. Faisant confiance au « déterminisme psychique »,[79] Freud pense que les récits des patients aboutiront « à ces souvenirs lointains dont le rappel dans l'hypnose permettait une guérison ».[80] Cependant, en oralisant leurs souvenirs, Freud s'aperçoit qu'ils ne font aucune distinction entre ce qui relève de la réalité et ce qui relève de l'imaginaire.[81] Il y a en quelque sorte une confusion

---

74. *Ibid.*, p. 138.
75. *Ibid.*, pp.135-136.
76. Freud (2001, pp.30-31).
77. Dans les *Cinq leçons sur la psychanalyse*, le premier chapitre de l'ouvrage dans son entier traite de cette définition de l'hystérie, c'est-à-dire du retour à la conscience d'un ensemble de souvenirs traumatiques, liés entre eux. Dans le deuxième chapitre, Freud avance une nouvelle conception de l'hystérie, conçue comme une maladie du désir. Il s'agit d'un désir refoulé qui tente de revenir sans cesse à la conscience, engendrant un conflit psychique entre la censure et les composantes inconscientes. Les conséquences de ce conflit sont les symptômes de la maladie. On passe ainsi de la théorie du traumatisme à la théorie du désir dans la définition de l'hystérie.
78. *Ibid.*, pp. 13-14.
79. Filloux (1994, p.39).
80. *Ibid.*, p.39.
81. Au cours du traitement, Emmy Von N. dit avoir lu dans la *Gazette de Francfort* une histoire de sévices dans laquelle un homme ligoté avale de force une souris. Lorsque Freud vérifie l'histoire dans la *Gazette de Francfort*, il découvre qu'elle a ajouté à l'histoire, par son imagination, la souris. Il s'agit ici d'un fantasme qu'elle développe,

chez les malades mentaux entre ce qui appartient au vécu de l'individu et ce qui appartient à la fiction, aux aspirations ou aux désirs inassouvis.[82] Nous passons ainsi de l'oralisation des souvenirs à celle des désirs. Cependant, la narration libre des souvenirs et des productions fictives a également conduit à la narration des rêves, ainsi que le note Freud : « (...) C'est au cours de ces études psychanalytiques que j'en suis venu à l'interprétation du rêve. Les patients à qui j'avais fait l'obligation de me communiquer toutes les idées incidentes et pensées qui s'imposaient à eux à propos d'un thème déterminé me racontaient leurs rêves et m'apprenaient ainsi qu'un rêve peut se trouver inséré dans l'enchaînement psychique qu'on doit suivre en amont dans le souvenir à partir d'une idée pathologique. On était alors porté à traiter le rêve lui-même comme un symptôme et à lui appliquer la méthode de l'interprétation élaborée pour les symptômes ».[83] De l'évocation du souvenir, le patient aboutit à l'évocation du rêve, en passant par le désir. L'articulation que fait Freud de ces trois éléments dans sa doctrine le conduit à appréhender le rêve comme un « accomplissement (déguisé) d'un souhait (réprimé, refoulé) ».[84] Autrement dit, le motif du rêve est un désir, c'est le souhait ou le désir qui est la cause du rêve. L'idée d'un refoulement du désir qui serait à la source du phénomène onirique « démontre l'intentionnalité du refoulement »,[85] c'est-à-dire que le sujet désire ne pas savoir ce qu'il sait. Il y a une espèce de « contre-volonté »,[86] comme si le sujet était partagé entre « vouloir » et « ne pas vouloir » le même objet. Le refoulement est en quelque sorte un phénomène moral[87] parce que le retour des pensées indésirables se heurte à des valeurs éducationnelles intériorisées. Freud

---

et elle ne fait aucune distinction entre ce qui relève de son imagination et ce qui relève de la réalité. (Breuer et Freud 1956, pp.38-39)

82. L'abandon de la théorie de la séduction, selon laquelle le traumatisme à l'origine de l'hystérie est un viol perpétré par un parent ou un proche de la famille sur un mineur, émane, en partie, de la découverte de cette confusion chez les patients. En effet, les viols incestitueux subis dans l'enfance, racontés par les hystériques, étaient le fruit de leur imagination plutôt que la description d'un épisode de l'enfance. C'est pourquoi nous affirmons que la théorie de la séduction était la théorie du complexe d'Œdipe à l'envers, car ce ne sont pas les parents qui abusaient sexuellement leurs progénitures ; c'étaient plutôt les enfants qui désiraient avoir un commerce sexuel avec leurs parents. Ainsi, ces patients faisaient état de leurs désirs plutôt que de faits réels.

83. Freud (2004, p.136).
84. *Ibid.*, p.199.
85. Castel (1998, p.14).
86. *Ibid.*, p.14.
87. *Ibid.*, p.8.

établit par cette voie le lien entre le désir et le rêve. Mais quelle place assigne-t-il aux souvenirs dans cette articulation ?

Les souvenirs sont considérés comme le « matériel du rêve ».[88] Cela signifie que, pour Freud, les images du rêve sont en quelque sorte une résurrection des souvenirs, associés dans un nouvel ordre, rendant pour ainsi dire ces souvenirs méconnaissables.[89] Cette nouvelle combinaison des souvenirs dans le scénario onirique rend également méconnaissable le désir sous-jacent qui a donné naissance au rêve, lequel désir a été « déguisé ».[90] Pour accéder donc à la signification du rêve, son contenu latent, le psychanalyste tente d'analyser ces souvenirs nouvellement combinés dans le scénario onirique, souvenirs et rêves devenant ainsi inséparables. Si nous tenons compte des observations sur le rêve faites jusqu'à présent, nous retiendrons deux périodes au cours desquelles s'effectuent des modifications : celles ayant lieu pendant la formation du rêve dans la vie mentale — ce que Freud nomme le « travail de rêve »[91] — et celles qui se produisent au moment même de la narration du rêve — c'est-à-dire les modifications qui ont fait l'objet des critiques contre Maury. Freud désigne ces modifications qui ont lieu pendant la narration du rêve « l'élaboration secondaire ».[92] Dans les paragraphes suivants, nous tenterons de dégager les différentes modifications du rêve, celles qui ont lieu à la fois au cours de sa formation et celles qui ont lieu pendant la narration.

2.2 De la diabolisation du rêve

En guise d'épigraphe de son livre sur les rêves, Freud choisit un vers de Virgile qu'il s'approprie dans l'intention de souligner l'action des puissances psychiques inconscientes dans la formation du rêve : *Flectere si nequeo superos, Acheronta movebo.*[93] La traduction en français que propose Tina Jolas, la traductrice de Peter Gay, est la suivante : « *Si je*

---

88. Freud (2004, p.199).

89. *Ibid.*, pp.199-200.

90. *Ibid.*, p.196.

91. *Ibid.*, p.319.

92. *Ibid.*, p.539. L'élaboration secondaire a lieu pendant la narration du rêve et l'élaboration primaire, au cours du travail du rêve, c'est-à-dire sa mise en forme.

93. Dans une note de bas de page, Freud donne la référence de son épigraphe, après la traduction qu'il propose : « Si je ne puis fléchir ceux d'en haut, je mettrai en mouvement l'Achéron. » Virgile, *Enéide*, VII, 312. Cf. *infra*, p.663. L'Achéron étant, dans la mythologie grecque, un fleuve souterrain des Enfers, ce vers utilise ici une métaphore pour exprimer l'idée que la déesse Junon, l'énonciatrice, serait capable de solliciter les puissances souterraine pour réaliser ses desseins contre Enée le roi d'Italie.

ne puis fléchir les divinités supérieures, j'invoquerai les puissances infernales ».[94] Ce vers de Virgile présente une alternative pour l'énonciatrice — la déesse Junon[95] — qui peut solliciter soit « les divinités supérieures », soit « les puissances infernales ». Ces deux catégories de forces que l'on oppose habituellement pourront être sollicitées pour défendre la même cause. Cette déclaration exprime alors chez l'énonciatrice le désir inébranlable d'aboutir à ses fins, quels qu'en soient les moyens. Il s'agit en quelque sorte d'une détermination qui consiste à remuer le ciel et la terre, c'est-à-dire les puissances divines et les puissances de l'enfer, pour obtenir gain de cause. Cette idée sera reprise différemment lorsque Freud interrogera les déguisements du désir sous-jacent au rêve. Mieux encore, la détermination de la déesse Junon sera perçue sous un autre angle, celui de la détermination et la constance[96] de l'activité pulsionnelle à la porte de la censure. En effet, selon Freud, les désirs refoulés par la censure ne sont pas supprimés, ils ont tendance à revenir exercer une pression à la porte de la censure : « le désir refoulé continue à subsister dans l'inconscient ; il guette une occasion de se manifester et il réapparait bientôt à la lumière, mais sous un déguisement qui le rend méconnaissable (...) ».[97] Ce retour incessant — de l'élément refoulé — traduit une certaine détermination de la pulsion. Le refoulement a pour but de tenir en distance, c'est-à-dire hors de la conscience, certaines motions psychiques en raison du « malaise »[98] qu'elles peuvent susciter chez le sujet. L'efficacité de cette activité de la censure dépend de l'état d'éveil. Mais lorsque le sujet est endormi, la porte de la censure s'ouvre[99] pour ainsi dire et laisse entrer à la conscience les composantes psychiques en provenance de l'inconscient, précédemment refoulées. La question est alors la suivante : qu'advient-il au désir refoulé dans l'intervalle de temps qui sépare l'instant du refoulement, et le moment de l'intrusion de ce désir à la conscience sous forme de rêve ? En d'autres termes, quel traitement subit le désir refoulé avant de se présenter une nouvelle fois à l'entrée

---

94. Gay (1991, p.123).
95. Selon le contexte historique, Enée est en train de réussir son implantation en Italie, et cela suscite une certaine hostilité chez la déesse Junon. Dans la mesure où les autres divinités ne sont pas du même avis qu'elle, cette déesse va employer des armes basses telles que la jalousie, la guerre, etc., empêchant le succès d'Enée. Les paroles que Virgile place dans la bouche de déesse s'inscrivent donc dans cette atmosphère de tensions.
96. Freud (2001, pp.33-34).
97. *Ibid.*, p.36.
98. *Ibid.*, p.32.
99. Freud (2004, p.578).

de la conscience ? La force du refoulement de la censure dénature-t-elle le désir, au point de lui donner une forme méconnaissable qui se traduit par le rêve ? Pourquoi ne reconnait-on pas souvent le désir qui est à la source du rêve, à la seule perception du scénario onirique ?

Le travail de déplacement

Lorsqu'un désir refoulé en état d'éveil réapparait au seuil de la conscience sous forme de rêve, il subit dans l'intervalle de temps de cet aller-retour de nombreuses transformations, « en s'aidant des excitations fortuitement présentes et en utilisant des restes diurnes ».[100] Ces transformations sont aussi le fait des processus psychiques inconscients qui se donnent pour objectif la dissimulation du désir refoulé par une série de déguisements. S'il présente plusieurs processus psychiques dans la transformation du désir, Freud retient principalement deux phénomènes dans la formation du rêve : la condensation (*Verdichtung*) et le déplacement (*Verschiebung*). Il écrit à cet effet : « Déplacement de rêve et condensation de rêve sont les deux maîtres ouvriers à l'activité desquels nous pouvons attribuer principalement la mise en forme du rêve ».[101]

A quoi correspond la notion de déplacement dans la constitution des rêves ? La lecture des textes qui s'y rapportent donne à saisir qu'une multitude de pensées se cache derrière le rêve. Il s'agit des pensées qui sont antérieures au rêve, elles ont fait leur première apparition dans l'esprit du sujet avant que ne se produise le scénario onirique. Au sein de ces pensées qui sont pour ainsi dire à la source du rêve, il y a une sorte de hiérarchie selon que le sujet accorde plus d'importance à une pensée plutôt qu'à une autre. Comme le dit Freud : « Les diverses représentations fournies par les pensées du rêve ne sont pas toutes équivalentes. Plus ou moins chargées d'affectivité, elles peuvent, de ce fait, être estimées par le jugement comme plus ou moins importantes et dignes d'exciter l'intérêt »[102] Certaines de ces pensées sont plus chargées d'affects que d'autres, et partant, plus exposées que les autres au refoulement de la censure. Donc, pour échapper à la vigilance de la censure, ces représentations chargées d'affects, c'est-à-dire celles qui seront les plus instructives au moment de l'interprétation du rêve, seront soumis à un déguisement. Celui-ci consiste à transférer l'intensité psychique « des éléments significatifs aux éléments indifférents ».[103] En d'autres termes, pendant la formation du

---

100. Freud (1936, p.28).
101. Freud (2004, p.352).
102. Freud (1936, p.30).
103. *Ibid.*, p.30.

rêve dans l'inconscient, les pensées latentes les plus instructives seront « dépouillées »[104] de leur valeur psychique qui sera transférée aux pensées latentes de second rang. Cela veut dire que pour Freud, « le rêve est en quelque sorte autrement centré, son contenu prend pour point central d'autres éléments que les pensées de rêve ».[105] Cette nouvelle disposition des choses rend compte du caractère incompréhensible du rêve à la fois pour l'analyste et pour l'analysé. Le dormeur lui-même ne parvient pas à accéder à l'intelligibilité de son rêve dans la mesure où ce qui était au premier plan dans les pensées de rêve est relégué au second plan dans le rêve. Freud considère alors le processus psychique de déplacement comme l'élément fondamental qui justifie la tâche de l'interprétation du rêve ; tous les autres processus psychiques de transformation du rêve sont au service du déplacement.[106] Il déclare à cet effet : « C'est avant tout le déplacement, dont les pensées oniriques subissent l'effet sous l'influence de la censure, qui provoque la déformation du rêve ».[107]

Le travail de condensation

A quoi renvoie le processus psychique de condensation ? Il faut dire que ce phénomène met en comparaison deux pôles : le contenu de rêve et les pensées de rêve. En effet, le scénario onirique, c'est-à-dire le contenu manifeste du rêve, est « concis, pauvre et laconique, comparé à l'ampleur et à la richesse des pensées de rêve »[108] Autrement dit, au cours de l'analyse du rêve, Freud fait le constat selon lequel le scénario onirique est une version abrégée, simplifiée, de la masse d'idées qui lui a donné naissance. Les pensées de rêve et leurs associations sont plus nombreuses que les éléments du contenu onirique, ainsi que le note l'auteur : « Ce dernier apparait comme le résumé de ces associations, résumé fait, il est vrai, suivant des règles encore inconnues et dont les éléments semblent être les représentants élus d'une multitude ».[109] Il y a donc une association aux normes inhabituelles des souvenirs lointains, des restes diurnes, des pensées latentes, etc., rendant incompréhensible le langage du rêve. La condensation qui est un mode d'expression du langage du rêve apparait comme la compression de tout le matériel complet dans le scénario onirique, elle réside dans le regroupement de toutes ces « pensées cachées

---

104. *Ibid.*, p.30.
105. Freud (2004, p.349).
106. Castel (1998, p.240).
107. Freud (1936, p.30).
108. Freud (2004, p.321).
109. Freud (1936, p.18).

derrière le rêve »,[110] découvertes au cours de l'analyse. L'étude de la disproportion du matériel psychique condensé conduit Freud à admettre l'hypothèse qu'il y a des points communs entre les pensées latentes ou les souvenirs appartenant à un même rêve. Ces « points nodaux où se rejoignent un très grand nombre des pensées du rêve »[111] peuvent être considérés comme des sortes de transitions qui permettent de passer d'une idée à une autre au cours de l'analyse. En effet, le langage du rêve semble ne pas tenir compte des règles grammaticales qui nous sont familières. Il s'agit d'un langage particulier qui modifie profondément tous les « modes de langage propres à traduire les formes les plus subtiles de la pensée : conjonction, prépositions, changements de déclinaison et de conjugaison, tout cela est abandonné, faute de moyens d'expression, seuls les matériaux bruts de la pensée peuvent encore s'exprimer comme dans une langue primitive, sans grammaire ».[112] Cela signifie que le langage onirique se déploie sous un mode de production qui viole les principes grammaticaux, et l'absence des connecteurs logiques dans la texture du rêve — puisque les pensées latentes sont transformées en images sensorielles et en scènes visuelles[113] — empêche d'accéder à l'intelligibilité du message du rêve. Les outils du langage naturel de l'état d'éveil qui permettent d'établir les nuances et les transitions dans la transmission de l'information sont quasiment inexistants dans l'enchaînement des images oniriques. De plus, la netteté ou le caractère flou des images, la formation des « personnes collectives et composites »[114] dépendent de ce phénomène de resserrement du matériel psychique qui ne facilite guère la compréhension du langage onirique.

A travers le processus de condensation, Freud tente d'expliquer aussi le phénomène de l'oubli[115] des rêves au réveil. En effet, pendant la réminiscence du rêve, « la sensation d'avoir rêvé beaucoup plus que ce qu'on peut en reproduire »[116] oralement émane de cette compression d'images. Il faut noter dans cette perspective que si le point d'intersection de plusieurs pensées de rêve est une idée refoulée par la censure au cours de l'anamnèse du scénario onirique, alors un grand nombre d'éléments qui sont attachés à ce point d'intersection disparaitra également. Une telle

---

110. Freud (2004, p.321).
111. *Ibid.*, p.326.
112. Freud (1936, p.29).
113. *Ibid.*, p.28.
114. Freud (2004, p.337).
115. *Ibid.*, p.569.
116. *Ibid.*, p.322.

expérience rendrait une partie importante du contenu du rêve inaccessible et le sujet ne se souviendra que des fragments de rêves. A ce niveau de l'analyse, remarque Freud, il arrive souvent que se mettent en place des nouvelles associations de pensées pour combler les lacunes du récit du rêve.[117]

Visiblement, Maury est confronté à ce problème lorsqu'il tente de restituer verbalement ses rêves. C'est ici qu'intervient Freud dans la discussion amorcée dans la *Revue philosophique* par Le Lorrain et de nombreux philosophes. A la question de savoir s'il est possible d'exprimer verbalement et fidèlement les rêves, Freud adopte une position intermédiaire. En effet, il reconnaît d'abord, comme Le Lorrain et Egger, qu'au cours de la journée qui suit la nuit de rêve, « son souvenir devient de plus en plus lacunaire »[118] Il devient fort probable que le sujet ajoute à son insu des nouveaux éléments en racontant le rêve. En reconnaissant la valeur de la critique formulée contre Maury par les auteurs de la *Revue philosophique*, Freud écrit : « (...) Il est exact que nous déformons le rêve en tenant de le reproduire ; nous retrouvons là ce que nous avons désigné comme élaboration secondaire du rêve par l'instance du penser normal, élaboration prêtant souvent à contresens. (...) Les auteurs ont ici pressenti ou remarqué la part de la déformation de rêve qui travaille de façon manifeste ; peu nous importe, car nous savons qu'un travail de déformation beaucoup plus étendu, moins facile à appréhender, a, déjà d'après les pensées de rêve cachées, élu le rêve pour objet »[119] Autrement dit, il y a au moins deux phases où s'opèrent les modifications du rêve : pendant l'élaboration des pensées latentes, c'est-à-dire le travail du rêve, et au cours de la transposition des images du rêve en paroles narrative. Sur ce dernier point, Freud s'allie aux auteurs de la *Revue philosophique* qui critiquent chez Maury la prétention de dire les rêves, tels qu'ils ont été perçus. Pour ces auteurs, y compris Freud, dire les rêves est un exercice qui est hors de notre portée en raison de la participation active de certaines facultés psychiques. Chez Freud, la principale faculté de la vie animique, responsable de ces modifications, est la « censure »[120] tandis que chez les auteurs de la *Revue philosophique*, c'est « l'imagination ».[121]

Dans le prolongement de la critique amorcée par ces auteurs contre les travaux de Maury, Freud reconnaît aussi — nous l'avons déjà signalé- les

---

117. *Ibid.*, p.576.
118. *Ibid.*, p.322.
119. *Ibid.*, pp.566-567.
120. *Ibid.*, p.566.
121. Carroy (2012, p.272).

difficultés inhérentes au langage naturel d'autant plus que la texture du rêve est d'un ordre différent de celui du langage naturel. En effet, dans la remémoration du rêve, la pensée consciente de l'état d'éveil tente de s'approprier ici une production psychique dont elle n'est pas l'auteur, et cherche à la faire correspondre à son mode de fonctionnement. Même si l'intention du locuteur n'est pas de modifier le scénario onirique, des changements s'opèrent dans l'oralité du rêve. Dans cet ordre d'idées, Freud mentionne ceci : « Lorsque le compte rendu d'un rêve me semble d'abord difficilement compréhensible, je prie le narrateur de le répéter. Il est rare que ce soit alors avec les mêmes mots ».[122] En d'autres termes, l'usage des synonymes et les explications supplémentaires sur certains détails, lorsque le rêve est exprimé oralement à plusieurs reprises, sont déjà une forme de modification. Cela est d'autant plus évident que certains mots de la version précédente du rêve sont substitués par d'autres que choisit le locuteur. Freud démontre par là qu'un seul rêve peut avoir plusieurs versions, s'il est raconté plus d'une fois comme ce fut le cas pour le rêve de la guillotine. La critique des auteurs de la *Revue philosophique* est pertinente, du point de vue de Freud, en ce sens qu'elle remet en cause la prétention de dire « objectivement » les rêves, c'est-à-dire tels qu'ils ont été observés au cours du sommeil. L'image onirique est pour ainsi dire un objet fluctuant pour le langage naturel, difficile à enfermer dans ses concepts figés. Cette insaisissabilité du rêve se traduit soit par l'addition des nouveaux éléments — ainsi que Le Lorrain le soupçonne chez Maury —, soit par la suppression de certaines parties du contenu manifeste — c'est-à-dire par le phénomène de l'oubli. Toutes ces modifications conduiront Freud à conclure la première partie de la discussion, en faveur de Le Lorrain et de ses partisans, en ces termes : « Ce dont nous nous souvenons du rêve et ce sur quoi nous exerçons nos techniques d'interprétation, cela est, premièrement, mutilé par l'infidélité de notre mémoire, qui semble à un degré tout particulièrement élevé incapable de conserver le rêve, et cela a peut-être perdu justement les parties les plus significatives de son contenu ».[123] Cette élaboration secondaire du rêve est une version arrangée, une traduction de seconde main, et non pas une version originale, ainsi que le prétendait Maury.

Par ailleurs, dans la technique d'interprétation inaugurée par le psychanalyste, la partie refoulée au cours de la remémoration est, selon Freud, la plus instructive dans la découverte du sens caché du rêve :

---

122. Freud (2004, p.567).
123. *Ibid.*, p.564.

« Or, cette partie du rêve arrachée à l'état d'oubli est chaque fois la plus importante ; elle se trouve sur la voie la plus courte menant à la solution du rêve et c'est pourquoi elle était exposée plus que tout à la résistance ».[124] Les restructurations après coup des rêves, engendrées par l'oubli, sont donc une réalité chez Freud, puisqu'il ne remet pas en cause l'existence du phénomène. Autrement dit, en définissant la traduction orale ou écrite du scénario onirique comme un résumé, Freud reconnait, certes, que certaines parties perçues dans le sommeil ont disparu ; mais à chaque hésitation du locuteur sur un aspect du rêve, Freud y perçoit également des indices pouvant conduire rapidement à la résolution du problème. C'est en reconnaissant paradoxalement la valeur des critiques contre Maury que Freud va construire une contre-critique à l'égard des auteurs de la *Revue philosophique*. Freud exerce pour ainsi dire une double critique à la fois contre Maury et contre l'ensemble des auteurs qui publièrent dans la *Revue philosophique*. Il ne se range pas complètement dans un camp, se tenant à égale distance des deux parties antagonistes.

Dans la seconde phase de la critique freudienne, le psychanalyste affirme qu'une étude poussée des récits falsifiés des rêves conduit à la connaissance des éléments manquants. Cela est rendue possible par les nombreuses liaisons psychiques que partagent les éléments ajoutés après coup et les parties censurées du rêve. Il écrit à cet effet : « Que telle ou telle liaison de pensée n'apparaisse que pendant l'analyse, cela est certes exact ; mais on peut chaque fois se convaincre que ces liaisons nouvelles s'établissent seulement entre des pensées qui sont déjà reliées d'une autre façon dans les pensées de rêve ; les liaisons nouvelles sont en quelque sorte des circuits marginaux, des courts-circuits, rendus possibles par l'existence de liaison différentes et situées plus en profondeur ».[125] En d'autres termes, aucun ajout n'est arbitraire dans les nouvelles associations effectuées pendant l'oralisation du rêve. Ce sont pour ainsi dire les maillons d'une même chaîne qui, lorsqu'ils sont suivis pas-à-pas, introduisent l'investigateur dans les parties du rêve situées en profondeur de la vie mentale. Si le refoulement rejette loin dans l'inconscient certaines parcelles du rêve, les associations de pensées émergentes se font sur la base des précédentes, en raison du déterminisme qui prévaut dans la vie mentale. Ainsi, contre Le Lorrain et ses partisans, Freud écrit : « La seule erreur des auteurs est de tenir la modification du rêve, lors

---

124. *Ibid.*, p.571.
125. *Ibid.*, pp.322-323.

de sa remémoration et de sa mise en mots, pour arbitraire, donc pour impossible à résoudre plus avant et par conséquent propre à nous induire en erreur dans la connaissance du rêve. Il n'y a là rien d'arbitraire ».[126] Et s'il n'y a pas d'éléments arbitraires, cela signifie que la vraisemblance des récits de Maury ne constitue pas un obstacle, puisque l'investigateur peut désormais accéder au sens réel du rêve. Freud apparait ici comme un défenseur de Maury dans la mesure où l'argument du déterminisme psychique le conduit à affirmer que les associations secondaires proviennent des fragments[127] de rêve qu'elles remplacent.

En réalité, ce qui est très utile dans l'approche freudienne, c'est moins le contenu manifeste, c'est-à-dire les images perçues au cours du sommeil, que les pensées latentes qui ont donné naissance au rêve. Car, ainsi que le note Freud : « Tout ce que l'oubli a coûté en contenu de rêve, on peut souvent l'y remettre par l'analyse ; dans un grand nombre de cas tout au moins on peut, à partir d'une seule bribe subsistante, retrouver non pas certes le rêve — celui-ci au fond nous important peu —, mais pourtant la totalité des pensées de rêve ».[128] Pour Freud, l'erreur des auteurs qui ont critiqué la vraisemblance des récits de Maury a été de surévaluer le scénario perçu au cours du sommeil, alors que le plus important réside dans les pensées latentes, c'est-à-dire celles qui sont les plus enfouies dans la vie psychique. Les pensées latentes sont en effet antérieures au scénario onirique et à la narration de ce scénario. Etant donné que le projet de « dire les rêves », tels qu'ils ont été perçus, est hors de notre portée, nous devons peut-être admettre que celui qui raconte un rêve a « l'intention de dire » ce rêve. Au lieu d'insister sur la prétention de dire le rêve tel qu'il est, nous devons insister sur l'intention du locuteur. Freud exclut aussi dans son argumentation la possibilité de mentir au cours de la narration du rêve, car, selon lui : « Je veux, par exemple, que me vienne à l'idée, tout à fait arbitrairement, un nombre ; ce n'est pas possible ; le nombre qui me vient à l'idée est, de manière univoque et nécessaire, déterminée par des pensées en moi qui peuvent être éloignées de mon dessein du moment ».[129] Ces pensées latentes, selon l'argumentation de Freud, sont à la source[130] du scénario onirique, et à la source de la traduction falsifiée, exprimée oralement. En effet, si le rêve est un résumé des pensées de rêve, ainsi que le déclare Freud, cela suppose que le rêve ne dit pas

---

126. *Ibid.*, p.567.
127. *Ibid.*, p.571.
128. *Ibid.*, p.570.
129. *Ibid.*, p.567.
130. Freud (1936, p.15).

tout ; il laisse toujours la possibilité de dire autrement les choses. Ces associations secondaires qui surviennent au cours de la narration du rêve font partie de ces choses dicibles sur le rêve, qui n'ont pas été énoncées au cours de la première narration. Ce que Freud semble relever dans cette critiques contre les auteurs de la *Revue philosophique* est l'idée selon laquelle la version du rêve perçue au cours du sommeil est elle-même une transformation des pensées latentes, c'est-à-dire qu'elle n'est pas plus fiable que la version racontée du rêve. Les deux versions — celle perçue durant le sommeil et celle exprimée oralement — sont finalement des versions approximatives des pensées latentes. Freud les nomme « contenu de rêve manifeste ».

Quant à la critique historique du philosophe Victor Egger contre les récits de Maury, Freud tentera d'apporter quelques éclaircissements. Ces derniers ont en arrière-plan la technique de l'interprétation du rêve, c'est-à-dire l'expérience clinique. En effet, Freud avance que l'interprétation d'un rêve ne s'épuise jamais totalement, elle peut s'étendre sur une longue période. L'arrêt de l'exercice n'est pas synonyme d'une réponse définitive puisque chaque rêve possède toujours quelque chose d'inconnu.[131] Il y a une possibilité d'interroger toujours autrement le rêve, d'où la durée relativement longue de la cure analytique. Contre l'argument historique avancé par le philosophe Victor Egger, Freud affirme, d'après son expérience personnelle, que « l'interprétation, après un si long temps, se déroulait plus facilement que jadis, aussi longtemps que les rêves étaient des expériences vécues toutes fraîches, ce pour quoi je donnerais volontiers comme explications possibles que, depuis lors, j'ai passé outre à bien de résistances qui me perturbaient jadis au fond de moi ».[132] Car, les luttes internes qui avaient donné naissance au rêve ont été surmontées avec la force du temps. Ainsi, la comparaison des résultats obtenus jadis et ceux d'aujourd'hui ne fait-elle qu'approfondir la compréhension des causes sous-jacentes du rêve.[133] L'herméneutique du rêve devient ici une recherche permanente, pouvant s'étendre au fil du temps. Le psychanalyste est en quelque sorte en quête perpétuelle du sens du rêve. Le temps qui s'écoule dans cette quête continuelle suppose que le rêve sera raconté à plusieurs reprises, à l'instar du rêve de la guillotine.

Un autre argument que développe Freud contre la critique historique fait état des difficultés inhérentes à l'étude des rêves. Il faut dire que

---

131. Carroy (2012, p.7).
132. Freud (2004, p.574).
133. *Ibid.*, p.574.

bien souvent les patients ne parviennent pas à surmonter des résistances psychiques pendant la cure et l'analyste se voit dans l'obligation d'interrompre la séance de travail. En renvoyant l'étude du rêve à une date ultérieure, de manière inévitable, un certain temps s'écoule. Freud mentionne cette difficulté en ces termes : « L'interprétation du rêve ne s'effectue d'ailleurs pas toujours d'un trait ; il n'est pas rare que l'on sente ses propres capacités épuisées quand on a suivi un enchaînement d'idées incidentes, le rêve ne vous disant plus rien ce jour-là ; on fait alors bien d'interrompre et, un des jours suivants, de revenir au travail. Alors un autre fragment du contenu du rêve attire l'attention sur lui et on trouve l'accès à une nouvelle strate de pensées du rêve. On peut appeler cela l'interprétation du rêve « fractionnée ». [134] L'analyse périodique du rêve fait émerger des fragments qui seront étudiés profondément. Chaque parcelle de vérité recueillie au cours de ces investigations successives apporte des connaissances supplémentaires sur le sens du rêve. Dans la vision de Freud, l'herméneutique du rêve est donc une tâche inépuisable, elle se renouvelle à chaque fois que le rêve est raconté. Loin d'être un obstacle, le temps devient donc un élément indispensable pour une étude approfondie des rêves ; il ne s'agira plus seulement de consigner par écrit un rêve à la hâte, ainsi que le recommande le philosophe Egger, mais de mener une étude minutieuse et patiente.

Conclusion

Des réflexions qui précèdent, nous retiendrons que l'image onirique se dérobe aux tentatives faites par le sujet pour la subsumer dans les concepts du langage naturel. « Dire les rêves » ou écrire les rêves est un exercice qui nous échappe, il faut plutôt reconnaitre que nous avons l'intention de dire ou d'écrire les rêves ; car le scénario onirique ne se laisse pas saisir immédiatement par la parole narrative. Qu'elle soit consignée par écrit ou exprimée oralement, la narration du rêve se fait toujours avec un décalage dans le temps, nécessitant l'implication de la mémoire. La solution proposée par Freud qui consiste à valoriser les traductions approximatives du rêve, recueillies pendant la cure analytique, a pour but de faire émerger les pensées latentes, et difficilement le scénario perçu au cours du sommeil, en raison de l'oubli. On retiendra aussi que l'oubli du rêve n'est pas synonyme de négation du rêve chez Freud. Même si le refoulement empêche la remémoration de certaines parties du rêve, elles existent dans une sphère inconsciente de la vie mentale. La négation chez

---

134. *Ibid.*, p.576.

Freud n'est pas l'équivalent du vide, ou du manque de données. Les éléments refoulés sont présents dans l'inconscient au même titre que le sont les représentations acceptées par la censure dans la conscience. Finalement, être absent à la conscience n'est pas synonyme de non-existence.

Quant à la position de Freud dans discussion qui oppose Maury à Le Lorrain et Egger, nous pensons avoir apporté des éclaircissements qui ne figurent pas dans les investigations de Jacqueline Carroy. En utilisant les arguments développés par Freud — lesquels proviennent de l'expérience clinique —, nous avons tenté de démontrer comment il est possible de valoriser les récits des rêves, bien qu'ils ne soient que des versions approximatives des scénarios perçus au cours du sommeil. La position nuancée de Freud à l'égard des deux parties antagonistes, lorsque certains détails techniques du discours freudien ne sont pas pris en compte, peut être la cause de nombreuses confusions. Raison pour laquelle, en dehors des enjeux historiques que présente Jacqueline Carroy, cette réflexion sur la narration des rêves exige aussi une certaine maîtrise du corpus freudien, puisque les éléments que nous avons utilisés proviennent du dispositif théorique psychanalytique.

Bibliographie

Breuer, J. et S. Freud. 1956, *Etudes sur l'hystérie*, Bibliothèque de Psychanalyse, Paris : PUF. Tr. fr par A. Berman.

Carroy, J. 2009, « Observer, raconter ou ressusciter les rêves ? », dans *Figures de la preuve*, édité par R. Mandressi, Paris : Seuil, pages 137–149. URL `http://www.persee.fr/web/revues/home/prescript/article/comm_0588-8018_2008_num_84_1_2511`, numéro spécial (84) de la revue *Communication*.

Carroy, J. 2012, *Nuits savantes. Une histoire de rêves (1800-1945)*, Paris : Editions de l'Ecole des Hautes Etudes en Sciences Sociales.

Castel, P.-H. 1998, *Introduction à L'interprétation du rêve, de Freud*, Les grands livres de la philosophie, Paris : PUF.

Filloux, J.-C. 1994, *L'inconscient. Le point de vue des connaissances actuelles*, Que sais-je ?, Paris : PUF.

Freud, S. 1936, *Nouvelles conférences sur la psychanalyse*, nrf Idées, Paris : Gallimard. Tr. fr. par A. Berman.

Freud, S. 2001, *Cinq leçons sur la psychanalyse. Suivi de Contrubution à l'histoire du mouvement psychanalytique*, Paris : Payot.

Freud, S. 2004, *L'interprétation du Rêve, Oeuvres Complètes, psychanalyse (1899-1900)*, vol. IV, Paris : PUF.

Gay, P. 1991, *Freud, une vie*, Paris, Hachette. Tr. fr. par T. Jolas.

Jouvet, M. 1992, *Le sommetil et le rêve*, Paris : Odile Jacob.

de Saint-Denys, H. 1964, *Les rêves et les moyens de les diriger*, Paris : Bibliothèque du Merveilleux. Préface de Robert Desoille.

www.ingramcontent.com/pod-product-compliance
Lightning Source LLC
Chambersburg PA
CBHW050140170426
43197CB00011B/1912